新零售运营与实践

全渠道电商与物流供应链

方法+技巧+案例

廖利军　著

电子工业出版社
Publishing House of Electronics Industry
北京·BEIJING

内 容 简 介

本书融合作者十多年的电子商务研究成果，围绕当今世界及中国消费者的变化，引导传统企业在"互联网+"变革时，学习创立互联网品牌，实现线上和线下全渠道营销，构建物流云仓及采购供应链，进行粉丝社群营销、娱乐"卖萌"营销，实施坪效管理、品控管理、数字化建设、人才队伍建设，开展新零售包装策划等；并以"中国零食大王"良品铺子新零售及电子商务的变革发展之路为样板，全角度剖析和揭秘如何实现全渠道营销，如何探索新零售成长之路，以及如何聚集 3000 多万名粉丝。本书理论联系实际，深入浅出，值得广大转型新零售或开展电子商务的企业学习和借鉴。

本书可有效指引各行业人士进入电子商务领域，是传统企业掌门人及电子商务部门负责人、电子商务从业者、学者了解新零售及电子商务实操做法的有益读本，也可作为高等院校电子商务及物流专业、商贸专业、MBA 的相关课程教材。

图书在版编目（CIP）数据

新零售运营与实践：全渠道电商与物流供应链方法+技巧+案例 / 廖利军著.

—北京：电子工业出版社，2020.1

ISBN 978-7-121-36117-3

Ⅰ. ①新… Ⅱ. ①廖… Ⅲ. ①零售商店－运营管理 Ⅳ. ①F713.32

中国版本图书馆 CIP 数据核字（2019）第 043894 号

责任编辑：秦淑灵

印　　刷：北京捷迅佳彩印刷有限公司
装　　订：北京捷迅佳彩印刷有限公司
出版发行：电子工业出版社
　　　　　北京市海淀区万寿路 173 信箱　　邮编：100036
开　　本：720×1000　1/16　印张：15.75　字数：326 千字
版　　次：2020 年 1 月第 1 版
印　　次：2023 年 11 月第 7 次印刷
定　　价：59.00 元

凡所购买电子工业出版社图书有缺损问题，请向购买书店调换。若书店售缺，请与本社发行部联系，联系及邮购电话：(010) 88254888，88258888。

质量投诉请发邮件至 zlts@phei.com.cn，盗版侵权举报请发邮件至 dbqq@phei.com.cn。

本书咨询联系方式：qinshl@phei.com.cn。

自　序

2016 年 10 月，马云提出了新零售的概念。

一时间风起云涌，阿里巴巴、京东、苏宁等电子商务"巨头"各有各的表述。到底什么是新零售？新零售该如何结合企业实际发力？笔者从事电子商务及供应链管理研究与实践十余年，拜访、研究企业 1000 多家，一直觉得应该把对这些新零售企业的所见所思，以及这些企业从事新零售的成功与失败之处整理出来。

在互联网时代，一切皆有可能。

在新零售时代，面对新消费，企业应该如何应对新变化？如何实现"弯道超车"？如何保持对良心品质的敬畏之心？历时两年半，笔者七易其稿，《新零售运营与实践：全渠道电商与物流供应链方法+技巧+案例》终成书，希望广大读者能够从中找到答案。

本书包括以下三方面核心内容：

一是新零售相关运营理论。新零售带来人、货、场三者关系的重构，企业做的不只是买卖，还有研究人的需求，抓住客户需求升级的机遇。在新零售时代，企业要在市场这片蓝海分一杯羹，好产品是核心竞争力，互联网是最好的工具，供应链至关重要。本书放眼全国乃至全球电子商务行业，针对未来新零售市场的变化趋势，介绍了电子商务及新零售领域的相关理论及实践、相关知名电子商务企业的新零售经验、跨境电商等，从中挖掘出传统企业转型电子商务、拓展新零售的普遍规律——"传统企业发展电子商务，一是要做好产品，好产品会说话；二是要利用好当下最强的销售工具，如互联网；三是要做好生态，小企业做产品，大企业做产业链、供应链"。

二是新零售实践样板剖析。本书以新零售企业为缩影，深入剖析良品铺子这家传统企业，如何抓住"互联网+"机遇，转型全渠道电商；如何利用新零售思维拓展 2000 余家门店，线上、线下聚集 3000 多万名粉丝；如何实现超常规跨越式发展，在不同时期、不同阶段，采取有效战略。笔者对良品铺子的八年电子商务与新零售发展历程进行了观察，试图从学术研究角度，以行业专家视角，深入剖析研究，以一家企业的成长，揭示中国互联网产业带动相关新零售行业经营变革的规律。在互联网时代，客户已拥有绝对的主导权，并且消费行为也是互联网化的，这让企业生产和经营的基础设施及环境发生了巨大变化。良品铺子是中国新零售企业中的一颗璀璨明星，坚持线上、线下全渠道营销若干年，把客户端和生产端紧密连接起来。良品铺子董事长杨红春先生给我的最大感受，一是执着——专注于良品铺子未来产业布局及发展战略；二是有魄力——在良品铺子两次信息化建设及企业发展的关键阶段，敢于当机立断，提前配置最优资源，以科技推动发展，超越自我；三是善于把握趋势——无论是电子商务发展，还是社交电商、新零售的发展，良品铺子的介入时机都恰到好处；四是低调——创始人低调，这也是良品铺子成功的奥秘之一。

三是新零售供应链剖析。本书通过理论与实践相结合的方式，对新零售物流供应链、采购供应链、仓储供应链、供应链包装、供应链信息技术、供应链风险等进行深入剖析，除了良品铺子，还列举了小米之家、盒马鲜生、周黑鸭、百果园、国美零售、韩都衣舍、三只松鼠、云集微店、良中行等数十个案例，给其他准备做、正在做新零售及想提高的电子商务企业，以及拟转型全渠道新零售的传统企业，带来更多借鉴和思考。

本书有如下三大特点：

一是站在全行业角度，审视和分析新零售，客观务实。

二是案例丰富，分析深入，实战性强。

三是以供应链管理为依托，来剖析相关案例。

作为企业，在市场竞争中，谁能更加贴近客户？谁更能满足客户的需求？谁满足得更快？谁会抢得先机？供应链管理的优化提升是起决定作用的关键因素之一。

最后，向为此书的写作提供帮助的朋友们一并表示感谢。

衷心感谢我的导师，华中科技大学管理学院教授、博士生导师，中国物流学会副会长马士华先生的长期指导及作序推荐；感谢阿里巴巴集团副总裁肖利华先生、亿邦动力总裁贾鹏雷先生，两位专家倾力支持、悉心指导，并作序推荐。

本人学识、能力和时间有限，内容疏漏之处难免，诚望广大专家、读者不吝指正。

廖利军

2020 年 1 月于武汉东湖

推荐序 1

得供应链者，得天下。

随着全球经济的复苏和发展，在当今市场环境下，人们对供应链的认识越来越深刻，不仅企业界人士更加清楚地认识到供应链管理的重要性，政府部门也对供应链管理关注有加。习近平总书记在党的十九大报告中提出要将"现代供应链"作为经济建设的新动能；国务院办公厅出台了《关于积极推进供应链创新与应用的指导意见》2017（84号）文件，创新发展供应链新理念、新技术、新模式，高效整合各类资源和要素，提升产业集成和协同水平，打造大数据支撑、网络化共享、智能化协作的智慧供应链体系，已然成为21世纪全球竞争的利器。无独有偶，美国政府也成立了一个专门的供应链咨询委员会，在货物运输及物流方面为联邦政府提供指导，帮助美国企业增加出口额。

企业与企业之间的竞争，已转变为供应链与供应链之间的竞争，在新零售的大时代背景下，每个企业的运作，都将隶属于某个社会供应链运作的环节。新零售，依托于供应链管理。供应链是围绕核心企业，通过对信息流、物流、资金流的控制，从采购原材料开始，然后制成中间产品及最终产品，到由销售网络把产品送到客户手中为止，将供应商、分销商、零售商、最终客户连成一个整体的功能网链结构。

廖利军敏锐地抓住了新零售及其运营中的特质，并以良品铺子全渠道电商与供应链运营为主要研究对象，系统地阐述了新零售运营中的问题。良品铺子的快速发展，得益于其对供应链管理的长期执着努力，它未来的成长，也取决于其对供应链的深入掌控和优化。力促整个供应链运营的协同化、客户响应的敏捷化、整体价值的最大化、利益分配的共享化，是新零售标杆企业良品铺子下一步要重点做的工作，本书也给出了具有重要参考价值的答案。研究新零售供应链管理，对我国企业实现"两个转变"，彻底打破"大而全""小而全"，实现高质量发展，快步迈向国际市场，提高在国际市场中的生存能力和竞争能力，都有着十分重要的理论意义和实际意义。

我是廖利军研究生阶段的导师，他与良品铺子有很长时间的交流，本书较全面地分析了良品铺子新零售的运营和实践，重点针对良品铺子供应链管理进行了深入研究，希望读者能从中受益。

华中科技大学管理学院教授、博士生导师

中国物流学会副会长，享受国务院政府特殊津贴

推 荐 序 2

每个人对新零售的理解不同。

阿里巴巴的定义是，以互联网为依托，多角色运用大数据、人工智能等先进技术，强化对客户需求的洞察和连接，共同开创价值创造，从而对品牌、产品供应链、流通与全渠道销售过程进行升级改造，孵化和重塑业态结构与生态圈，并对线上、线下服务体验进行深度融合的零售新模式。

新零售的关键词：客户体验，大数据驱动，人工智能，线上、线下，深度融合。

新零售，是以客户体验为中心的大数据驱动的泛零售形态。

中国零售业正在经历向 4.0 时代的转变。具体来说，1.0 时代是线下实体商铺时代；2.0 时代是以 PC 端为主体的电商时代；3.0 时代是基于移动互联网实现产品、服务、营销互联的时代；4.0 时代则是大数据驱动的、以客户为中心的端到端全网全渠道融合的新零售时代。

现阶段，中国消费者对零售的体验是无缝体验。阿里巴巴新零售的布局，都是围绕客户全渠道进行的。2014 年以来，阿里巴巴陆续战略性投资银泰商业、苏宁、三江购物、华联超市、盒马鲜生等，都是为了打通线下布局。

如何让生意不难做？

回归根本——客户需要什么。需要重构人、货、场，共创共赢。智能的"人"——智能导购；适合的"货"——品牌偏好+室内动线；优质的"场"——全局优化选址+竞争分析，有组织的营销管理和精准营销。新零售，将实现人、货、场的在线化、重构和高效精准连接，超越时间、空间限制，强调大数据的作用，实现全链条打通，提高消息传达效率。

新零售的核心，就是利用大数据，驱动端到端全域高效的商业连接。

管理的品质是决策，阿里巴巴下一步将开发系列决策支持系统，以帮助商家进行高效精准的产品企划。所有决策基于数据分析，从渠道、产品、时间等不同维度、不同属性、不同指标，和整个行业比，和竞品比，让商家决策更优。

人们对理想生活的渴望和追求是生生不息的。

更多城市将加入阿里巴巴新零售之城，阿里巴巴新零售将带领大家走进一个全新的世界。

我与廖利军先生有过多次接触，他长期跟踪研究新零售与供应链管理，本书以阿里巴巴及旗下品牌和其他知名互联网企业的新零售为例进行剖析，值得新零售从业者深入研读，借鉴学习。

肖利华 博士

阿里巴巴集团副总裁

推荐序 3

新零售是不是一场运动？我从两个定义来看，一个是狭义的新零售，这是阿里巴巴提出的；另一个是广义的新零售，就是未来零售。

从 2017 年年末开始，亿邦动力连续召开亿邦未来零售大会、亿邦智能商业大会（春季峰会、夏季峰会等），是在看和培育整个行业的未来生态。狭义的新零售可能是一场运动，而广义的未来零售没有终局。我们今天所处的时代，给了各位开宗立派的机会。2011—2013 年，大多数传统零售企业并不清楚电子商务是什么，抱有轻视态度；2013—2015 年，传统零售企业开始调整，有些通过尝试电子商务业务开始反击；2015—2016 年，传统零售企业认识到需要把握风口期；2017 年，零售电商进入下半场，在线上流量近乎枯竭的情况下，线下流量价值开始放大。

零售的基础已经发生本质的改变。一是客户的心理偏好、消费理念升级，消费场景和交易形态变化，这是最明显的。二是技术的作用正在放大。人工智能，包括线上数据和线下数据、智能硬件、图像识别、语音和语义识别、情绪识别等智能技术和算法，对客户的影响愈来愈深，推动行业发生深层次的变革。今天，商业模式层面的创新空间越来越小，技术参与度却越来越高。三是新兴的电子商务企业，在绝对规模上虽然无法打败京东和阿里巴巴，但在相对规模、细分领域可以做到高壁垒。过去，中国线上零售市场经历的爆发式增长，是付出了牺牲品牌溢价的代价来实现的，电子商务快速进入"供大于求"的状态。此时，好的客户体验和服务，开始成为各大平台最需要关注和提升的；在大型电子商务企业牺牲利润、资本烧钱难以为继，中小电子商务企业被打压等问题的背后，恰恰是新零售、新物种焕发生机、破茧而出的机会。

新零售的一个核心是客户体验。社交电商、中小企业主导、智能零售，为客户体验升级制造了空间。新零售，大品牌都在做选择，包括在门店数据化、会员数据化及信息化上的投入，新零售建立社交，重建客户连接，连接比拥有更重要，重新连接会重塑商业模式。湖北电子商务企业在新零售领域颇有建树，以良品铺子、周黑鸭等为代表，在新零售行业影响很大。

廖利军先生多年根植于新零售与供应链管理，本书以良品铺子等企业新零售为案例，深入浅出，将全渠道电商与供应链管理相关理论及实践进行剖析，生动实用，值得大家好好研究。我相信，未来零售必将更加美好，因为，我们都在路上；因为，我们都在意客户。

资深媒体人、亿邦动力总裁

目　　录

第一篇　新零售时代企业的管理与运营

第二篇 新零售实践

第一篇

新零售时代企业的管理与运营

第 1 章

新零售时代的变革

1.1 消费者的改变

进入 21 世纪第二个十年，伴随着互联网的发展，尤其是移动互联网的发展，消费趋势发生了翻天覆地的变化。新技术的变革和消费主流人群的更替，让中国消费者的购物途径与从前不再一样，原来的营销手段似乎变得"苍白无力"。有些企业家连电子商务还没有弄清楚，新零售概念又"横空出世"。

在互联网时代，消费者有绝对的主导权，并且消费行为也是互联网化的，这让企业的生产和经营基础设施及环境发生了巨大的变化。

要了解"新零售"，首先要弄清楚"零售"。

1.1.1 零售与新零售

1. 定义

什么叫零售？零售就是将"信息流、资金流、物流"三流合一，将三种基本要素进行有效组合，更好地满足客户需求的全过程。产品展现的是参数和体验，是信息流；付款和收款，是资金流；自己把产品拿回家或者寄回家，是物流。

什么叫新零售？相对于传统零售而言，新零售指通过互联网大数据技术手段，用互联网的效率，回到线下，让线下的体验性和即得性优势更好地得到发挥，插上高效率的翅膀，并实现线上、线下全渠道融合发展，提升消费者供给能力和供给效率，最大限度提升消费规模和达成效率。

电子商务损失了客户的部分体验性和即得性，但效率优势提升明显。从 2015 年开始，电子商务平台普遍遇到一个更为严重的问题：电子商务客户增速放缓，获客成本增加，僧多粥少。此时，新零售应运而生。例如，线上"小米商城"和线下"小米之家"实现同款同价，这就是小米新零售，两者均衡发展，缺一不可，相互推动。

消费者的变化，将带来新品类产生的机会。在复杂世界里，消费者会发生三个方面的深刻变化：**一是消费者接收信息和处理信息的方式变了，这是最大变化。二是消费者购买商品的决策要素和决策方式变了，呈现消费升级变化。三是技术变了，更加多元化。**原来用计算机，现在用手机；从前通过搜索获取信息，现在通过口碑、朋友、社群等渠道获取更多信息。

2．新零售行业三个层级变化

第一层级：以渠道为中心。

以国美、苏宁等连锁企业为代表，这些企业渠道位置好，运营精于细节，连锁上规模，将渠道商和企业捆绑在一起。

第二层级：以商品为中心。

以联想、海尔、格力等知名实力企业为代表，这些企业以商品为王，兼顾渠道优势，在供应链及成本上也下功夫，提供给客户性价比更高的商品。

第三层级：以客户为中心。

以小米、良品铺子等互联网新零售企业为代表，这些企业以客户为王。90 后、00 后人群渐成社会消费主力，他们依托网络世界进行生活消费与生活安排。这些新零售企业抓住了客户的消费路径变迁的机遇，优先考虑的不是自己有什么，而是自己没有什么，市场需要什么，客户需要什么，以及如何实现 5~15 米间的亲密交流。

新零售企业通过数字驱动及客户体验的变革，改变原有行业的生存结构，实现目标客户价值链平台共享、整合和增值，而数字化是新零售的核心要素。新零售行业，经历了以渠道为中心、以商品为中心、以客户为中心的三个层级变化，不断提升。

新零售行业三个层级变化图

3. 零售与新零售的本质

消费市场的变化，导致零售业态发生变化。

零售的本质，就是产品丰富，物流能力强，实现品类占位。

产品丰富是企业成长的基础，当年京东创建时，只有显卡等产品，后来扩充到手机、数码相机，再后来扩充到图书。企业成长到一定阶段，每扩充一个品类，就是抢占一个新的市场，同时也让客户更为集中。武汉周黑鸭从鸭产品到卤素食，再到卤小龙虾，每增加一个产品品类，客户需求便可得到更好的满足，产品吸引客户的能力也更强。

物流能力强。物流是京东制胜的法宝之一，晚上十点的订单，第二天早上八点货品便配送到位。物流成为京东与淘宝、天猫竞争的利器。

实现品类占位。要占领某一产品品类市场，首先要实现客户品类决策的心智占位，从产品品类到产品品牌实现全面占位，比如，一提到方便面，客户便联想到康师傅、统一。

新零售的本质也是对企业三大核心零售要素（人、货、场）的重新定义、重新认识，以及对三者之间商业关系进行的重构，以便大幅提升效率。

① **人**，从原先的单纯消费者，逐步向消费者及合作生产者的角色转变；

② **货**，从原先单纯的商品概念，向全方位的消费过程和消费体验转变；

③ **场**，从原先的线上、线下零售终端，向泛零售和更加场景化转变。

在新零售实践中，消费需求、消费场景和商品产出，因为客户的信息接收模式发生变迁，而变得更加分散化和碎片化。

线下零售市场依然是主流市场。线下零售市场增速虽然放缓，但仍然贡献了整体零售市场的四分之三。2016年快销品线上、线下整体零售额占比方面，线上零售额的增速为27%，占整体快销品零售额的26%，线下零售额增速虽然仅为1%，但仍占整体快销品零售额的74%。

新零售源起——线上红利没了，获客成本和物流成本越来越高；线下零售毛利也被榨干，房租成本及人工成工居高不下，且面临线上竞争。当线上、线下两者合一成为一个出口，新零售便应运而生。

新零售生态系统，需要从五个方面提升：一是生产效率提升；二是交易效率提升；三是服务效率提升；四是物流效率提升；五是环境效率提升。

新零售将让商业元素数据化,伴随人工智能、物联网和新制造的发展,实现商品通、会员通、服务通,并重构人、货、场,产生零售新物种。

1.1.2　新零售的八个特征

新零售有以下八个特征:

一是零售渠道边界融合。线上、线下的边界正越来越模糊。

二是行业效率提高,购物体验提升。这也是评价一个零售模式好不好的两个标准。比如,滴滴提升了乘客找车和司机找客户的效率,饿了么提升了客户订餐和餐厅找客户的效率。

三是以客户体验为中心。借助互联网的力量,最大程度提高交易效率和生产效率。

四是线上、线下同款同价。新零售将统一价格、质量和体验,且提供专业的服务,同质同价。

五是零售终端提供叠加式体验。零售终端才是最重要的体验场景,提供良好的消费体验和丰富的订制化服务成为零售终端最主要的功能,无人超市、无人零售店、无人售卖机等新零售业态,通过技术和硬件,重构零售的卖场和空间。

六是消费场景碎片化。零售从原来的规模性驱动,转向个性化、灵活化和订制化的"三化驱动";社区化运营也成为零售业发展的重要方向;精细化运营是未来方向,社区便利店、社区生鲜店、社区药房成为必争之地。

七是全渠道数据化。通过技术将消费行为——无论是线上的还是线下的、实体的还是虚拟的——变成真实的数字交易,并汇总每笔交易、每个客户的数据,通过分析,向客户推荐感兴趣的产品,提高产品成交率,优化物流供应链。

八是实现渠道一体化管理。即订单打通、商品打通、库存打通、财务打通及会员打通。

新零售的最终目的——提升线下零售的效率。为此,有两点做法要注意:

将门店转变为在线状态,甚至 24 小时不打烊;做好线上、线下利益分配工作。

1.1.3　消费者的变化

1. 中国消费者群体变了,80 后、90 后成为主力

中国 80 后、90 后消费者具备以下六个特点——宅、互联网重度用户、参与感、爱分享、吃货、消费升级。

中国 80 后、90 后消费者特点分析

主 要 特 点	特 点 详 解
宅	源于他们多为独生子女，从小独立，养成了喜欢独居的习惯
互联网重度用户	平均使用网络 7～8 年，每日在线时间超过 11 小时，习惯在网上下单
参与感	消费前先看点评，同时参与口碑和粉丝打造。比如，小米抓住这一关键点，让粉丝参与小米硬件的生产、宣传和销售
爱分享	喜爱分享，自我意识强。分享经济，改变一切，车可以分享（如滴滴专车），房子可以分享（如途家网），时间和知识可以分享（如跟我学），分享可以迅速扩大知名度，提高交易效率，降低宣传成本
吃货	爱吃不爱做，点外卖风行。目前餐饮门店销售中，30%～60% 是外卖订单
消费升级	不是钱的奴隶，而是钱的主人。消费向更高端方向转移，高端产品占消费比重不断上升。比如，喝的水从康师傅向农夫山泉转移，品牌服装销售得更好，吃的大米从普通米向有机米和优质高端米发展

2. 消费者的习惯变了，移动互联网当道

原来用台式计算机搜索产品，相互比价，但在移动互联网时代，购物时间大幅减少，出现"看到什么买什么"的局面。并且，购物行为非常碎片化、场景化，从计划购物向冲动购物转移。只要产品能够打动消费者，抓住消费者的痛点，便可省去层层代理。而且消费者要看口碑，就算在餐饮店门口，很多消费者还在上大众点评等电子商务 App，查看该店铺的消费评价，决定自己的点菜内容。

一个好的消费习惯，只要五次就形成了。互联网企业特别看重消费者习惯的改变。在推广前期会通过消费补贴方式，让消费者形成新的消费习惯。当习惯养成，商家会降低或取消补贴，这时商家便可持续盈利了。滴滴打车就是典型的案例，前期烧钱营销，当消费者形成新习惯后，平台便很少给予消费者补贴了。网上不断有特价"爆品"优惠打折的信息，让消费者不断有"占到便宜"的感觉，也是在培养消费习惯。

消费者接收产品的过程也在发生变化，**60 后看文字，70 后看图片，80 后看视频，90 后看评价。**时代不同，消费者购买产品的渠道也在发生重大变化。

1.1.4　新零售全渠道消费数据对比

线上、线下消费者构成不同，存在较大差别，以消费者性别为例，男性在线上的占比为 44%，但在实体店的占比仅为 20%。

消费者线上、线下支出占比分析

消 费 者	线 上 占 比	线 下 占 比
男性	44%	20%
家庭月收入不低于 8000 元	81%	35%
本科及以上学历	72%	36%
年龄在 18～30 岁之间	41%	29%

线上消费人群分析：男性较线下较多，家庭月收入相对较高，学历较线下明显偏高，年龄相对较低。数据证明，只有线上、线下充分融合，才能产生最大的消费力量。

1.1.5 物流供应链与新零售

在电子商务与新零售业务发展的促进下，快递和物流市场逐步成长，并形成五个发展阶段：发起萌芽期、日益壮大期、快速成长期、资本重组期、品牌发展期。快递和物流与新零售发展息息相关，电子商务与新零售催生快递和物流生态与之配套，如限时物流、即时物流、增值配送等。近几年，伴随电子商务发展，电子商务快递和物流市场发生了十大变化。

变化 1：中国快递和物流市场规模升至世界第一。阿里巴巴曾预测，从 2017 年往后的 7 年左右，电子商务快递包裹将由现在的约 1 亿件/天增至约 10 亿件/天，电子商务新零售消费潜力巨大。

变化 2：快递市场价格持续下降。快递和物流企业利润受到挤压，效益下降，企业须练内功，提质增效成为企业管理的重中之重。

变化 3：快递互联网化、电子商务化趋势明显，集中度提升。邮政推出邮乐网，顺丰优选抢占生鲜电子商务市场，快递和物流企业争相分得互联网新零售一杯羹。

变化 4：社会资本加速快递和物流行业的整合。四通一达、顺丰、德邦等快递和物流企业均已上市，资本必将推动快递和物流行业的快速整合，行业最终将由"万马奔腾"态势，进化到"数强并列"的局面。

变化 5：快递向下、向西、向外发展成为趋势。快递和物流企业跨海远航成为趋势，它们纷纷设立跨境电子商务海外仓，开设海外分公司，一大批快递和物流企业由国内竞争转向海外竞争、海外布局。

变化 6：新零售电子商务与快递和物流企业开始交融。比如，京东、苏宁分别将物流业务剥离，成为京东物流、苏宁物流，并对外开放。高校也开始设置两者一体化的"电子商务与物流系"，电子商务、快递和物流企业不断交融，跨界发展。

变化 7：传统商业萎缩并向新零售转型。零售商超出现盒马鲜生和超级物种等新零售互联网业态，苏宁小店、京东小店、天猫小店纷纷出现，抢占大型商超及社区的"最后 100 米"，通过商业零售+线上限时快递配送，实现新的销售拓展和转型提升。

变化 8：电子商务发展环境有难点也有亮点。电子商务红利逐渐削减，网络推广成本日益高涨，但社群经济、分享经济、共享经济、网红经济等不断崛起，电子商务与物流息息相关，相互促进。

变化 9：快递新科技成为新零售行业亮点。 区域快递渐成主流，"线上+线下+智能物流"模式成为新零售物流的发展趋势。新技术在快递和物流领域得到应用，智能分拣机、智能机器人、快递无人机、智能包裹柜等物流设施快速应用于新零售。

变化 10：物流 DSR（店铺动态评分）透明。 大数据导致优胜劣汰，新的物流形态将伴随新零售的发展应运而生。30 分钟送达、1 小时送达、24 小时营业配送等服务成为市场竞争的利器。

1.1.6 5G 通信迎来新零售大商机

从 1991 年的 2G 通信，到 2019 年 5G 通信的正式商用，通信的提升必将带来互联网产业、客户维护方式、智能化管理的重大变革。新零售变革，伴随着移动互联网、大数据、物联网翻天覆地的变化。

我们在进入 5G 时代的同时，也将进入万物互联时代。

新零售，成为下一个重要风口。

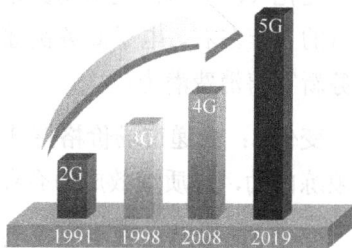

通信时代

"衣来伸手，饭来张口"的智能时代即将来临，客户的被子、枕头或将以更自然的方式将客户叫醒；室内灯光将按需开启；卫生间里，水温、灯光、马桶温度等将更好地满足客户需求；当客户梳洗完毕，身体各项健康检测数据也将及时传递给客户，若有异样指标，还会提醒客户及时到医院就诊。

通信时代与社会变化

通 信 时 代	发 生 时 间	社会沟通方式
2G 时代	1991 年	短信
3G 时代	1998 年	短信、互联网
4G 时代	2008 年	短信、互联网、视频
5G 时代	2019 年	短信、互联网、超高清视频、智能家居

5G，将让世界互联、物件互联，产生新的商业机会。

5G，将让移动互联网、物联网更发达，手机将成为"人类新器官"的一部分，消费更是无时不在、无处不在。

在时间、空间方面，新零售技术将更加成熟。

小贴士

新零售及电子商务学习资源

世界变化很快，新零售及电子商务从业者务必加强学习，可借助以下学习网站、杂志、微博、公众号、培训机构等。

五大电子商务网站：派代网、亿邦动力、天下网商、易观国际、亿欧网。

三大电子商务杂志：《卖家》《天下网商》《销售与市场》。

知名微博及微信公众号：龚文祥、物流指闻、湖北网商资讯、魏延安、小薛说、亿欧网、派代网、农村淘宝、卖家、腾讯研究院、鬼脚七、阿里研究院、触电会、亿邦动力等。

知名培训机构：桔子会（社群营销），汉森商学院（物流、农村电商）。

电子商务从业者要多走出去，学习借鉴全国、全球优秀企业的做法。打造新零售与电子商务品牌，格局要大，思想要解放，定位要准，从产品包装、产品加工、物流供应链等方面不断创新、优化、改进。

1.2　全球新零售及电子商务发展

1995 年是一个特别的年份。这一年，亚马逊（amazon）和易趣（eBay）两家美国电子商务公司同时成立，开启全球电子商务真正的应用销售时代。这种依托于互联网技术的产品和服务交易的新兴经济活动，具有强大的生命力和推动力，一经出现，便迅速席卷全球，极大地提高了经济运行的质量和效率，也改变了人们原有的生活方式和消费方式。

1.2.1　全球电子商务四大发展趋势

1．全球电子商务市场规模不断扩大

一是传统电子商务规模持续扩大。根据国际知名调查公司的数据，随着智能手机在全球的不断普及，互联网以及移动互联网技术的成熟和使用率的提高，新兴国家电子商务市场将快速崛起，未来 5 年全球网络零售额依然会保持两位数的百分比增长率。2018 年全球网络零售额约为 2.8 万亿美元，2019 年估计将达到 3.5 万亿美元；全球网络零售额占全球零售总额的比重也从 2016 年的 8.6% 上升到 2017 年的 10.2%，并有望

到 2020 年提升至 14.6%，规模超过 4 万亿美元，成为拉动全球消费的重要经济增长极。全球有 16.6 亿名消费者使用移动端网购，移动支付占比为 12%，而中国的移动端网购用户数占全部消费者的比例约为 88%，全球排名第一。

二是跨境电商增长呈爆发态势。跨境电商，尤其是跨境 B2C（企业对消费者）部分，将出现"爆发式"增长，2015—2020 年全球跨境 B2C 部分年均增速预计达 27%，市场规模至 2020 年年底预计达 1 万亿美元。电子商务已成为全球重要的产品流通渠道，其中俄罗斯跨境电商产品的 90% 源自中国。

三是全球电子商务增速开始放缓。在欧美和中国等市场，电子商务从"粗放式"增长较变为"精细化"及"集约式"增长。

2. 全球地区电子商务差距日渐缩小

一是各国电子商务发展兴旺。目前美国约 80% 的产品制造商有自己的网站，并运用电子商务从事企业商务活动。美国网络零售额 2017 年达 4310 亿美元，比上一年增长 15%，其中亚马逊占美国电子商务市场份额的 28%。全球电子商务起源于欧美，兴盛于亚洲。亚洲地区网络零售额已占全球市场的"半壁江山"，其中，中国、印度、马来西亚等国家的网络零售额年均增速超过 20%。2013—2018 年中国网络零售额已稳居世界第一。英国是欧洲最大的电子商务市场，互联网普及率约为 93%，网络零售额的 GDP 占比已达 7.16%。日本 2017 年的网络零售额约为 1110 亿美元，占日本总零售额的约 8%。德国 2017 年的网络零售额约为 770 亿美元，占总零售额的 8%。在拉丁美洲，巴西成为最大的电子商务市场，发展迅猛。

二是电子商务企业巨头呈现。全球十大电子商务企业中，美国企业有 5 席，中国企业有 4 席，日本企业有 1 席，中国势力不容小觑。中国阿里巴巴以 26% 的市场份额，位列全球第一；美国亚马逊第二，易趣第三；中国京东第四，小米和苏宁也入围前十。印度电子商务过去几年间保持着约 35% 的高速增长率，成为全球重要的新兴电子商务市场之一。中国 7.1 亿的互联网用户数，相当于印度和美国两国互联网用户数的总和；同时中印两国的互联网用户总数，已经占全球互联网用户总数的 28%，并且以每年 1 亿人的速度增长；巨大的互联网用户红利，将持续推动和支持亚洲电子商务不断蓬勃发展。其他如拉丁美洲、中东及北非地区，虽然电子商务规模相对较小，但市场潜力大；非洲人口分布不均，实体店数量少，这几年伴随非洲各国加大电子商务基础设施投入和能力建设，已成为日益增长的外部市场。

三是电子商务及新零售的无界化趋势明显。传统企业边界，乃至线上、线下的边界，都在逐步模糊。

3．企业并购趋于频繁，竞争白热化

一是互联网投资成热点。由于规模效应、竞争加剧和投资人撮合，全球电子商务市场集中度不断提高，"寡头效应"日益显现。《福布斯》2016 年评选的全球最具投资价值的十大公司中，9 家为互联网及电子商务企业，其中前 3 名为阿里巴巴、脸书和优步（Uber）。全球私营电子商务企业 2012—2016 年共获近 500 亿美元投资，其中中国的美团点评获 33 亿美元投资，排名第一。全球范围内获得 1 亿美元以上投资的企业中，中国企业所占比例不断提升，中国共 25 家，美国共 20 家，印度共 10 家，互联网已成为中国 21 世纪参与和引领全球竞争的重要领域。

二是互联网"强者恒强"。2017 年全球电子商务企业投融资总额超过 200 亿美元。中国、美国、印度成为最大市场，分别占全球电子商务投融资总额的 30%、24%、17%，三国合计占 71%。腾讯以 86 亿美元收购芬兰知名移动游戏开发商 84% 的股权，京东以 98 亿美元并购东南亚来赞达（Lazada）等。2017 年中国进口跨境电商就有 26 起融资，融资额达 18.5 亿美元；2018 年中国主流社交电商融资 15 起，融资额达 200 亿美元。全球领军互联网企业纷纷构建以企业平台为核心的互联网生态链，以获得更强的全球资源整合能力。

三是"巨头"纷纷建设生态圈。亚马逊、阿里巴巴以电子商务交易平台为核心，分析消费大数据，构建企业云服务体系，向上下游产业拓展和延伸；脸书、腾讯以社交平台为核心，推广数字产品，发展在线服务；谷歌、百度以搜索平台为核心，发展人工智能，建设智慧城市；苹果、小米以智能手机为核心，开拓手机应用，提高企业坪效，践行新零售。

4．新零售共享经济异军突起

一是共享领域不断扩大。伴随着移动互联网的发展，共享经济适用领域也在不断拓展，从出行、餐饮、住宿、金融、教育、医疗、空间、物流、基础设施等众多领域，开始向能源、农业、生产、城市建设领域扩张。全球共享经济规模 2018 年超过 5000 亿美元，其中中国共享经济规模达到 2300 亿美元，市场占比由 33% 提升至 44%，成为全球领军力量。

二是共享经济企业估值快速增长。全球估值超过 100 亿美元的共享经济企业有 4 家：优步、爱彼迎（AirBnb）、滴滴和联合办公（WeWork），其中优步估值已突破 700 亿美元。中国是最大的共享汽车和共享单车市场，占全球份额的 67%以上。

2019 年全球知名电子商务企业及其国别

企 业 名 称	企 业 国 别
阿里巴巴	中国
亚马逊	美国
易趣	美国
京东	中国
乐天	日本
苹果（Apple）	美国
苏宁	中国
小米	中国
戴尔（Dell）	美国
沃尔玛（WalMart）	美国

1.2.2 中国新零售及电子商务十大特点

1999 年阿里巴巴等 B2B 电子商务企业成立，中国正式跨入互联网时代。2003 年淘宝网、京东商城等 B2C 电子商务零售平台相继崛起，百姓获得实惠，市场变热。中国电子商务持续高速发展了十多年，已成为市场交易的未来趋势和现实力量。

中国新零售电子商务主要有以下特点。

1. 电子商务规模持续增长

一是规模不断增长。中国拥有全球最大的电子商务市场，B2C 网络零售额和电子商务用户均排名第一。2018 年，电子商务交易规模约为 31.6 万亿元，同比增长约 8.5%；网络零售额约为 9 万亿元，同比增长约 24%；跨境电商进出口总额约为 1347 亿元，同比增长约 50%；农村电子商务交易额约为 1.4 万亿元，同比增长约 30%；全国快递业务量累计突破 500 亿件，同比增长约 27%；电子商务从业人员达到 4700 万人，同比增长约 11%。从 2012 年至 2018 年，中国电子商务用户数从 2.4 亿人增长至 6.1 亿人，人数实现翻番，其中手机电子商务用户数达到 5.9 亿人；网络零售额从 1.3 万亿元增长至 9 万亿元，年均增长 32% 以上，并持续发展；电子商务对社会消费品零售总额增加值的贡献率从 17% 增长至 30%。电子商务快速增长期已超过十年，并已进入中高速发展期。

二是推动就业和刺激消费。2017 年，电子商务大大带动了生产制造、批发物流、金融消费，其增量税收超过 2000 亿元。电子商务促进就业，直接或间接带动就业人数从 1500 万人增加到 3700 万人。电子商务是拉动消费、推动就业、促进个人财富增长的重要力量，它让消费更有价值感，减少了中间环节。

三是 **B2C 业务成主流，且更规范**。随着市场升级，C2C（企业对企业）平台比例将逐年下降，B2C 电子商务持续增长，并与反向 C2B 定制、众筹、宅配、社交拼团、原产地直供、一元购等方式结合，更受客户欢迎。

2. 服务业电子商务快速发展

一是服务业电子商务崛起。2017 年，在线教育用户数超过 1.4 亿人，同比增长 25%，网络学习节省时间、节省成本，成为青年热捧的学习方式；网络外卖交易额约为 2.1 亿元，年均增长 83%，"外卖改变生活"；互联网医疗交易额达到 2 亿元，同比增长 28%，"远隔千里，近在咫尺问诊"成为现实；网约车用户数约为 2.3 亿人，同比增长 42%，"出行用滴滴"成为生活方式；在线旅游预订网民数约为 3 亿人，年增长 15%，"来一场说走就走的旅行"成为现实；本地生产 O2O（线上到线下）交易额超过 7000 亿元，同比增长 64%，"看电影上美团点评"成为时尚，消费人口全面迁移；装修电子商务、汽车电子商务纷纷崛起，"卖车先上瓜子网比价"成为消费习惯。

二是电子商务配套产业保持增长态势。电子商务成为企业的重要运营手段之一，2017 年企业在线销售和在线采购比例不断增长，同比增长 10%，分别达到 45% 和 46%。服务业电子商务市场规模达到 2.5 万亿元，同比增长 24%；电子支付、电子认证、物流等支撑服务业市场规模超过 9500 亿元，全国快递业务量的 70% 源自电子商务。电子商务生态链逐渐形成，网店建设、信息处理、数据分析、代运营、人才培养等电子商务周边市场规模已达 1.1 万亿元。

3. 新零售引爆融合发展

一是全渠道融合发展。线上与线下企业，逐步从对抗走向相互渗透、融合发展，并探索新零售模式。各级政府更加关注互联网和电子商务，推动电子商务消费及精准扶贫，政府全面实施"互联网+流通"行动计划。阿里巴巴也顺势而为，提出"新零售"概念，盒马鲜生成为网红店，天猫小店抢占线下市场；京东推出"无界零售"。一方面线上企业加速布局线下市场；另一方面线下企业主动拥抱互联网，发展线上业务，探索商业转型升级。

二是新生态圈逐步建立。线上、线下生态融合，从渠道、数据、产品、场景、供应链、售后服务等方面逐步打通，并呈现数字化的发展趋势，电子商务企业为客户提供全方位、跨时空、不间断、更富个性化的服务，打造零售新生态，"线上下单，门店提货""线上下单，门店限时城配"和"门店下单，仓库配送"等新零售方式，成为企业新的应用方式。

4. "巨头"争夺农村电子商务市场

一是农村电子商务方兴未艾。电子商务企业纷纷聚焦农村市场，一方面，城市电子商务开始遇到用户增长瓶颈，而农村市场广阔；另一方面，农产品拥抱互联网，机遇巨大。据了解，2017 年我国农村网络零售市场规模超过 9000 亿元，占全国网络零售总额的约 17%。农产品市场规模快速增长，2012—2017 年，从 200 亿元增长至 1589 亿元，5 年增长 8 倍，很多有知识的青年返乡从事电子商务创业，淘宝村在各地不断涌现。

二是农村电子商务设施逐渐完善。全国有 27 个省、区、市，496 个县已开展"电子商务进农村综合示范工程"，重点加强农村物流体系、农村产品销售人才培养、乡村网点信息化、农村地理标识产品建设、国家级和省市级电子商务示范企业评选政策扶持等工作，建设和完善农村电子商务运营网络，目前已在 1000 多个村、镇建设 40 多万个电子商务村级服务点，助力精准扶贫，推进城乡协同发展、共同富裕。**政策利好、平台"巨头"加码、大众"互联网+"这"三驾马车"助力，农村电子商务将成为网络零售的重要增长点。**原来每年春节提着大包小包回家过年的景象，已变成"过年了，年货先寄回家"的轻松局面，"年货节"等电子商务节日，在春节前形成"电子商务春运"景观，快递企业忙碌不已。

5. 跨境电商如火如荼

一是跨境电商升级内贸。2015—2017 年，国务院正式批准设立杭州、天津等 13 个跨境电商综合试验区，跨境电商行业迅速升温。据统计，2017 年全国跨境电商规模超过 1600 亿元，跨境电商已处风口，恰似 2008 年国内电子商务蓬勃发展时期，需要加快外贸转型升级进程，推进内外贸协同发展，实现国内、国际两个市场一体化，这也得到经营者和监管者的双重重视，国内外跨境电商企业纷纷加大跨境电商领域的投资布局。

二是跨境政策支持不断。受"四八新政"延期、保税与跨境物流完善、"一带一路"倡议利好频出、中国制造任重道远、消费升级、中国政府主动召开全球海关跨境电商大会来支持跨境电商等政策因素影响，跨境电商将成为各大电子商务平台追逐的风口，国外跨境海外仓、国内跨境电商园如雨后春笋般涌现。

6. "直播"新业态层出不穷

一是直播经济成新业态。2017 年中国网络直播用户规模超过 3 亿名，占互联网用户总数的近一半,"网红"井喷式爆发。"网红"直播收入达到千万元级别,"武汉斗鱼直播节"在武汉江滩连续举办两年,并在 2018 年上升为由武汉市人民政府主办,现场有 50 多万人参加,网络播放量过亿次,成为打造城市品牌的重要手段。"网红"携千万级粉丝,开展电子商务销售,被看作社交电商趋势的一个重要体现。直播电商带来巨大的免费优质流量,淘宝直播电商等纷纷上线,专家真人推荐更具亲和力和信任感,比如,财经作家吴晓波推出"吴酒",该酒 2015 年的销售额超过 1000 万元。

二是分享经济迅速发展。分享经济新业态、体验经济新业态、协同经济新业态百花齐放。分享经济,让客户通过互联网直接建立联系,提升闲置资源的利用率,发挥资源空闲价值。例如,人人快递分享闲置人力资源,滴滴快车分享闲置运力,小猪短租分享闲置房产空间,ofo 共享单车分享单车空车时间,分享经济让"使用,不必拥有"成为很多行业特点,社会效率大幅提升。

7．社交电商发展迅速

一是社交电商逐渐规范。消费碎片化、移动化以及入口变化导致社群本地化电子商务发展迅猛,社交电商在部分消费领域攻城略地。在农业领域,宜昌脐橙产业的社交电商占比已超过 40%。拼多多、拼好货等移动社交平台,成为新兴并快速成长的网络销售平台。

二是传统企业介入社交电商。B2C 社交电商,建立基于社交的购物生态圈;C2C 社交电商乱象频发,成为市场监管的盲区。更多传统企业开始涉足社交电商,并利用企业粉丝做生意。猫人、良品铺子、贵州茅台等传统企业借用社交电商获得了长足发展。

三是社交电商巧借资本力量。云集微店创业四年即在美国纳斯达克上市,拼多多模式发展迅猛。

8．生鲜电商盈利成痛点

一是生鲜电商"尚待突破"。根据中国电子商务研究中心监测数据,2017 年,全国 4000 多家生鲜电商,除去损耗和营销推广成本,只有 1%实现了盈利,7%趋于巨亏,88%略亏,4%持平。生鲜电商盈利模式和盈利点尚不成熟,涉农电商供应链、仓储配送、新客户发展、活动促销等环节都是生鲜电商的"烧钱点"。

二是万亿市场"群雄逐鹿"。尽管生鲜电商难做,但其目前仅 3%的行业渗透率、高消费频次、客户刚需等特性,以及超万亿的市场规模,仍然吸引大量电子商务企业不惜重金投身其中,各大电子商务平台通过本地化、众包化、差异化展开市场竞争,抢夺这一未来市场。

9. 互联网品牌扎堆上市

一是资本聚焦电子商务。阿里巴巴原创品牌（也称淘品牌），纷纷走上资本道路，借用资本推动企业长期增长，茵曼、初语母公司汇美集团向中国证监会申请发行股票，并拟在创业板上市；三只松鼠、御泥坊等电子商务企业，纷纷发布招股说明，拟在创业板资本市场上市；裂帛服饰启动 IPO（首次公开募股）拟在"深交所"创业板上市；韩都衣舍、小狗电器已正式挂牌新三板；楼兰蜜语（隶属于武汉当代集团）、十月妈咪、韩后等 50 多家天猫原创淘品牌，纷纷扎堆推进企业 IPO，阿里巴巴甚至成立专门机构协助这批企业"借船出海"，利用资本力量壮大自己。

二是电子商务部门独立公司化运营。传统企业的电子商务部门纷纷从企业独立，剥离成独立的电子商务分公司，鉴于与现有业务的差异性，需要更好的政策支持，以吸引新兴人才聚拢。比如，良品铺子电子商务部剥离，成立电子商务分公司，并受到今日资本的关注；安琪酵母成为独立的电子商务分公司，与贝塔厨房进行资本融合。一旦营业额超过 5000 万元，电子商务部门一般就会从企业内独立出来，以获得更大的发展空间。

10. 电子商务智慧购物不断升级

一是电子商务技术应用加强。在电子商务领域，人工智能、云计算、无人机、无人仓、VR（虚拟现实）、AR（增强现实）、MR（混合现实）等虚拟购物体验技术纷纷涌现，从虚幻走向现实成为电子商务发展的新趋势，其处理能力和服务效率不断提升。

二是个性化电子商务成为可能。随着大数据和人工智能技术的成熟，可实现针对不同客户"千人千面"的定向导购和促销；虚拟现实和增强现实技术逐步成熟，可缩短客户与物品之间的距离，提升消费体验。电子商务平台可实现对个人消费轨迹的跟踪，自动推送相关页面产品，客户价值得到最大程度挖掘。

三是电子商务开始向纵深突破。在 B2B（企业对企业）电子商务领域，由于互联网技术快速发展，以及国家推动供给侧结构性改革，国内钢铁、煤炭、有色金属、石油化工等 B2B 原材料电子商务、成品材料电子商务，纷纷嫁接互联网，快速发展，全国大型综合交易平台已有 1100 多家，可针对上下游企业、关联企业，实现供需双方需求的高效对接。比如，湖北的华中石油交易平台剑指千亿规模，开始逐步蚕食油品零售市场。我国电子商务已呈现出国际化、规范化、服务化、多元化的发展趋势。

1.2.3　国内知名电子商务平台

国内部分知名电子商务平台及其介绍

电子商务平台	介　绍
淘宝网	中国最大的 B2C 电子商务平台
天猫商城	专注 B2C，整合品牌商与生产商，宣称所售商品 100% 为正品，当人们不再只图便宜，逐渐关注商品质量和购物体验时，这正是其优势之一
京东商城	2004 年涉足电子商务，连续七年增长率超过 200%，始终以电子商务模式运营并缩减、优化中间环节。正品+优质快速的物流是其成功之处
拼多多	中国新电子商务开创者，2015 年 9 月成立，2018 年 7 月在美国上市，2018 年中国零售百强企业排名第三
苏宁易购	苏宁电器旗下新一代 B2C 电子商务平台，是中国领先的 O2O 新零售商，总部位于南京，业务覆盖传统家电、3C 电器、日用百货等品类
美团点评	经过近十年积累，涵盖了中国大部分餐饮客户，2015 年面对 O2O 快餐大战，饿了么、百度外卖等加入，竞争更为激烈
当当网	知名综合性网上购物商城，1999 年 11 月正式开通，从图书拓展到百货、服装、数码等全品类，几十大类，数百万种商品，物流能力提升较大
云集微店	全球精品仓库，中国社交电商代表，2016 年 4 月成立，2019 年 5 月在美国纳斯达克上市
唯品会	定位于"一家专门做特卖的网站"，每天上新品，低至 1 折，为客户提供特卖服务，唯品会以零库存物流管理和电子商务无缝对接，成长迅速
国美在线	2012 年 12 月与库巴网重组，并正式更名为"国美在线"
折 800	专业编辑选品，职业买手砍价，再加上完善验货及先行赔付服务，实现"独家折扣优惠买"品牌承诺
卷皮网	一家专注于高性价比产品的移动电子商务平台，精选折扣电商领导者，构建了"优质精选+限时抢购"创新商业模式，配套有卷皮物流

1.2.4　中国电子商务平台销售数据分析

1. 总销售数据

2018 年中国网络零售额约为 9 万亿元，同比增长 23.9%，移动互联网成为客户购物首选渠道，其零售额占比约为 85.5%，较 2017 年提升 4.4 个百分点。从消费区域来看，东部地区消费者网络零售额占绝对优势，东部、中部、西部、东北地区网络零售额占比分别为 83.1%、9.0%、6.4%、1.6%。电子商务主体呈现多元化发展趋势，垂直类领域服务电子商务企业发展迅速，16 家境内外上市电子商务企业销售额保持较快增长率。2018 年网上零售 B2C 关键词——品质提升、场景革命、智慧零售。

2. 电子商务平台销售数据

中国 B2C 网络零售市场包括开放平台与自营销售，不包括品牌电子商务。

中国九大电子商务平台 2018 年市场份额

电 商 平 台	市 场 份 额
阿里巴巴（包括淘宝网、天猫商城等）	58.2%
京东商城	16.3%
拼多多	5.2%
苏宁易购	1.9%
唯品会	1.8%
1 号店	0.7%
国美在线	0.7%
当当网	0.2%
聚美优品	0.1%

注：以上数据来源于市场调研公司 eMarketer 2018 年的数据。

做电子商务必上天猫（或淘宝）和京东，两个平台的市场份额合计占 74.5%。

新兴平台值得关注。综合电子商务发展遥遥领先，月活跃用户数超过 6 亿人，社交电商、奢侈品电商、二手电商及跨境电商均实现 35%以上的高速增长率。

小红书、洋码头、网易考拉、蜜芽等新兴电子商务平台崛起，必将改变排名。

1.2.5 新零售商业模式的三个阶段

坚持只做第一，不做第二。企业可以做小，但一定要在小的品类中做到行业第一。这就是坚持、专注的力量。

第一个阶段——"从 0 到 1"，核心产品是 MVP（最小可用）产品，核心用户是天使用户，核心思维是减法思维，核心能力是试错能力。

第二个阶段——"从 1 到 N"，核心产品是标准化产品，核心客户是主流客户，核心思维是乘法思维，核心能力是标准化能力。

第三个阶段——"从 N 到 1"，核心产品是跨界产品，核心思维是跨界思维，核心能力是跨界能力。

对于企业来讲，三个阶段要依次发展，在合适的时机依次推进。需要警惕：还没有发展到"从 1 到 N"阶段，就盲目启动"从 N 到 1"阶段。

1.3 传统企业从事新零售面临的挑战与机遇

新零售意味着线上、线下共同发展，而线上恰好是传统企业的短板。传统企业从事新零售面临四个痛点、五大冲突，也具备七项优势。

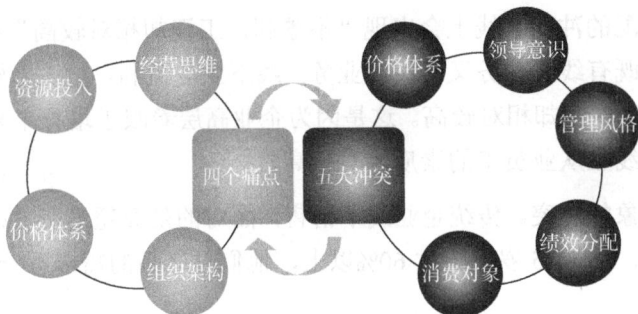

传统企业从事新零售面临的挑战

1.3.1 传统企业从事新零售面临的四个痛点

伴随着互联网的发展和冲击，传统企业越来越显示出"窘态"，面临四个痛点。

一是经营思维。营销方式与互联网企业相差较大。

二是资源投入。电子商务业务与原有销售资源存在匹配问题，初期可能亏本，但从业人员的薪酬却相对较高。

三是价格体系。营销活动中线上、线下产品价格的差异形成矛盾。

四是组织构架。互联网企业越来越强调划小经营单元，推行阿米巴经营模式，而传统企业还在采取生产、研发、销售等环节组成的独立式企业架构。

1.3.2 传统企业从事新零售面临的五大冲突

传统企业从事新零售主要面临五大冲突，即**价格体系、领导意识、管理风格、绩效分配、消费对象**。

一是价格体系的冲突。线上产品与线下产品一般区别生产，二者价格体系存在冲突，大企业会采取在线上销售电子商务款、特卖款、尾货款等方式，通过差异化产品型号，保护线下经销商的利益。

二是领导意识的冲突。领导潜意识里会重视电子商务，却又不能完全放手，往往成立了电子商务部门，却授权不足、协调不足或过于追求短期盈利，殊不知电子商务也有客户积累和培养的过程，不是一蹴而就的，线下也需要经历数年甚至数十年的培育才可盈利。

三是管理风格的冲突。线下生产管理要求"一丝不苟""军事化"，线上管理更强调"创新""灵活化""娱乐化"。

四是绩效分配的冲突。线上会出现"不盈利，工资却相对较高"的局面。比如，某电子商务平台既有线下业务又有线上业务，线下业务盈利，员工工资相对较低；线上业务亏本，员工薪酬却相对较高。这是因为企业高层着眼于培育未来经济发展的业务板块；同时，线上从业员工的素质相对较高。

五是消费对象的冲突。传统企业线下销售，面对的是商超消费者；而线上消费者群体更趋年轻化，25～35 岁人群占 60%以上，他们对产品的需求不一样。

1.3.3 传统企业从事新零售的七大优势

传统企业从事新零售虽然有短板，但更多的是优势。

一是线上电子商务知名度带来线下连带销售。往往 20%的线上电子商务销售额，可以带动 80%的线下实体销售额，电子商务让消费者更容易接触到产品，这也是产品知名度和影响力提升的渠道。

二是方便企业进行粉丝群体打造。电子商务可吸引更多消费者追捧产品，了解产品，提高消费者对产品的忠诚度。

三是激发客户对产品设计的参与感。客户需求需要不断挖掘，客户参与生产将改变原有产品的呈现形式。以电子商务渠道网红白酒"江小白"为例，客户发送相关信息到指定微信平台，厂商从中选出拟印制酒水包装的格言创作者，并免费赠送两箱白酒。客户充分参与产品生产过程，可让产品更具话题感、参与感和媒体感。

四是通过电子商务渠道可收集客户行为数据。对于实体零售企业，客户行为数据非常有价值。比如，良品铺子在深圳新开门店时，通过分析客户行为数据，可知什么位置最适合开店，最适合销售的品种有哪些。互联网不仅发展快，而且改变了企业决策效率和准确度，降低了沟通成本。

五是 O2O 竞争优势的全渠道化。多渠道、全渠道是企业未来发展的趋势。

六是供应链采购成本的独特优势。传统企业在线下往往有规模采购业务，一旦切入电子商务领域，便具备极强的成本优势。

七是实体品牌的信任优势。在产品品质相同的情况下，客户会优先选择线下知名品牌。

1.3.4 新零售发展规律

传统企业在电子商务大潮中实力不俗。2010—2011 年试水之后，2012 年中国传统企业纷纷发力电子商务业务，至 2016 年"双 11"，前 20 强电子商务企业中，有 19 家为传统企业的电子商务业务。传统企业已发展成电子商务领域的领军企业。

电子商务业务高管：让决策在"听到炮火的地方"，大胆启用 85 后、90 后员工，把管理权下放给他们。企业高管只需关注销售数据，以及客户对产品的评价，具体管理工作可交给更加贴近市场的 85 后、90 后员工。

电子商务定价策略。产品中 20%定为低价，70%定为中等价，10%定为高价。20% 的低价产品，是促销"爆款"产品，吸引顾客进店消费，产生连带销售；70%的中等价位产品，是店铺的盈利关键点；10%的高价产品，用于品牌的形象定价，树立企业的中高端品牌形象，彰显企业产品的档次，不期望这部分产品带来实际销售额。

1.3.5 传统企业从事新零售的成功案例

部分电子商务销售额过亿元的传统企业情况

企 业 名 称	电子商务情况
良品铺子	食品类目。2012 年入驻电子商务平台，2016 年全渠道销售额及电子商务销售额突飞猛进，计划在 2020 年全渠道销售额突破 100 亿元
周黑鸭	食品类目。电子商务销售中锁鲜装比例不断提升，同时在无人零售领域进行创新开店
安琪	食品类目。亚洲第一烘焙企业，位于湖北宜昌，并购贝塔厨房，进行跨界娱乐营销。2011 年成立电子商务事业部，2015 年成立电子商务分公司
全棉时代	服饰类目。2016 年"双 11"销售额达 1.26 亿元。至 2017 年，线下门店数量超过 112 家。在天猫运营时间超过 7 年
五谷磨坊	食品类目。中国最大的营养膳食粉企业之一，年销售额约为 20 亿元，其电子商务销售额已超过 2 亿元
来伊份	食品类目。上海线上知名食品连锁企业，至 2016 年开店约 2271 家，会员数量超过 1300 万人。2015 年电子商务销售额约为 2.13 亿元，2016 年上半年达 1.2 亿元
猫人	服饰类目。2015 年猫人电子商务销售额约为 3.5 亿元，在天猫保暖内衣品类位居第一，内衣全品类排名第六
特步	服饰类目。运动鞋类目电子商务第一名。"特步 321 跑步节"在全国影响很大。电子商务经历 2010 年清库存、2011 年线上专供、2013 年存货共享等变革。2016 年电子商务销售额约为 20 亿元
周大福	珠宝类目。武汉及深圳设有电子商务制造基地，满足全国生产需求。2010 年 12 月发展电子商务业务。2016 年周大福内地电子商务销售额同比增长 25%，占内地销售额的 4%
九州通	医药类目。2017 年中国 500 强中排第 101 位。创办好药师网上药店，重视电子商务业务
卓尔购	平台企业。卓尔集团旗下电子商务平台，有云集批发市场 500 多个，入驻商户 6 万多家，截至 2016 年 9 月，B2B 平台总销售额突破 300 亿元
屈姑	食品类目。湖北宜昌电子商务企业，总销售额超过 10 亿元，电子商务销售额超过 1 亿元，以脐橙罐头为主打产品
爱帝	服饰类目。以内衣产品为代表
海尔	3C 家电类目。海尔新零售转型始于 2012 年。2017 年"双 11"天猫大家电热销品牌，海尔交易指标实现六连冠。2015 年进入社交电商领域，月销售额超 2 亿元

注：以上信息根据企业公开资料收集，供参考。

小贴士

传统企业发展电子商务业务的"四化要求"

传统企业发展电子商务业务，一般需要满足"四化要求"，即产品品牌化、产品系列化、制造瞬间化、价格差异化。

一是产品品牌化。要求企业是知名品牌。

二是产品系列化。要求产品系列全，品种多，可满足各类消费人群的需求。

三是制造瞬间化。短时间内能提供大量产品，如参加聚划算活动，须一周内完成生产供应，其供应链管理和要求与传统企业不同。

四是价格差异化。线上、线下产品要有区分，线上产品要具有更强的竞争力，避免打价格战。

通过这四个条件，基本能判断一家传统企业是否可以在线上同样做强做大。

第 2 章

新零售时代企业的运营

2.1 新零售全渠道营销

电子商务是在线上销售，实体经济是在线下销售，新零售就是将两者有效地结合，打通线上销售和线下销售的全渠道销售。

2.1.1 全渠道新零售的不同定义

阿里研究院定义——新零售是以消费者体验为中心的数据驱动的泛零售业务。

阿里巴巴官方定义——新零售是以互联网为依托，多角色运用大数据、人工智能等先进技术，强化对消费者需求的洞察和链接，共同开创价值创造，从而实现对品牌、产品供应链、流通与全渠道销售过程的升级改造，以及孵化重塑业态结构生态圈，并对线上和线下的服务体验进行深度融合的一种零售新模式。

京东定义——第四次零售革命的实质是无界零售，它的终极目标是以知人、知货、知场为基础，重构零售的成本、体验和效率。

场景实验室定义——新零售是以大数据支撑场景洞察，以体验设计为基础架构的新信用关系与新效率体系。

在新零售案例中，大数据是营销的关键，生鲜是营销的超级入口。生鲜是新零售的"主赛道"，生鲜代表着效率、先进供应链、先进生产力和高频消费场景，并将引发"新零售战争"，实现销售领域的全覆盖。

2.1.2 新零售六个纬度分析

根据国际知名市场调研公司尼尔森的定义，售价超过该品类产品平均价格 20%的产品可视为"高端产品"，此类产品数量近几年在国内快速增长，增幅已超过 23%，远超一般大宗产品。消费者更加青睐高品质的产品。中国消费市场的增长，得益于人口红利，以及不断增长的消费需求和消费升级带来的红利。

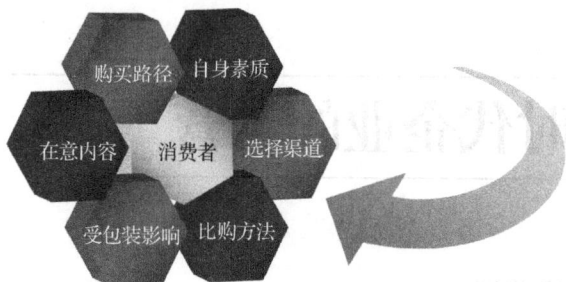

新零售六个纬度分析

1. 消费者购买路径分析

线上消费者早期购买路径：搜寻—比较产品—下单购买—评论和反馈。在新零售环境下，营销触点、资讯来源、消费渠道等都在急速增加，呈现出更加复杂化、碎片化、多样化的特点。

2. 消费者自身素质分析

相对而言，线上消费者往往更富裕、更年轻，受教育水平更高。男性占线上消费者的比例约为 44%，但其在线下（传统实体店）消费者中的比例仅为 20%左右；约58%的线上消费者的家庭综合收入高于 1 万元，而在线下渠道，只有约 21%的消费者能够达到这个收入标准。同时，约 64%的线上消费者年龄在 18~35 岁之间，而线下消费者中只有约 45%属于这一年龄区间。另外，线上消费者中约 77%拥有大学学士及以上教育学位，远高于线下消费者的比例（约 41%），线上消费者更容易接受新鲜事物。

3. 消费者选择渠道分析

大部分消费者偏好通过实体渠道进行日常补货或紧急购物；约 24%的线上消费者属于休闲购物，没有很强的目标，在一项调查中，约 11%的受访者在商家开展特价或促销时，才会选择紧急上线抢购物品，只为能够享受特价服务。

4. 消费者比价方法分析

线上消费者经常会访问多个电子商务平台；线下消费者一般固定到两家左右的实体零售商店购物。所以，不管电子商务经济怎样成长，线上消费者一般仍不会舍弃实体购物渠道。在店内购物时，越来越多的消费者会使用网络比价工具，寻找最划算、最精明的消费方案，这就是常见的"服装店成线上产品展厅"或"先逛店后网购"等现象发生的原因，消费者越来越精明。数据表明，大卖场的利润正严重下滑，已由正转负；小超市保持一定的发展势头；便利店也能微幅增长。例如，在武汉某零售集团的集团会议上，以前是仓储分公司高管排位靠前，而现在，超市分公司由于业务生态更灵活，增长更迅猛，其高管在企业内部排位不断前移。

5. 消费者受包装影响情况分析

小型装、实惠感的包装更受线上消费者的青睐。某知名企业线上销售数据显示，同一品牌的带汽饮料，24 瓶 330ml 组合装的销量远高于 6 瓶 330ml 组合装或 24 瓶 300ml 组合装。"越小越好卖"成为线上销售现状。而在线下实体店的销售数据中，单瓶 600ml 装最受欢迎，其次是单瓶 500ml 装和单瓶 2000ml 装。线上快消品有效带动了整体产品销售额的增长，但是线下渠道目前仍是消费的主流市场。

6. 消费者在意内容分析

线上消费者在意商品是否物美价廉，"价格实惠"是关键，也是他们选择线上交易的最大原因，另外，"送货上门""销售独特的产品""节省购物时间"等因素，也可助推线上产品销售。所以，不论是在线上，还是在线下，"消费者能否获得最大的价值感"是成交的关键。线下能最大程度地满足消费者的体验需求，"即到即买"是首要原因，"现场体验好""质量更可靠""现场服务好"等也是成交的原因。

2.1.3　全渠道新零售经典案例

1. 网易严选新零售模式被推崇

网易严选是网易原创生活类电子商务品牌，其对外宣传口号是"好的生活，没那么贵"。网易严选采用的是 OEM（定点生产、俗称代加工）模式，由制造商和供应商设计生产，网易参与需求的定制，并负责采购和销售。网易严选销售的产品，都会贴上"网易严选"标签。这种低价格、高品质并降低客户选择成本的方式，一经推出便在电子商务激烈竞争中迅速脱颖而出并占有一席之地。

网易 2017 年 11 月首次提出"新消费及严选模式"，认为零售离不开人，更离不开消费者这个核心，而目前国内的消费群体正在经历一场名为"新消费"的演变，所有零售形式的演变和升级，都源于对消费者需求更加精准的理解和供给。

所谓严选模式，就是顺应新消费升级趋势，通过直连工厂为消费者提供性价比高、设计优良、质量可靠的精美产品。这些创新性的价值，让严选成为一种新的模式，被很多公司效仿。经过两年的迅速发展，网易严选已经成为拥有厨卫、母婴、食品等十大品类，10000多个SKU（库存量单位）的自营电子商务品牌。网易严选与考拉海购一起，成为网易营收增长的重要动力，电子商务业务已经成为网易的一项战略性投入。

互联网巨头也开始纷纷效仿严选模式，推出自己的品质生活电子商务平台，如淘宝心选、米家有品、京东京造等。网易严选实体店于2018年下半年推出，并与无印良品等品牌店铺进行线下竞争。

2．百果园新零售转型

百果园是中国超大型的水果销售连锁企业。2017年8月，百果园新零售一周年产业互联网发布会在北京举行。2018年1月，百果园获得15亿元的B轮融资，所融资本用于果品研发和品牌建设，打造先进果业供应链与生态体系，以及持续加强产业互联网的投入。

社区水果生鲜零售行业当前呈现出频次高、客户优质稳定且客单价相对较高的局面。百果园2017年全年交易次数达到2亿次。

百果园积极推进新零售的变革，先后经历了网点、销售、生产、品牌、会员、生态、培训等多方面的提升和变革，形成了今天百果园新零售的局面。

百果园新零售变革

新零售变革	情况介绍	新零售实践
网点	2001年开设中国第一家水果特许连锁专卖店，2002年到2009年摸索出一套可快速复制的经营模式	百果园以2800多家门店为基点，构建全国超大规模的生鲜自提网络，并通过线下一体化实现3公里以内1小时到家服务，门店遍布全国40多个城市
销售	原来仅限店面销售	与美团、饿了么等第三方电子商务平台合作，通过物流快递方式实现精准配送，并逐步提高配送占比
生产	产品标准化，从种植入手，引进新品种，通过接种试验及种植推广形成规模和品牌	百果园在全球布局了230多个水果基地，预计到2020年，海外基地直采的比例将达到60%
品牌	原为百果园品牌	推出百果园自有细分品牌，如"不失李"，将改良的李子通过内容营销进行售卖。到2020年，拟打造20个相关品类品牌
会员	建立会员体系，客户实名注册。基于2800多万名优质会员，百果园正加速升级会员体系，线上、线下实现交易全覆盖和无缝对接	打造全渠道升级服务体验，强化场景化和精细化运营，提高单店的盈利能力；95后消费者比例在增大
生态	原为自有供应链	百果园更像一个生态系统、一家平台型的公众零售公司，实现共享研发、共享采购、共享IT、共享物流及共享供应链金融

续表

新零售变革	情 况 介 绍	新零售实践
培训	实现加盟指导，建立加盟商培训体系。百果园在产品标准化、商品管理、会员营销及营运支持方面积累了丰富经验，全面放开加盟	教加盟者如何经营产品，如何经营客户，如何经营社群，如何经营好大数据，如何提高经营店铺坪效等

3. 国美电器正式更名为国美零售

2017年6月，国美电器正式更名，由"国美电器控股有限公司"变更为"国美零售控股有限公司"，英文名称也相应改为 GOME Retail Holdings Limited，更名获得股东大会的一致通过。国美由重视渠道的"电器零售商"，向以"家"为主导的"方案服务商和提供商"转变，这表明国美已搭建起消费新场景，体现了企业高层拥抱互联网和全面实施国际化的决心。同时，国美宣布正式推出全球首家专业 VR 影院，因为线下传统零售商、传统影院，以及其他传统商业体需要 VR 这种新技术带来全新的体验，以重新获得那些年轻消费群体的青睐。

国美新零售变革

时　间	战　略	新零售具体措施
2015年	"全渠道、新场景、强链接"的线上、线下融合战略	以新零售为核心，通过布局互联网、智能家居/家电、地产、金融投资、智能手机六大业务板块，建设国美"互联网+"时代下的"全零售生态圈"
2016年	集团战略再次升级，建立国美"6+1"新零售战略	建立以客户为王、产品为王、平台为王、服务为王、分享为王、体验为王，线上、线下融合的"6+1"新零售战略，在此基础上，以新场景、供应链和服务为新零售战略不断升级的强大支撑，并推出"社交+商务+利益分享"一体的战略级产品国美Plus，为客户开启全天候24小时购物新场景，最大范围地实现线上、线下融合发展
2017—2019年	国美新零售	一是落地蒲公英项目，通过一系列技术革新和组织融合，全面打通国美在线、国美 Plus、国美电器批量采购、定价、分销、出库、售后等渠道。国美 Plus 链接新零售，通过门店改造促进消费者体验升级，以智能家居打通消费全产业链，利用安迅物流实现"最后一公里"服务。 二是除电器主营业务以外，开发超市、手机、化妆品等新业务板块；实现线上、线下融合，发展跨境电商业务，全方位构筑消费者喜欢的购物场景、模式、价格、服务等，让更多消费者体验到国美新零售的价值

VR 是国美新零售的突破口，国美期望未来从单一的零售卖场转向以家、娱乐和生活为核心的综合性卖场，实现产品升级、用户更迭，并提出未来一年时间内在全国打造100家 VR 影院的目标。VR 影院项目，是国美的战略级项目，内部 KPI（关键

绩效指标）不以单一的销售收入为评价标准，而重点考核能否吸引年轻消费者来门店消费，并且长期留住他们，这显然更为重要。

4．周黑鸭的新零售

周黑鸭积极探索新零售，将线上平台、线下门店、无人店铺、社交电商等渠道有机融合，实现快速发展。

周黑鸭业务覆盖 11 个电子商务平台，包括天猫、京东、微信、饿了么、聚美优品等，其中，外卖服务已经覆盖 38 个城市和 11 个主流电子商务平台。

根据周黑鸭 2018 年的业绩报告，截至 2018 年年底，周黑鸭自营门店共 1288 家，覆盖全国 17 个省、区、市的 90 个城市，仅 2018 年上半年就新开 392 家自营门店。

2017 年以来，周黑鸭加大新产品的推出力度，上半年引入风靡全国的卤小龙虾，随后又推出卤牛肉，且只供应线上销售渠道。在天猫，周黑鸭销售产品的 SKU 达到 130 种。新产品主要是为了吸引年轻消费者，未来周黑鸭品牌会更加年轻化。

周黑鸭线上、线下互动销售的新零售模式，助其快速开店，相互促进，并获得高速发展。

2.1.4　新零售全渠道融合的七大优势

当互联网和移动互联网发展到一定阶段后，线上红利逐步消失，领先企业率先从线上零售模式转为线上、线下相结合的"新零售模式"，2017 年是新零售的发力之年。新零售全渠道融合有以下七大优势：

一是降低了获客成本，实现了全渠道联动。此时，线上的流量价格和运营成本正在日益走高，红利逐渐消失。互联网经营者也被高昂的流量成本压得喘不过气来，于是，一批领先企业开始尝试并力推"线上、线下同步发展"的全渠道新零售模式，让"更好地满足客户对美好生活的向往"成为互联网从业者们的共识。线下的获客成本远低于线上，并且有低成本的自然流量。

二是全渠道融合，可赋能、共振发展。阿里巴巴主张，线上业务与线下业务，不应该是对立和竞争的关系，而是赋能和共振的关系。原来企业的线上业务和线下业务是竞争关系，内部竞争激烈，新零售模式实施后有效改变了这一状态。企业应在内部成立新零售事业部，新零售事业部不是电子商务部门，而是进行门店智能化改造的部门，其职责包括品牌内容运营、CRM 客户关系管理、新习惯建立督导、培训、考核和数据分析等，实现品牌企业线上和线下的多业态、全渠道销售。2018 年阿里巴巴把商家事业部与淘宝、天猫全面融合，成立天猫新零售平台事业部，整合阿里巴巴的云端基础设施、数字化能力和大数据资源，推动商家新零售全面升级，实现合作企业的线上、线下资源全面与阿里巴巴对接。

三是全渠道同价、同质，便于统筹。阿里巴巴以智慧门店为突破口，打通线上和线下供应链。良品铺子、林清轩、百丽等一大批知名企业，纷纷根据客户的购物习惯，实现线上、线下"同价、同质、同款、同服务"，客户可以根据意愿自主选择消费场景，也无须考虑不同渠道在价格、服务、售后等方面的差异，因为线上和线下全部服务均保持一致。

四是线下导购体验激发复购。打通线上和线下渠道，线下实体店的导购积极性也被进一步调动，客户通过手淘等软件添加店铺导购为好友，之后该客户的线上和线下销售额均被纳入该导购名下，这一措施的效果在良品铺子 2018 年"618"的销售数据中得到充分印证，良品铺子智慧门店的累计销售额环比增长超过 100%，订单突破 100 万笔，成为天猫"618"首个线下"百万订单"品牌。线下导购可实现会员的长期深度维护，持续提升客户到店的消费频次。

五是有效提升消费者客单价。新零售的另一个变化是，经过线下购物的客户返回线上，消费的客单价会大幅提高。通过相关的案例测试发现，由于线下产品和购物氛围具有更好的消费体验，会提升客户对所购买品牌的忠诚度和美誉度，当客户再次回到线上购买时，往往单次消费金额（即客单价）会提升，如护肤品牌林清轩，2018年天猫旗舰店平均客单价就从原来的 200 余元提高到 600 元左右。

六是社交电商促进客户价值最大化。通过实现线上、线下融合，可以对品牌商家的粉丝进行精准维护，线上有"红包"，线下有"促销"，客户现场体验好，可自主决定购物路径，商家就近实现限时派送，充分实现了与客户互动，增强了客户黏性。

七是线下的良好体验可提升企业品牌形象。线下产品可触摸、品尝或试用，这是线上销售所无法比拟的，同时线下设计了专门的消费场景，可更好地诱导客户进行体验和消费。例如，小米之家通过测试数据发现，鉴于现代的购物环境、时尚的产品和超高的性价比，客户到店购物成交率大幅提升。

2.1.5　中国互联网"巨头"新零售布局

阿里巴巴提出，**新零售是以消费者体验为中心的数据驱动的泛零售形态。**这一诠释以人为本，无限逼近客户，从客户的角度，强调客户体验，重塑价值链，重新定义消费的趋势。

京东则提出"无界零售"概念，即零售业的本质万变不离其宗——成本、效率、体验并驾齐驱，各类技术的应用从来都没有在根本上改变零售的本质。

笔者认为，新零售是多种产业、多种业态的内在融合，以客户为核心，通过"数据驱动+人工智能+万物互联"，实现"零售+科技""商品+服务""线上+线下"相结合，促进消费方式逆向牵引生产变革，最终更好地满足客户，提供更好的消费体验。

未来十年，将是消费者的黄金时代，消费者将被赋予前所未有的选择权和控制权。企业对流量的渴求，就像"鱼儿对水"的需求，电子商务面临的困境是，线上流量已被经营者充分挖掘和透支，无论怎么投放都很难再有爆发式增长；但是经营者若变换一种思路，积极走到线下，将有希望发现新出路，创造新业绩。从新零售的业态来看，"无人化"和"服务化"将会成为今后两大热点。新零售供应链开始围绕"连接消费者"和"提升运营和服务"两个关键点深入突破，重点实施人、货、场最高效率的重新组合。

无人零售需要进一步压缩销售渠道的成本。无人零售的极限是去物流中心、去网点化，实现生产、配送、销售的融合（或供应链趋于融合），实现"产品—消费者"最小损耗的到达路径。

重度服务是场景化、社交化、服务化诉求下的必然趋势，产品和服务将融为一体，以"服务客户"为核心的理念将真正得到实践。

中国互联网双"巨头"新零售布局

覆 盖 领 域	阿里巴巴新零售布局	京东新零售布局
百货	银泰商业、高鑫零售	京东之家
物流	菜鸟、通达系快递	京东物流、达达
便利店	天猫小店	京东便利店、京东帮
生鲜餐饮	饿了么、盒马鲜生、易果生鲜、喵鲜生	京东到家、7-Fresh、天天果园、超级物种、每日优鲜、钱大妈
超市卖场	大润发、三江购物、百联集团、新华都	永辉超市、沃尔玛（中国）
专卖店	苏宁云商、苏宁小店	京选空间

阿里巴巴正在全国大力推进"新零售之城"计划，让更多商家实现线上、线下互动，全力打造智慧门店。新零售是推动商业数字化的必经阶段。

新零售须经过**四层升级**：理念升级、系统升级、能力升级、组织升级。

新零售面临**五个趋势**：全渠道成为新零售行业的标配；消费升级带动全龄消费；木桶理论决定新零售的成败；新零售终端实现全域共振；技术商业化融合的趋势不断加强。

新零售的五个特点：数字化技术改造零售门店，业务流程的优化提升门店人效和运营标准化的能力；从经营产品向经营客户转变，提高客户黏度，形成消费闭环管理；具备线上、线下一体化的获客能力；两个基本元素得到升级——产品品质升级、客户体验升级；"高频业务"将成为新零售的主战场，在客户体验、成本效率、消费升级等方面，商家将不断投入，使得消费空间更广，消费体验更佳。

2.1.6　全渠道新零售开店分析

新零售要成功，必须确保人、货、场所有环节的数据化改造成功，包括供应链体系、客户数据、交易交付、营销互动完备，任何一个环节缺失，都将导致整体新零售转型失败。2016 年 2 月以来，小米全面向新零售发展，线下第一家"小米之家"门店顺利开业，并且"开一家，火一家"，迅速提升了小米的综合业绩。

小米之家坪效 27 万元，仅次于苹果。线下开始全面施展小米的"超级魔力"，小米采取线上电子商务的成本管控方式，来管控线下零售门店，获得空前成功。

新零售的核心是效率，小米的效率在 8%～9%之间。也就是，假设一个产品成本是 100 元，那么售价 108 元就能实现盈亏平衡。效率越高，占用的销售成本就会越低，企业的运营能力就会越强，这是非常有价值的数据。

2016 年一季度至 2017 年一季度的数据显示，网络零售额占全社会消费品零售总额的比例一直在 12%左右徘徊，增长趋缓；线下交易行为仍占 80%的市场份额，依然是社会消费的主要交易行为；线下流量是线上的 20 倍，甚至更多。近几年，商家只盯着线上，线下的流量价值却慢慢成为一个"洼地"，被悄然忽略了。降低的获客成本，增强的客户体验，是大家争相在线下开店的重要因素。线上更容易形成"爆款"，三只松鼠线上两个产品的销售额可以占到线上总销售额的 20%～30%，但在线下，这个比例却只有 8%，各类单品会被客户更全面地关注和消费。

全渠道新零售线下门店典型案例分析

企 业 名 称	门 店 名 称	运 营 情 况
三只松鼠	松鼠投食店	2016 年 9 月，三只松鼠在安徽芜湖开出线下首家体验店，面积仅 300 平方米的零食专卖店非常注重客户体验，销售额最高达到 15 万元/天，第一个月的销售额就达到 240 万元。松鼠投食店单店的成本约为 100 万元，可实现"当年投资，当年收回成本"。 三只松鼠对该测试数据较为满意，并增强了线下同步发展的信心，计划五年内增开 1000 家门店。

企业名称	门店名称	运 营 情 况
三只松鼠	松鼠投食店	目前，三只松鼠线下门店毛利率约为 41.28%，相比线上多出 8%~10%，最大原因是线下门店的客户更容易冲动消费，并带动更多更高毛利的周边产品消费，而线上销售则集中在一些利润一般的爆款产品上，这也是电子商务企业纷纷转战线下的原因之一
小米	小米之家	2016 年 2 月，小米第一家线下门店"小米之家"悄然开业。客户发现，这不仅仅是一家手机专卖店，除小米手机外，还有一两百个小米的关联产品也在店内销售，店铺整洁时尚，与苹果专卖店相似，不过产品更丰富，品类也更多。 小米的目标为，用三年时间在国内开 1000 家门店，真正实现小米线上、线下相结合的"新国货、新零售"战略
京东	京东之家	京东首家线下门店"京东之家"于 2016 年 11 月在长沙开业；截至 2017 年 8 月，京东之家已在北京、深圳、上海等地开设 21 家门店，快速布局线下；2018 年，京东之家模式稳定后提速发展，以加盟模式高速复制
百草味	百草味	在电子商务发展势头最劲的时期，百草味曾经关停线下门店，集中力量转型电子商务，并得到一定发展，7 年线上成本不断增高，企业发展放缓，于是百草味宣布重回线下，启动在中国的"一城一店"计划，抢占新零售这波红利
全棉时代	全棉时代	全棉时代于 2017 年 2 月在京东总部大厦举行了 2018 年战略发布会，正式启动"2018 全棉时代京东超级品牌日"。2017 年销售额突破 30 亿元，为电子商务平台全棉服饰品类第一名，连续多年"双 11"全棉服饰品类单日销售额第一名。 全棉时代在中国 30 多个城市开设了 150 多家直营门店，全国首家千平大店落户苏州；同时成功进驻 2100 多家商超渠道。直营门店，大型商超，线上（自建官网平台，京东、天猫、唯品会等主流电子商务平台），移动端 App，全棉时代已经形成多渠道销售相结合的局面，不断强化品牌影响力。 在线上、线下有机融合方面，全棉时代做到了"四个统一"：统一品牌，统一产品，统一定价，统一品质

苏宁易购也于 2018 年 4 月宣布进一步深耕线下市场，收购上海迪亚天天，加速苏宁小店在上海地区的布局和升级。苏宁将输出智慧零售解决方案，整合线上、线下资源，及其在互联网大数据方面的优势，协同提升销售运营效率，为客户提供极致的购物体验。苏宁小店向客户提供以快消品和生鲜为代表的全品类产品，一公里内最快 30 分钟极速配送服务，以及家电维修、快递代收等社区便民服务，满足区域内客户对购物、餐饮、闪送等的需求，尤其是客户的一日三餐关联需求。至 2018 年，苏宁智慧零售大开发战略，通过"租、建、并、购、联"等不同方式，拓展至 5000 家新零售门店，三年内拟增至 2 万家。

天猫、京东、苏宁等线上巨头都对线下新零售市场充满期待，对这块未来大市场

"虎视眈眈"。开店之余，互联网企业也十分注重农村市场这一入口，当年保健品企业抢占的农村市场最有效的农村墙面广告，成为互联网企业的最爱。互联网企业也开始用最原始、最有效、最接地气的方式，通过"刷墙"与农村客户进行"第一次亲密接触"。据了解，近年农村墙面广告价格每年翻番，并且已出现全国统一众包的公司。

当今中国，农村人口数量占到全国一半以上，这个庞大群体所在的区域，没有一二线城市发达，与互联网也有一定距离，但正是这些未开垦的市场，成为众多互联网企业竞相追逐的新流量入口。农村墙面广告，从汽车、农资到互联网，内容众多。最早是爱奇艺、优酷，后来是京东、快手、淘宝、今日头条、邮乐网等，采取刷墙、推广 App、贴海报等众多接地气、低成本的有效宣传方式，纷纷抢占农村电商市场。

刷一面墙只需要 300～500 元，却可以持续半年以上的宣传时间，而同样的营销成本，在百度购买关键字竞价推广，点 10 次鼠标就用完了。于是，一些农村广告运营商，针对全国 60 多万个行政村，根据人口、经济水平、特色、是否百强县、消费水平等，设计出不同维度的广告标签，根据目标客户的需求，有针对性地精准投放；并在每个村子挑选一名广告站长，所有的"刷墙业务"通过站长实现众包外包，确保精心投放到位，形成新的互联网广告发布联盟。

2.1.7　新零售典型案例 PK——盒马鲜生/超级物种

盒马鲜生一出现，便成为中国新零售的最佳案例，已经并正在改写零售商业史。

2016 年 1 月，盒马鲜生位于上海金桥广场店的首家门店开张，盒马 App 同步上线。没有宣传，没有剪彩，没有外宾，一切都很低调，连盒马鲜生的高管也是分批前往这家门店的。物流推动新零售，该支付宝会员店一经推出，迅速引起社会各界的广泛关注。

盒马鲜生的定位"四不像"，不是超市，不是餐饮店，不是便利店，不是菜市场，却拥有这四种业态。4500 平方米的门店主营食品，采用全渠道线上、线下相结合的商业模式；门店郑重承诺客户，全渠道可享受"5 公里内 30 分钟送达"的极速配送服务；门店内只支持使用支付宝付款；门店融销售、展示、仓储、分拣等功能为一体；在门店的曦牛海鲜餐厅，可采购并选择现场烹饪制作。

盒马鲜生的定位

盒马鲜生每家门店开张时均火爆，极大冲击现有的生鲜市场，也印证了新零售的发展潜力巨大，并得到客户的普遍认可。然而，开业初期盒马鲜生的销售额并不"亮眼",客流量从日均 500 人到日均 8000 人，客户慢慢习惯了盒马鲜生的服务模式。第一家门店运营 5 个月后，截至 2016 年 6 月，运营数据显示，盒马鲜生商业模式"正式成熟，可以进入复制推广阶段。2016 年 9 月，第二家门店正式开张。之后"星星之火，可以燎原"，门店迅速推广至全国，一发不可收。截至 2017 年 11 月，盒马鲜生在上海、北京、宁波三个城市开设门店超过 13 家，主要定位是 80 后、90 后年轻消费群体。2018 年 4 月，全国 10 个城市的 10 家门店同时开张，旋起一股"盒马狂潮"，覆盖 13 个主要城市的 46 家盒马鲜生新零售全国体系正式形成。2018 年年底，盒马鲜生在 20 个城市开设门店超过 120 家，规模效应显现。

盒马鲜生的四个特点：

一是生鲜标准化程度高。 盒马鲜生的产品均采取独立的包装，肉类、水果、蔬菜，重量和价格标注明确，所有产品实行统一的标准化作业。

二是店内产品品类丰富。 店内售卖 100 多个国家的 3000 多种产品，生鲜类产品占 20%，标准食品占 80%，后期生鲜类产品还将拓展至 30% 以上。在海鲜区，来自世界各地的鲜活海鲜令人大开眼界，如俄罗斯红毛蟹、波士顿龙虾等。依托上海金桥保税区的便利优势，盒马鲜生店内产品的价格比普通超市低 5%～20%。盒马鲜生店内的明星主打产品主要有俄罗斯帝王蟹、环球六国生蚝、波士顿龙虾、盐焗大闸蟹、面包蟹、基围虾等，这是盒马鲜生的六大"网红"产品。

三是自建高效物流配送。 为了提供更高效、更便捷的购物物流体验，盒马鲜生使用全国统一的保湿袋和保温袋，对出售的产品统一包装，店内设置 300 多平方米的物流区，客户"头顶就是飞来飞去的快递包裹"，下面是排放整齐、琳琅满目的食品，客户拣选的货品通过输送带直接送到收银台。

盒马鲜生第一家门店配备了约 70～80 名门店自营配送员，他们随时待命，可实现门店周边 5 公里内 30 分钟精准送达服务。

四是优质的客户体验。 盒马鲜生门店的购物环境十分舒适、现代化、整洁透亮，同时将"餐厅"的体验纳入门店。盒马鲜生的牛排、海鲜及熟食餐厅，占地约 200 平方米，提供代客加工服务，比传统酒楼便宜不少，好产品配上好加工，客户体验瞬间飙升。

盒马鲜生 30 分钟送达服务，是其在配送领域的最大卖点。目前盒马鲜生线下门店客单价约为 120 元/单，线上客单价约为 70 元/单，线上收支基本平衡，线下收入可负担门店基本运营费用。盒马鲜生的发展证明，在某些区域，"门店引流、线上下单、区域配送"相结合的拓展模式具备较强可持续发展的属性，若这种模式能成功复制到更多区域，那么"超市+电子商务"万亿级市场可以重塑，必将影响大众生活与商业格局。

盒马集市是第二代门店，开在上海八佰伴对面，营业面积达 1 万平方米，餐饮部分占比高达 50%。增加餐饮面积，源于餐饮毛利较为理想，约为 20%的扣点，商家不需要自营管理，餐饮和超市都属于高频消费，一同营业可降低生鲜的损耗。

盒马鲜生的水果和蔬菜，一般以小分量装售卖，既可省去称重，又不会浪费，并**且盒马鲜生开辟"日日鲜"区域，不卖隔夜菜**。产品外包装印上数字 1、2、3、4、5、6、7，代表周一至周日，让隔夜菜无法藏身。

盒马鲜生能够做到最快 30 分钟送达，是因为其后端可实现 5 分钟内完成从下单到拣货的过程，并实现配送人员统一装备，支持从-18℃到60℃的热链、冷链配送，提供可重复利用的专用箱子和冰袋。**因其便利性，盒马鲜生门店周边 3 公里可免费送货**，附近住房也被称作"盒区房"，成为房地产销售的增值指标。今后，快速配送服务必将成为超市的标准配置之一。同时，低成本快送需要对应的实体业态支持。**盒马鲜生的所有管理均采取数字化，可以对所有环节进行评价、数字化运营，每个流程均用数据评判好坏**。例如，劳动生产率的核心是每个员工每小时的有效工作时间，传统企业只有30%，盒马鲜生可以达到70%，员工工种复合使用，早上送货，中午上架，下午检货，晚上补货，这些岗位原来是分离的，现在由于盒马鲜生的"技术派"优势，企业运营效率大幅提升。通过移动互联网技术，盒马鲜生动态分配工作，在系统上发布任务，实现"抢单干活"、数字化管理，员工抢单越多，钱也就挣得越多，科技手段大大提高了零售效率。

盒马鲜生成立仅两年时间，员工人数便有 900 余人，其中 50%以上居然是"攻城狮"——软件技术开发人员。盒马鲜生用技术推动新零售，数据显示，其运营效率远超传统商超，这是互联网带给传统零售业的变革。盒马鲜生以客户需求为导向，深入研究，充分利用阿里巴巴强大的数据运营能力、云计算能力，以及强大的会员和支付体系，围绕零售的成本与效率、客户体验与服务，重构零售新业态。

盒马鲜生目前已实现全数字化，即客户数字化、流程和管理数字化、产品数字化，必将极大提高零售的效率，提高门店和物流运营的效率。

2018 年 2 月，盒马鲜生上海南翔店开始营业，该店率先引入"机器人餐厅"概念，客户打开盒马鲜生 App，入座后扫描二维码点餐，通过桌面屏幕与店员实时互动，送餐机器人将烹调完毕的菜品自动送到桌前，全程数字化管理。黑科技，让新零售更时尚。

新零售典型案例（盒马鲜生 PK 超级物种）

对 比 分 类	PK 对象详解	
新零售名称	盒马鲜生	超级物种
推出时间	2016 年 1 月	2017 年 2 月（第二代门店）
投资对象	阿里巴巴	永辉云创（京东注资）
旗下品牌	盒马鲜生、盒马集市、盒马便利店、盒马餐饮、盒马外卖	鲑鱼工坊、盒牛工坊、波龙工坊、麦子工坊、咏悦汇、生活厨房、健康生活有机馆、静候花开花艺馆
物流及特色服务	① 超市+物流+餐饮+App 复合功能，即"一店、二仓、五个中心"，一店即一个门店，二仓即消费区、仓储配送区，五个中心即超市中心、餐饮中心、体验中心、物流中心、粉丝运营中心。可实现 5 公里内 30 分钟送达。 ② 盒马鲜生追求裸价制度，采用买手制，产品全部是自己选择的，不是供应商送来的。盒马鲜生的直采团队，在全球范围内进行采购，产品价格可和菜市场竞争，如日日鲜猪肉、蔬菜等，价格比传统菜市场低约 10%。 ③ 建立超级客户体系。盒马鲜生的忠实客户群，贡献巨大销售额的同时，也是盒马鲜生的传播者	① "高端超市+食材餐饮+永辉生活App"。永辉生鲜的直采能力和供应链均十分强大，产品研发体系也是在全球范围构建的。 ② 永辉供应链的核心竞争力是消除了所有中间环节，包括大卖场中间环节和传统零售业灰色环节

盒马鲜生的四个清晰目标：第一，线上交易规模一定要大于线下；第二，单店线上订单不低于 5000 单/日，让客户聚焦盒马鲜生进行消费；第三，App 可以独立存活，让客户形成购物常态，要成为"网红"店并自带流量，不需要其他流量的支持；第四，冷链方面，物流成本可控，并实现 30 分钟送达产品。

传统商超弊端：冷链物流配送成本高、损耗大、不标准，品类不全，服务无法满足客户对生鲜产品的即时性需求。

盒马鲜生的六个新零售标准：盒马鲜生率先提出统一会员、统一价格、统一库存、统一营销、统一结算、统一配送标准。

盒马鲜生系统线上、线下集成：线上、线下一体化系统的构建和集成是首要问题，包括物流 WMS、门店 POS、ERP、财务、物流配送、App、支付、营销、会员等，其复杂程度和对技术的要求，远远超过传统电子商务及线下商超。盒马鲜生的创业团队，根据实际运营数据发现，盒马鲜生的客户黏度高，线上订单转化率超过 50%，半年后可达 70%，且线上客户转化率高达 35%。运营两年多之后，盒马鲜生固化了线下门店的模型，包括后仓面积、餐饮和超市的比例，新零售商业模式已基本成型。

小贴士

湖北"新零售F4"

走在湖北武汉街头，可以发现一个很有意思的现象——四家知名零售门店往往并排开在一起，并且每家生意都不错，形成一道独特的景观。四家门店经营产品品类分别为休闲食品、卤制品、烘焙食品、便民超市，业态和口味正好互补，受到广大消费者的喜爱。

这几家企业被称为湖北"**新零售F4**"——良品铺子、周黑鸭、仟吉、今天。

良品铺子门店

周黑鸭门店

仟吉门店

今天门店

湖北"新零售F4"全渠道发展分析

企业名称	创始人	企业发展情况	新零售及互联网发展
良品铺子	杨红春	中国最大的新零售休闲食品企业，2006年创立，现已开设2000余家门店，覆盖了中国主要城市。良品铺子冠名知名影视作品，线上、线下新零售销售额在全国休闲零食品类排名第一。建立了独立的国家级质量检测中心，对产品及供应链采用最高标准进行管控。其产品验收标准远高于国家标准	①实现线上、线下均衡发展，并在全国设置电子商务云仓。 ②在互联网技术上，实现商品数字化、销售数字化、仓储数字化、客户数字化、供应链数字化管理。 ③采用社群粉丝营销，以内容营销见长，培养了3000多万名忠实粉丝。 ④创办"核桃TV"，在产品推广上广泛开展娱乐营销

续表

企业名称	创始人	企业发展情况	新零售及互联网发展
周黑鸭	周富裕	香港上市公司，号称"一只会飞的金鸭子"。1997年，创始人周富裕带领团队，经过16年努力，将一个路边卤制品店打造成为全国知名的食品企业。2005年注册周黑鸭商标，2011年被认定为"中国驰名商标"。"会娱乐，更快乐"成为其企业理念。2011年11月，周黑鸭在香港联交所主板挂牌上市。截至2018年年底，拥有1288家门店，均为自营	①周黑鸭实行全渠道电子商务，天猫、京东、外卖、团购、支付等渠道纷纷上线。②分常温装和锁鲜装，锁鲜装由于更接近于店内销售，线上销售额增长迅猛，并采取冰袋和极速物流送达。③周黑鸭已开出无人新零售店铺，成为专业食品方面的领先企业
仟吉	陆伟	华中地区最大的烘焙企业，学美术设计专业的陆伟，一心将仟吉打造为时尚美味的城市地标。2005年元旦，仟吉品牌创立，2012年被认定为"中国驰名商标"，其宣传语为"仟吉，味觉空间里的情调家"。2019年仟吉成立14周年，仟吉冷链物流获评"4A物流企业"。仟吉旗下还拥有"工匠面包"和纯线上"积慕蛋糕"产品线	①吉客送采取全程冷链方式配送，将烘焙产品快速送到家。②实现会员制，进行互联网管理。③2017年5月成立电子商务分公司，产品可销往全国近300个城市。④公司目标为三年内成为国内烘焙行业电子商务新零售领域第一块招牌
今天	宋迎春	华中地区快速走红的连锁便民超市，其时尚定位迅速得到年轻消费者的喜爱。2008年成立，经过团队升级、供应链重构和数字化转型，逐步成为新零售便店民族品牌领跑者。2018年12月，在武汉、南京、长沙共开设门店400家，其中武汉有300多家。科技赋能新零售，再用三年拟发展为一家新零售科技公司	①通过微信小程序的积分、存储送、活动提醒等功能对客户消费进行引导。②庞大的后台信息系统，可对加盟商进行科学有效的管理。③2018年3月，自主研发的天空WMS仓储管理系统在冷链配送中心上线，智慧供应链物流平台落地。④携手阿里云、观远数据等企业，探索新零售

2.2 新零售坪效管理

坪效，指销售额／营业面积，即单位营业面积产生的销售额，包括日坪效、月坪效、年坪效。坪效的高低体现了门店的新零售能力，也体现了客户对品牌的认知和欢迎程度。新零售坪效管理要从流量管理、转化率管理、客单价管理、复购率管理等方面着手。

2.2.1 销售额

销售额=流量×转化率×客单价×复购率

流量，指进店人数。线下常称为人流量或客流量，客流量大的地方称为"旺铺"。

转化率，指购物人数与进店人数的比例，在线下常称为成交率。

客单价，指一位客户一次购物的金额，购物越多，越有价值。

复购率，指客户消费离开后，下次再来消费的比例。在线下常称为回头率。

同时，由于线下营业面积大小不同，还需要精算出单位面积的效益情况也就是坪效。

2.2.2　新零售坪效分析

新零售的关键：一是线上和线下相结合，实现产品品牌的全渠道营销；二是提高坪效，覆盖线下成本，让线下实现盈利。要想在线下继续存活，必须强化线上思维，通过效率手段和物流手段，提高流量、转化率、客单价和复购率等，让线下运营成本叠加线上同面积物流配送，最终实现两者合计盈利。

目前，小米年坪效达到 27 万元/平方米，仅次于苹果专卖店的 40 万元/平方米，是其他手机专卖店的很多倍。按照小米 8% 的毛利率测算，小米之家的毛利率足以覆盖单位面积的运营成本，确保小米在任何商业繁华区都可实现盈利。全渠道新零售将呈现离客户更近、交付速度更快、响应及时性更强的特点。

全渠道新零售的核心是融合、协同。普通传统门店的交易方式是单一的现货交易行为，其商圈客群范围往往只能覆盖方圆一公里，但是在移动互联网技术和电子商务出现后，可实现以门店为载体，为客户提供"产品预售、门店自提、使用电子提货券、门店外送"等综合服务，极大丰富了门店的交易方式，而每种交易方式均可形成门店新的销售额增量，最终实现**销售半径扩大、交易触点增多，以及无边界化服务、规模化效应，也就提高了门店坪效。**

以某休闲零食企业的客户为例，在全渠道营销中，线上、线下重合的客户，才是企业全年最高效的客户。

某休闲零食企业客户消费情况分析

客 户 类 型	年人均消费次数（次）	年人均消费额（元）
仅在线下消费客户	7.6	408.9
仅在线上消费客户	1.4	102.1
线上、线下重合消费客户	11.8	677.5

2.2.3　小米新零售

2016—2017 年，小米业绩出现重大反弹。

小米电子商务在发展到一定规模后，增长乏力，之后在众人的质疑声中，通过一系列重大调整，走上线上、线下相融合的发展之路。线上"小米商城"继续发力，推出更好的新品；线下"小米之家"加大拓展步伐，并快速扩充产品品类。

1. 小米新零售"八大战略"

小米摸索出"八大战略"，实现了极致的坪效，通过新零售转型，用互联网的工具和方法，把线下门店的流量、转化率、客单价和复购率做到极致，覆盖了线下成本，实现了快速规模化拓展。2016年起，小米开始大力推进新零售，并承诺线上、线下同价。

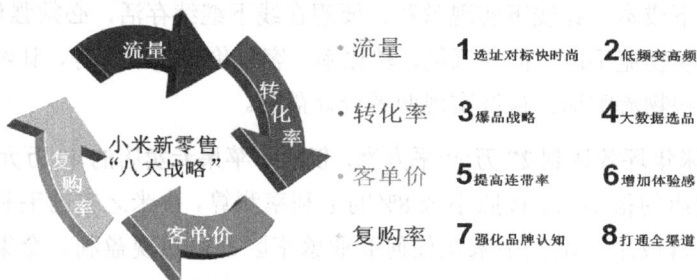

流量	**1** 选址对标快时尚	**2** 低频变高频
转化率	**3** 爆品战略	**4** 大数据选品
客单价	**5** 提高连带率	**6** 增加体验感
复购率	**7** 强化品牌认知	**8** 打通全渠道

小米新零售"八大战略"

新零售，指采取更高效率的零售模式，从线上回到线下，用互联网的方法和工具，提升传统零售的效率，并不是"原路返回"，而是让线上和线下高度融合，发挥线上效率和线下体验的各自优势，更好地提升客户体验，提高交易效率，扩大交易规模。为何要抢占线下新零售市场？因为传统零售依然占据着约85%的消费市场，这正是电子商务平台的进军目标，它们要夺取线下，改造线下。**小米式消费**指要满足客户"闭着眼睛买，怎么买都便宜"的愿望，通过性价比管理，减少客户的决策成本，采取"不打扰式销售"，最大限度地用好线下的成本结构，提高店内销售坪效。

追求线下极致的坪效，正是小米线下新零售的目标和关键。

（1）客流量

如何提高客流量，让进店的人变得更多？小米主要有两种方法：

一是选址对标快时尚。"小米之家"原来开在高级写字楼上，往往只有小米粉丝才会前去，客流量小，后来小米通过市场调研，进行了优化，将小米旗舰店建在一个城市核心商圈内，对标国际快时尚品牌。小米发现一个有趣的规律：其客户群和无印良品、优衣库、星巴克等国际快时尚品牌高度重合。"小米之家"随即优化选址规划，主要选在一二线城市核心商圈的购物中心，并优先和万达、华润、中粮等品牌地产商合作，同时考虑购物中心的年收入等因素，逐步形成自己的一套独特选址逻辑，便于获得开店基础客流量，确保更好地实现盈利。由于开店客流量大，小米成为地产商争相邀约的目标租户。

二是低频变高频。 手机虽然是低频消费，但过去几年，小米逐步建立或投资了不少上下游生态链关联企业，如做手环、耳机、充电宝、电视、平衡车、自行车、电饭煲等的企业。现在的"小米之家"已拥有 20～30 个品类，200～300 件精选产品，并且所有产品品类每年都会更换一次，每半个月就会有新品上市。这些低频产品叠加在一起，构成了一个客户的严选模式，最终也变成客户的高频消费区——客户这次来买一部手机，下次来再买一个手环或者一个蓝牙音响等，只要客户进店，超高性价比的产品一定会让其心动并购买几样，小米从而解决了消费频次和客流量问题。

（2）转化率

小米通过以下两种方法提升转化率：

一是"爆品"战略。 小米一直有"极致单品"的逻辑，也叫"爆品"战略。虽然小米有很多产品，但每个品类的品种数不多，比如，旅行箱有两三款，雨伞只有一款，而其他公司往往设计制作数百款。通过实施"爆品"战略，小米让设计人员对单件产品倾注更多的心血，这样，产品的设计感、品质感都会更好，"设计好的产品会说话，会营销，本身就能带来更大的转化率"。同时，这也带来供应链成本的大幅降低，让产品价格低到极致，更有竞争力。原来只有少数客户才能享受到的优质产品，现在大部分客户以很低的价格就可以买到正品，而且设计包装还很时尚。这就是"爆品"战略带来的实惠。

二是大数据选品。 线下门店可展示区域一般有限，需要最大限度地对畅销产品集中展示。小米通过大数据分析，根据多年来线上畅销的产品数据精细选品，热销产品有小米电饭煲、小米 6 手机、小米手环等。也可根据客户的评论情况，通过口碑选入新品。小米根据这些消费大数据及地理区域特点进行"差异化选品"。比如，在河南，小米电饭煲销售情况较好，铺货就可增多；而平衡车，只有经过客户线下体验后，才更容易形成销售，于是各门店均提供线下的样品体验。大数据选品，大大提高了地区客户转化率，让营销"插上智慧的翅膀"。

（3）客单价

小米通过两种方法来提高客单价：

一是提高连带率。 也就是，客户买了一种产品，觉得不错，又多买几种产品。比如，买了手机，又觉得需要买小米充电器，随后又看中并购买耳机。产品之间通过技术实现协同性和关联性，哪怕只是"颜值"上体现出一致性，都会大大提高连带率，让客户忍不住多买几样。

二是增加体验感。去过"小米之家"现场体验店的客户往往会感到惊奇：没想到小米的产品如此丰富！小米规定，未经允许，店员不许打扰客户，这样客户才能更加充分地感受产品，感受小米货真价实的价格。小米发现，在线上，中低配置的产品卖得更多；但在线下，高端配置的产品卖得更多。在线上只能比较各类参数，但在线下，客户可以体验产品的外观、性能、手感等细微差异，这进一步提高了产品成交的客单价。小米正对"小米之家"的品牌形象、客户体验等全力实施提升工程。

（4）复购率

如何让买过的客户再来，并且继续买，买得越来越多？这就是消费复购率的研究问题。客户每多买一次，获客成本就会被多摊薄一次。为提高复购率、挖掘客户消费的"终身价值"，小米主要采取以下两种做法：

一是强化品牌认知。小米发现，现实中，线下客户与线上客户的消费重叠度十分低。"小米之家"的使命，就是让过去不知道、不了解小米的客户，现在逐步重新认识小米；通过对客户植入小米品牌现代化、科技化的企业认知，让买过和用过小米产品的客户，未来选择电子产品及智能家居产品时，能够首先想到小米。从财务支出角度来看，"小米之家"相当于小米品牌的推广和建设宣传费用，小米旗舰店就是一幅全天候展示的活广告，如果将品牌认知也当成店铺的收益，那么"小米之家"的收益会更高。

二是打通全渠道。小米全渠道分为三层——"米家有品""小米商城"和"小米之家"，各有其定位。其中，"米家有品"和"小米商城"作为小米线上电子商务品牌，产品和产业链更多。比如，"米家有品"有20000种以上产品，是众筹及筛选"爆品"的平台；"小米商城"有2000种产品，主要是小米自产和产业生态链的产品。线下"小米之家"仅有约200个SKU产品。三者的不同渠道、不同对象、不同市场，形成小米产品的梯队式发展。"小米之家"还有一项重要的工作——向客户介绍更丰富的小米系列产品，也就是从线下向线上引流。客户在"小米之家"购物时，店员会引导客户安装"小米商城"的App。客户在线下享受到品牌旗舰店的优质体验性和"爆品"即得性之后，对于店内没有的产品，会通过扫描二维码网购，这样，第一次到店客户可能会成为小米的新会员，并有机会成为小米粉丝，从而产生惊人的复购率。

小米目前在硬件方面的毛利率还不高，基本是"贴着成本经营"，主要利润来自互联网服务，包括会员、广告、金融等，相当于客户"打赏"给小米的小费。

小米认为，新零售就是更高效率的零售。小米基于互联网效率的新零售，是基于消费经济的新商业模式尝试。小米相信线上和线下相融合，追求最高效率的新零售业态，一定是未来的消费趋势。

2．小米的新零售生态链

2013 年年底，做手机起家的小米启动了"小米生态链计划"。当小米的电视、路由器、手环陆续进入大众视野之后，外界才反应过来：小米不是一家单纯的手机厂商，而是一家新零售百货公司。小米凭什么能实现逆转？因为小米一直坚持"用望远镜看创新，用显微镜看品质"。

创新决定小米能够飞多高，而品质决定小米能够走多远。据统计，截至 2017 年 7 月，小米投资了 89 家产业生态链关联企业，其中已有 16 家年销售额超过 1 亿元，另外至少有 4 家估值超过 10 亿美元，成为准"独角兽"公司（华米、紫米、智米、纳恩博）。在打造这个"新零售舰队"的过程中，小米也在为一个更为庞大的商业版图布局而努力。以硬件连接一切，需要覆盖内容、金融、生活消费等软件和服务领域，构建出足够高的产业壁垒，打通全部智能物联网的全产业链。

小米生态链投资方向及产品

投 资 方 向	产　　品
手机周边产品	手机的耳机、移动电源、蓝牙音响等
智能可穿戴和健康设备	小米手环、血压计、体重计等
传统白电智能化产品	净水器、空气净化器、电饭煲等
极客酷玩类产品	无人机、平衡车、智能玩具、滑板车、VR 眼镜等
生活方式类产品	插线板等，优质的制造资源
其他投资品类	日用品、人工智能、机器人等

小米表示，要用小米模式，逐步精准切入 100 个细分产业领域，将小米从一艘"大船"变成一组"超级航母舰队"，引领并带动整个智能硬件和配套软件快速发展。"小米之家"首家旗舰店位于深圳南山区万象天地商场，面积约为 650 平方米，是迄今为止面积最大的"小米之家"门店，全新的设计，为中国新零售发展蹚出一条新路。这家旗舰店体现出四个特点：一是极好的客户体验；二是能够最大化地突出优质产品；三是和其他门店不同，外观简洁时尚；四是尽量做减法，展示小米精品，"少就是多"。

2.2.4　知名企业新零售启示

1．美国 Costco 超市新零售启示

Costco（好市多）超市是美国最大的连锁会员仓储量贩店，其最大特点是，致力

于极致性价比的商业模式，类似于中介，尽量少赚客户的钱，只收取额外的服务费，比赚取产品差价模式更具"杀伤力"。

启示 1：每天想着如何少赚客户的钱。Costco 一直在思考，如何为客户带来更多利益，让会员享受到接近出厂价的优质产品，假设一件产品现在有 10%的毛利率，那么他们就考虑，明年如何降到 9%。并且会员还享有免费停车、免费安装轮胎、低价加油等增值服务。**Costco 内部有两条规则：**一是所有产品毛利率不高于 14%，否则须向 CEO 汇报，经董事会批准；二是所有外部供应商的产品在本店内定价最低，若发现在别的地方定价更低，产品将永远不能入驻。结果是平均毛利率仅为 7%，远低于一般超市 15%～25%的毛利率。

启示 2：想着如何更好地善待员工。实施员工高薪酬分配方式，员工的离职率低于 5%。用心经营客户，也用心经营员工。在零售业这种流动性相对较强的行业，员工流动较少，就减少了培训成本，也提升了企业的服务标准。

启示 3：如何盈利？一是减少 SKU 产品品类。尽量选择具有"爆款"潜质的产品，一般只有 3700～4000 种，每个细分品类仅有 1～2 个品种。二是低库存。相对较少的 SKU 管理，让 Costco 库存周期达到 29 天，远低于沃尔玛的 42 天、塔吉特（Target）的 58 天，周期压缩，可进一步提升运营效率，并降低成本。三是通过会员费盈利。Costco 门店超过 600 家，年营业额超过 1200 亿美元。目前全球付费会员多达 8103 万人，按非执行会员年费 55 美元、执行年费 110 美元算，仅会员费就可让其盈利。Costco 会员的忠诚度非常高，续订率超过 90%。

Costco 的案例说明，超高的性价比永远是新零售的核心，为客户省钱，才能赢得客户的复购。

2．海底捞新零售让客户感动

很多消费者都去过海底捞，却未必了解背后的新零售价值规律，其火爆的原因主要有以下几条。

感动 1：让客户享受"上帝"般的服务。主要体现在等待区五项免费服务。一是免费餐点区，免费提供茶饮、水果、瓜子、爆米花、五子棋、跳棋等；二是儿童等待区，免费提供小朋友喜爱的游乐设施；三是女士服务区，免费提供修指甲服务；四是男士服务区，免费提供擦皮鞋服务；五是演出服务区，免费提供川剧变脸表演等。另外提供店内饮食区三项特色服务。一是免费提供围裙等；二是免费提供儿童高架座椅；三是拉面现场制作，现场表演，让食者更有味，不少食客在这个环节纷纷摄像留念。

感动 2：技术应用更方便快捷。一是采用苹果平板电脑点餐，让客户感觉时尚新颖；二是可提前在网上点餐，提高了用餐效率；三是提供现场 24 小时服务（部分门店）及外卖服务，无论是在商业区门店内，还是下单到家中，都可享受到正宗的海底捞火锅；四是注册会员有专属活动，建立了专门的会员 CRM 体系。

感动 3：食材原料的品质高。原料均为高品质食材，确保客户享受到优质餐食。

感动 4：员工保持微笑服务。在门店消费，员工给人的感觉就像家人，每个员工都能保持良好的状态，培训工作非常到位。海底捞将服务做到了极致，所以总能成为当地的"网红"店。

3．自有品牌"优选现象"成趋势

根据《2017 中国自有品牌发展现状》报告，英国零售企业自有品牌产品销售额已占其零售企业总销售额的 30%，美国零售企业自有品牌产品销售额占比更是高达40%。美国沃尔玛 30%的销售额和 50%的利润均来自自有品牌，沃尔玛在全球有 40多个品牌，其中 23 个品牌全球通用，如"山姆精选""ASDA"等，涉及 19 万种产品，包括食品、服装、玩具等多种品类。在中国，超市等区域的自有品牌销售额占比仅为6%～10%。

自有品牌有利于提升差异化竞争优势，并提升产品毛利率。阿里巴巴旗下盒马鲜生 2018 年 8 月开始建立新零供关系，让买手当家，让市场"发话"，基于"更多选择、更便宜、更快、更方便"的原则，既有丰富的 SKU 产品，又压缩中间环节成本，降低采购价，并以现代物流提升交付便利性。减少同一品类同一单品的供应商数量，原则上，单品独家参与供应商战略合作及投资，以及产品研发供应链的优化，这让自有品牌及优选模式成为企业发展的增长源。

4．VIP 客户商业价值"数据复盘"

VIP 客户极其重要，其忠诚度不仅与企业的利润密切相关，也会极大降低企业的营销成本，其商业价值主要有以下几点：

➢ **营销成本低。**维护一名 VIP 客户的营销费用，是吸引一名新客户的 1/5。

➢ **销售成功率高。**向现有 VIP 客户成功销售的概率为 50%，而向一名新客户成功销售的概率仅为 15%。

➢ **利润影响大。**若 VIP 客户忠诚度下降 5%，则企业利润会下降 25%左右。若每年将 VIP 关系保持率提升 5%，则企业利润可增长 85%左右。

➢ **是新客户来源地。**企业 60%的新客户为现有 VIP 客户口碑传播或推荐而来。

5. 新零售创造"爆品"的"三板斧"

一个好的零售市场，无论线上还是线下，必须有"爆品"，"爆品"的产生有"三板斧"：

一是要有引流量产品。也就是常说的引流产品，该产品不需要赚钱，相当于广告费用投入。比如，宜家的冰激凌只要 1 元；NOME 所有门店的冰激凌，家居会员可以免费吃；有些网店长期有 9.9 元包邮的产品，不断吸引消费者进店。

二是要有消费升级方向的产品。对标国内外市场，针对消费升级方向的产品，提升产品的品牌内涵，及时掌握消费的趋势。

三是要有超预期产品。在十款同类零售产品中，要有一款让客户心动、超出客户预期的产品。设法将每件产品做到极致，给客户以惊喜。

目前，中国 80 后、90 后、00 后的消费群体数量已超过 5 亿人，面对巨大的消费潜力、挑剔的消费群体，要基于三个领域进行消费升级，一是基于原有产业进行升级变革；二是基于产业或品类进行补漏，重组需求；三是研发满足新需求的"硅谷模式"。什么样的市场策略让"爆品"更具竞争力？答案是流量大，转化率高，停留时间长，关联销售强。

小贴士

中国 B2C 行业电子商务营销成本分析

中国 B2C 行业电子商务营销成本分析

成 本 指 标	平均数据（行业标准）
网站转化率	3‰
获客成本	180 元/人
获得客户注册成本	20 元
有效点击成本	1 元
营销推广 ROI（投资回报率）	平均 1:0.3

电子商务营销成本呈上升趋势，这些数据可用于行业推广，测算哪种营销途径成本更低。

2.3　新零售包装企划

物流包装是新零售电子商务整体交付产品的一个组成部分。电子商务经过十余年的快速发展，各类物流解决方案应运而生。比如，农产品的保鲜需求各有不同，水产品可以采用泡沫箱与冰袋结合等方式进行包装，茶产品可使用专用防潮干燥剂进行包装，干货产品可使用真空压缩包装，果蔬产品可采用纳米锡纸与防震气泡结合等方式进行包装。电子商务产品包装研究，有助于提高物流的安全性，让快递更有保障。

针对不同类型的产品，提供不同的包装模式，电子商务企业在产品运输过程中，已逐步摸索出一套完整的物流包装解决方案。未来的电子商务包装，将实现"保护产品、利于储运、促进销售、绿色环保"四个功能。

电子商务物流分类包装方案

包 装 类 型	主要适合行业	详 细 介 绍	典 型 企 业
防撞包装	酒水电商	瓶装酒水放置在专用包装器材内，如采用充气袋缓冲包装，可避免高空坠落及货物重压产生的损失，包装成本相对较高	酒仙网
冷链包装	生鲜冻品电商	采取冷链运输和快递冷藏专用包装，内置生态冰袋，可满足中国境内72小时配送时效的需求	潜江龙虾企业、虾尊
外卖组合包装	火锅电商	将火锅生鲜分类包装，可进行市内城配，鲜肉品等另外配备冰袋	海底捞
易碎品包装	土鸡蛋电商	采取土鸡蛋防冲击缓冲包装，能实现几乎百分百不损坏，这一包装已十分成熟	誉福园
工艺品包装	瓷器电商	个性化订制包装，避免产品破损	艺虎
卡通包装	个性化电商	在包装上更多彰显企业的品牌形象，在海外购及特殊产品上使用较多	农夫山泉、褚橙
气泡袋包装	3C数码电商	主要用于平台电商的电器数码产品的物流包装	京东、苏宁
可重复用手提袋包装	平台电商	手提袋可重复使用，简洁实用	平台电商
循环快递箱包装	标品电商	主要在电商平台城配中使用，由于可重复使用，故降低了社会能耗，实现了绿色快递	菜鸟科技
智能定位包装	贵品电商	贵重产品寄送，如金饰、珠宝等高价值产品	周大福
拉链式包装	化妆品电商	单点拉开，一般用在化妆品等附加值相对较高的电子商务产品上，如聚美优品、唯品会等企业产品	一撕得
普通瓦楞纸包装	标品电商	一般电子商务包装，其厚度有二至七层，有多种类型，大部分企业使用这类包装	天猫超市

1．酒水电商防撞包装

酒水是容易破损的产品，专门的气泡容器式包装能够满足酒水快递运输和配送需求。

防震气泡袋包装

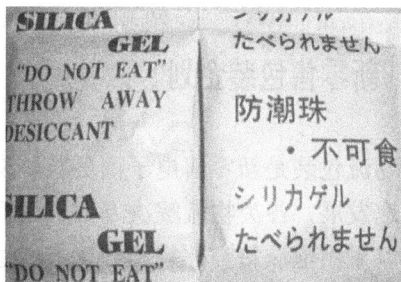

专用防潮干燥剂

纳米锡纸包装

充气袋缓冲包装

2. 生鲜冻品电商冷链包装

采取"冻品包装+生态冰袋+泡沫箱+产品包装+物流包装+航空物流"复合模式，为生鲜冻品提供 72 小时以内的冷链配送服务，五层包装+航空速递，解除了客户对生鲜品质的担忧，满足了客户及时品尝美味的需求，达到细致入微体验的"尖叫点"。

小龙虾十步电商流程：清洗小龙虾→加工小龙虾→自然冷却至常温→冰冻至 0℃→急冻至−18℃储藏→用时取出→加生态冰袋+泡沫箱+产品包装+物流包装→冷链运输→航空发运→快速配送→抵达客户。潜江小龙虾从产品制作，到最后的物流包装，都在"中央厨房"内完成，手法统一，产品标准化，可作为冻品电商行业标准的制定者。

| 保鲜盒 | 保证长时间冷藏的冰袋 | 特别定制的保温箱 | 三层瓦楞纸精美包装 | 保证安全严实外包装 |

运输冷链车

邮政航空生鲜远程运输

3. 火锅电商外卖组合包装

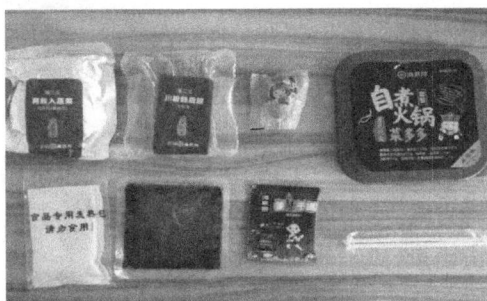

火锅外卖组合包装

火锅电商在尽量保持口味不变的情况下，采取外卖方式满足客户需求，客户在家或在单位也可享受火锅。一般为单锅方式销售，将火锅生产加工设备及菜品整体装箱，可满足城市配送需求。

4. 土鸡蛋电商易碎品包装

土鸡蛋电商包装有两种，**一是稻壳土鸡蛋包装**，适用于稻壳资源丰富的地区，稻壳具有极好的透气性，可以保持土鸡蛋包装内部环境的干燥，让新鲜营养的土鸡蛋安全到达客户手里；**二是珍珠棉土鸡蛋包装**，可以实现土鸡蛋在运输过程中破损率几乎为零，蛋品辗转过程中的扔、摔等动作均可承受，目前已成为蛋品电商的主流包装。

珍珠棉土鸡蛋包装

5. 瓷器电商工艺品包装

以瓷盘为例，瓷盘的运输与展示一体化包装，是针对瓷器工艺品电子商务进行的设计。该包装采取瓦楞纸板槽切间隔形式，实现对运输中瓷盘的固定，并利用两侧尺寸落差，形成悬空防护设计，该包装可以有效地满足运输安全需求。

瓷盘包装

6. 个性化电商卡通包装

良好的第一视觉冲击力是一种生产力。在购物目录页面，每件产品只能有展示一张图片的机会，当客户搜索要购买的产品时，不同商家的同类产品排列在同一页面，因此需要一个第一时间能抓住客户眼球的设计方案。卡通的设计方案是一个不错的选择。农夫山泉 17.5°澳橙的包装

农夫山泉 17.5°澳橙包装

就是专门打造的电子商务设计方案，具有良好的视觉冲击力，将澳洲具有代表性的动物——袋鼠——进行拟人化处理，塑造成一个有气质的农场主的高贵形象，袋鼠标志性的口袋和农场主围裙的口袋巧妙结合在一起，装满新鲜饱满的脐橙，寓意"精心呈现、澳洲原产"，包装淋漓尽致地展现出农夫山泉的产地优势。

7. 3C 数码产品电商气泡袋包装

3C 数码及生活类小产品采取气泡袋包装，时尚简洁，目前被京东及阿里巴巴菜鸟物流普遍采用，受到客户的喜爱。气泡袋成本略高于快递袋，低于纸箱。

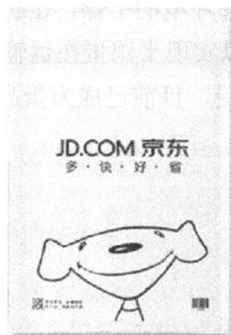

京东气泡袋

天猫气泡袋

8. 平台电商可重复用手提袋包装

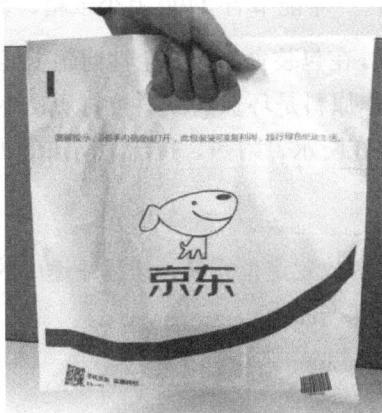

京东可重复用手提袋

2014 年京东物流研发出一款应用专利技术的快递袋——可重复用手提袋,采用食品级安全环保的新型塑料,还可当作家用手提袋二次使用。

9. 标品电商循环快递箱包装

针对绿色快递,电子商务"巨头"纷纷研究如何实现循环利用,减少资源损耗,菜鸟物流也在技术上进行升级,推出循环快递箱,其特点如下。

一是选用的塑料是最轻的种类之一。 其重量仅为普通塑料的四分之一,工作人员在打包的时候更加方便,装卸和运输也比之前更加省力,这在很大程度上提升了配送效率。

菜鸟循环快递箱

二是率先在内部使用。 首批数千个循环快递箱率先在杭州"上岗",从菜鸟仓到全国零售小店的配送,都将以更加环保安全的循环快递箱代替传统纸箱,提高物流业绿色指数。

三是节省纸箱，环保性强。如果未来 100 万家零售小店全部采用这种循环快递箱，那么用量将突破 1000 万个，一年能节省 2400 万个纸箱、数万棵树木。

四是包装食品安全性强。在包装食品的安全性问题上，菜鸟循环快递箱也有保障，不仅更轻而且更"绿"，制作原料是环保的高科技材质，不使用胶带。这种循环快递箱可以直接包装食品，而且在防水、耐热、抗压、防震等方面都优于同类产品。

10．智能定位包装

智能定位包装指在包装内放置定位系统，让运输途中的产品信息更加完备，主要用在一些安全性要求高的特殊产品上。

11．拉链式包装

客户需要简洁时尚且更容易打开的包装，于是电子商务从业者精心设计出拉链式包装，单点拉开，便可打开箱子。这种包装一般用在化妆品等高价值电子商务产品上，封装时不用胶带，打开后包装箱不可复原。

拉链式包装

12．普通瓦楞纸包装

普通瓦楞纸包装是使用量最多的包装方式，成本相对较低，安全性有保障，适合标准型电子商务产品寄递。

🔧➤ 小贴士

电子商务包装六要点

对电子商务企业而言，包装就是品牌的终端体现，既要实用，具备对内件的保护功能；又要环保、美观，体现出企业的实力和特点。

一是纸箱尺寸要合适。这样可以减少缓冲材料的支出费用，降低包装破损率。

二是尽量减少箱内空隙。产品摆放要更加科学。

三是缓冲材料要齐全。缓冲材料包括 EPS、珍珠棉、气泡粒、气泡垫、气泡枕和气泡柱等。规范的企业，在电子商务仓库内会对气泡粒包裹的层数与封箱带的缠绕方式都提出明确要求。

四是重在下、轻在上。避免将多个重量悬殊的产品放在同一纸箱内。

五是杜绝过度包装，强调绿色包装。绿色包装，也是电子商务企业社会责任感的体现。

六是开发特殊产品专属包装。如冷链产品包装、防撞产品包装等。

2.4　新零售涉农电商

涉农电商是新零售重点布局的领域。2018 年全国农村网络零售额约为 1.37 万亿元，同比增长 30.4%，其中农产品网络零售额约为 2305 亿元，同比增长 33.8%；网络销售额排前三名的产品为水果、茶叶、坚果，网络零售额增速排前三名的产品为水产品、蔬菜、奶制品。

涉农电商这座"金矿"，开垦潜力巨大。

2.4.1　发展涉农电商的八个关键点

在涉农电商发展过程中，企业需要着重关注八个关键点，即**产品标准化、包装人格化、制造深加工化、价值附加值化、特色原产地化、营销娱乐化、渠道多元化、管理数据化。**

一是产品标准化。标准化是批量流通的前提和关键，也是目前农产品电子商务最大的痛点，必须对产品进行标准化，统一包装，统一规格，统一品质，统一定价。

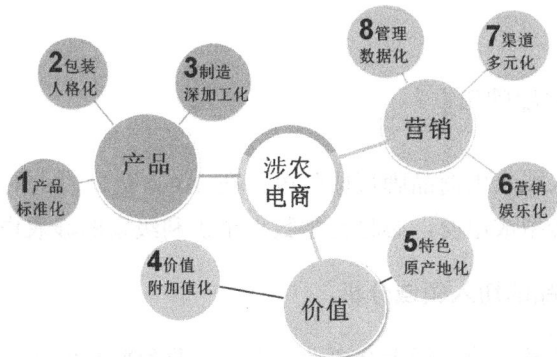

发展涉农电商的八个关键点

二是**包装人格化**。包装人格化，是为了满足互联网客户的需求，这类包装更容易打动客户。从超市及热销的产品来看，卡通化包装在很多产品领域成为趋势。好包装，会说话。人格化的品牌及包装，自带消费流量，更有话题感，传播性更强。

三是**制造深加工化**。只有经过深加工的产品，才有更高的产品附加值，并能区别于原来的产品。现有产品经过深加工，既方便保存，又方便客户食用。例如，小龙虾深加工成熟制品，再速冻至−18℃后，便可通过全国冷链运输，全年销售，从而大大提高产品的销售附加值，其独特口味又解决了消费的差异化问题。

四是**价值附加值化**。企业要采取措施来增加产品的附加值，如跨界关联、关注抽奖、功能提升等。

五是**特色原产地化**。原产地化，是当前客户一直追求的。国家出台的地理标志产品认证，有效解决了地标产品的规范问题。地标产品，是一个地方农产品的精华，具有较高的商业价值。好产品，一定要努力打造成当地的地标产品。

六是**营销娱乐化**。互联网的主要消费人群为 80 后和 90 后，他们大多看着动漫娱乐节目长大。娱乐化做得好，可增进企业与客户的互动，提升消费力。周黑鸭、良品铺子、杰士邦都是娱乐营销方面的高手。

七是**渠道多元化**。移动互联网时代，消费路径更加多元化，昔日的阿里巴巴、京东在台式电脑时代独揽天下的辉煌已成过去，客户的消费场景更加碎片化，可能坐个地铁就把产品买了。为应对这一变化，良品铺子将 30 余个电子商务的销售渠道，整合到集团 ERP 中，统一管控。

八是**管理数据化**。所有的生产及销售环节，均需要实现数据化管理。良品铺子是数据化执行较好的企业，在五个方面全面推行数据化管理，即产品数据化、营销数据化、门店数据化、客户数据化、供应链数据化，用数据说话，用数据分析，科学决策，让效率更高。

2.4.2 涉农电商知名品牌建立

中国农业正步入涉农电商品牌形成阶段，在 10 万亿元以上的超级市场容量里，传统涉农企业一旦转型成电商，必将诞生数百个伊利级别的涉农电商知名品牌。

1. 涉农电商产品的切入领域分析

中国涉农电商开发领域包括**大众农业、小众农业和精品农业**，其中在精品农业领域更容易做出全国性品牌。褚橙、潘苹果、柳桃、汨粽、大别茶坊等涉农电商品牌，均在此领域深耕，满足客户对"更好、更健康、更安全"的优质农产品的需求，逐步得到市场的认可，并快速形成规模效应。

2. 涉农电商品牌形成的三个特质

一种农产品能否形成品牌，取决于其**生产稳定性、流通便利性，以及需求端的升级**。

（1）农产品的生产稳定性

譬如，要打造一个全国性的水果知名品牌，品质稳定、规模化生产是必须具备的前提条件。例如，新西兰水果巨头佳沛公司，年产优质猕猴桃 30 多亿颗，销售业务覆盖全球 53 个国家。2015 年该公司销售额就已超过 100 亿元，在全球猕猴桃市场占比高达 33%，成为名副其实的"全球猕猴桃领导品牌"，代表着健康和营养。我们来分析一下它是如何成功的。20 世纪 60～80 年代，新西兰虽然也种植猕猴桃，但品质不稳定，品牌零散，影响力有限。1988 年，新西兰最大的海外市场美国实行反倾销政策，让企业雪上加霜。新西兰政府决定进行组织变革，新西兰奇异果营销局由此诞生，这一由众多果农联合发起成立的销售部门，成功的核心之处是，从果农手中统一收购优质猕猴桃，并向终端渠道统一销售。1997 年，营销局推出"佳沛"，作为新西兰猕猴桃的唯一品牌，**并从两个维度推进组织变革，确保产品供应链的品质稳定。**

一是生产流程统一标准化。在上游环节，统一育种研发，统一标准种植，统一用肥用药，最大程度减少不可控因素。在下游环节，实行拣选、仓储、物流标准化，完全掌控销售渠道。比如，拣选由机器来完成，根据产品品质拣选至不同的仓库。在仓储环节采用恒温仓储库储存，保证猕猴桃 8 个月内不会变质。在运输环节，采用冷链物流运输，让损耗率降至 5%，远低于中国市场上猕猴桃 10%～15% 的运输损耗率；在销售方面，经销商需要缴纳高额保证金才能获得佳沛的优质货源。对整体品牌实施严格的管控措施，让生产和销售环节不再"肆意"。

二是建立良性农户管理体制。一方面，佳沛采取三种方式，即可溯源机制、地理密集型监管、按标准定价采购，监控农户生产全环节，使供应链智能、可控。生产方面，公司采用生产追踪溯源信息卡统一管理果农，并把 80% 的猕猴桃集中在新西兰丰盛湾产区生产，采摘果实之前的 3 个月内，禁止使用任何化学药品，并委托第三方机构采样检测，只有优质的果实才被允许贴上"佳沛"的标签。**另一方面，佳沛采用三种农户激励机制来稳固供应链**，即预付 30% 的保证金，保底收购；品牌建设，带来更高议价能力；控制单户果农规模。佳沛委托果农种植时便向果农预付 30% 的保证金，还会采取保底收购、股权分红等保障措施让果农放心，并通过加强佳沛品牌的建设，实现产品价格的逐步提升，通过管控单户果农的生产规模，让果实得到更好的照料。

依靠不断的技术升级和组织变革,新西兰佳沛公司在农业领域建立起一条高品质、高产量的猕猴桃供应链,成为其品牌价值的"护城河",形成了"佳沛猕猴桃就是'全球最优质猕猴桃'"的强大背书,产品热销世界各地。

(2)农产品的流通便利性

农产品的流通性与存放时间、运输半径、耐放性及运输过程中的损耗都有着密切关联。以周黑鸭为例,鲜鸭脖保质期只有短短几天,要让产品快速流通,需要解决以下几个难题。

一是**组织变革**,在全国范围内开设更多门店,扩大辐射区域。

二是**技术升级**,将部分鸭脖进行脱水处理或真空包装,延长保质期。农产品含水量越低,供应链管理成熟度就越高。含水量较低的产品品类,出现全国性品牌的时间也较早。

当含水量在15%以下时,水分活度低于0.6,细菌就无法繁殖。原本生产稳定、流通方便的农产品品类,更容易出现知名品牌,如好想你红枣、正林瓜子等;原本生产不稳定,但流通相对方便的品类,经由稳定生产,也可形成知名品牌,如佳沛猕猴桃、褚橙等;原本生产相对稳定,但流通不便的品类,经由提升流通的便利性,即可形成知名品牌,如伊利牛奶。

成熟的供应链,生产稳定,流通方便,这是农产品品类出现品牌的必要条件。供应链越成熟,该农产品品类出现品牌的难度越低,品牌出现时间越早。从投资角度看,应沿第一象限向外扩展,即通过技术升级、组织变革,使得该品类逐步移向第一象限。

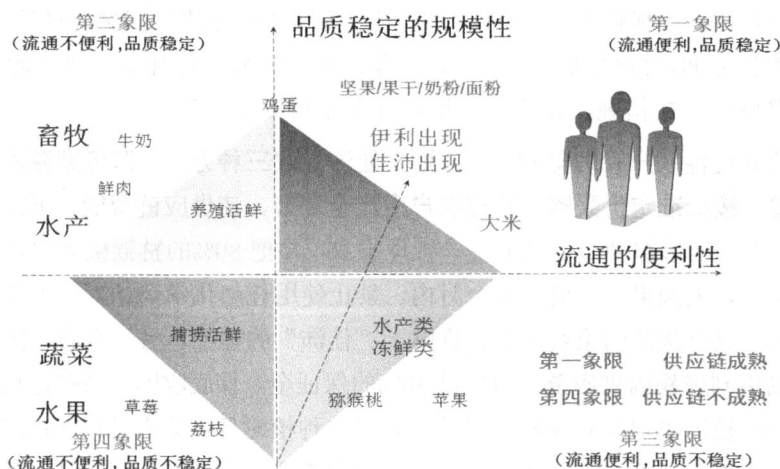

供应链的规模性与流通性象限图

（3）农产品需求端的升级

农产品形成品牌的难易程度，一般取决于两个关键点。

一是产品升级空间。产品升级成功的关键，是形成客户的认知差异度，包括产品本身可差异化的程度，以及客户认知和体验方面可差异化的程度。

二是渠道升级空间。20 世纪 90 年代，各类蔬菜、水果大王的崛起，均源于批发市场的兴起，渠道的发展，促生了各行业的龙头企业；2000 年前后崛起的生鲜供应商巨头，则与沃尔玛等商超渠道的出现密切相关。

以上三个条件，在当前中国涉农产业领域日益成熟，一个个农业知名品牌必将呼之欲出，客户期待的农业品牌消费时代即将来临。

2.4.3　中国农产品品牌形成阶段分析

中国农产品品牌的形成主要分为五个阶段，对应五个品牌级别：区域小品牌、全国性品牌、第二代全国性品牌、第三代全国性品牌和第四代全国性品牌。

中国农产品品牌形成阶段分析（以坚果炒货行业为例）

阶　　段	出 现 时 间	代表品牌名称	品牌级别	情 况 详 解
第一阶段	1978—1994 年	傻子瓜子	区域小品牌	**初期品牌驱动**。供应链基本成熟，但受到拓展区域的限制。1972 年，年广久跟随师傅学炒瓜子，因瓜子量大且实惠，受到客户青睐，小作坊很快发展至百余人，并且红极一时，但进行更大规模的生产存在"天花板"
第二阶段	1995—1999 年	正林瓜子	第一代全国性品牌	**供应链成熟驱动**。1988 年，正林瓜子创始人林垦从台湾到大陆考察，回程带走了 300 吨黑瓜子，参加台湾农副产品订货会。订货会上，300 吨黑瓜子被一抢而空。次年林垦开始从事黑瓜子生意，于 1992 年成立正林公司，并陆续在北京、上海等 12 座城市设立分公司，正林从此成为炒货行业的全国性大品牌，并在央视等媒体发布广告
第三阶段	2000—2003 年	洽洽瓜子	第二代全国性品牌	**三项升级驱动**。三项升级即产品工艺升级、体验升级、渠道升级。1999 年洽洽抓住这个机会，推出"更入味的煮瓜子"，并通过牛皮纸包装和文化卡片等营销手段，建立起差异化的购买认知，刺激消费者的购买欲望，伴随商超渠道的兴起，吸引全国经销商开展销售
第四阶段	2003—2012 年	来伊份、百草味、良品铺子	第三代全国性品牌	**产品渠道再升级驱动**。渠道以线下商超、小商店为主，来伊份、百草味、良品铺子分别成立于 1999 年、2003 年、2006 年。三家企业均以线下门店连锁经营方式替代商超渠道，2010 年百草味有千家线下门店，2011 年来伊份直营店有 2447 家，2016 年良品铺子线下门店有 2000 余家

状 态	出现时间	代表品牌名称	品牌级别	情况详解
第五阶段	2013 年至今	良品铺子、三只松鼠	第四代全国性品牌	**产品体验升级、全渠道营销驱动。**三只松鼠成立于 2012 年，以卡通画营销及交互式体验引导潮流，成功打造出坚果知名品牌。2018 年 6 月，良品铺子向证监会递交了 IPO 申请材料，2019 年 11 月获批。良品铺子推出第五代旗舰店，与同道大叔一起推出良品铺子生活馆，使得客户的产品体验和认知全面升级，通过扩充产品品类、线上和线下全渠道营销，获得更多客户的认可

2.4.4 涉农电商案例分析

1. 推出地域专属品牌

推出地域专属品牌是农产品营销的利器。从新西兰佳沛猕猴桃品牌的成功，我们可看到统一区域品牌的崛起，由政府、企业、农户组成"品牌利益共同体"，共同形成地域品牌的核心竞争力。国内企业和地方政府也开始积极借鉴这一模式。在大闸蟹领域，阳澄湖大闸蟹身价倍增；在茶叶领域，湖北英山推出大别云雾茶，十堰推出武当道茶，宜昌推出宜红红茶。地方区域品牌迅速走向全国市场，并为客户所接受。

2. 炒货行业的大数据分析

一是消费大数据分析。从性别来讲，坚果炒货类目中女性消费者的数量占比持续提升，根据京东发布的数据，女性消费者占比已经超过半数；从价位来讲，京东超市坚果炒货的消费人群中，占比 65% 的消费者会选择购买中高端产品；从品牌来讲，消费者最热衷的坚果品牌产品前五名，分别是三只松鼠的碧根果、百草味的夏威夷果、良品铺子的开心果、洽洽的散瓜子和百草味的腰果；从地域来讲，北上广等一线城市是坚果消费人群的聚集地。

二是产品大数据分析。坚果炒货行业目前有四个趋势：一是去皮化，为客户提供更加便捷、干净的产品；二是单变双，由坚果和其他元素混搭打造的复合产品，受到客户的欢迎；三是粗变精，在单一产品中添加新的元素，改良新的配方，满足客户在不同场景的需求。四是向纯健康方向发展，品质做加法，配方做减法。分析电子商务平台整体行业的消费数据，有助于制订属于本企业的电子商务推广应对之策，如产品竞争方案、定价策略、营销活动等，再进行实施。

2.4.5　涉农电商上行的四个要点

做涉农电商，尤其是在企业达到一定销售规模后，一定要关注客户、竞争对手、行业和生态。

关注客户。长期关注客户的需求，满足人民群众对美好生活的需求。

关注竞争对手。树立全面对标的对象，制订全面超越竞争对手的策略。竞争对手是最好的发展助推器。

关注行业。想成为行业"老大"，一定要为行业做出贡献（包括公益），提升行业标准，建立行业约束机制，引领行业发展趋势。

涉农电商上行的四个要点

关注生态。龙头企业，一定要建立企业的生态圈，包括对上下游产业的把控，提升供应链的稳定性和效率，以科技推动企业进步。

企业的等级越高，越要关注更高层级的发展。

小贴士

水果店吸引客户的实用技巧

实体店一定要做些提高人气的活动，可以找一些好玩的游戏，比如飞镖游戏、抽奖游戏、打气球游戏、投球游戏等，这些游戏可以设置在门店门口，通过开展"玩游戏、赢大奖"活动等，准备一些小礼品，让大家免费玩。这些投入不大的游戏，可以立即使门店人气增长，促进门店销量提升。也可以在门店门前找块空地，摆上几张长条大椅子，让经过门店的客户休息一下。这些便民措施，可能会让原本无购买计划的客户坐下来并买一些时令水果。

一是体现水果店的"独特魅力"。健康、绿色、原生态是人们选择好产品的标准，可以给水果店取个吸引人的店名，如野生绿色农场等。

二是将水果按进货日期和新鲜度摆放。比如，苹果、荔枝等，最新鲜、品相最好的，价格要高于市场售价 20%；品相一般的，价格与市场价持平；不新鲜的，价格应低于市场价 20%。做生鲜水果生意一定要讲诚信，要按进货日期和新鲜度将产品细致分类，让客户感受到商家的专业和专注。

三是卖出水果时记着多给客户一个。一名客户购买一斤苹果，在客户付款后，再另外送一个小桃子。这里一定要记住：是在付款后！由心理学知识可知，这个时候客户最易感动，因为此时客户感觉交易行为已结束，商家的额外付出便体现出对客户的感恩。客户感动后，自然会增加对店铺的认同感，并可能再次购买。

四是妥善处理烂水果。对于特别容易烂的水果，可以采取"限时赠送"方式来处理，与其后期自然烂掉，不如在尚好时赠送给客户。这里要记住：不要直接打折，要采取"保持原价、额外赠送"的方式！比如，12:00前，水果全价销售；18:00后，买一斤送一两；第二天，买一斤送三两。这种方式可让客户感受到真正的实惠。

五是单独为小朋友准备一些气球和小玩意儿。只要有家长带小孩来购物，就一定要给家长一点感动，比如，亲自吹个气球给小朋友，家长一感动，自然愿意掏钱买东西。"给予客户的，就是让他们感动"，这是商业思想里很重要的一条。客户要的是实惠的感觉。

2.5 新零售内容电商

新零售，一定要注重内容电商的发展。如果说淘宝、京东等属于交易型电商，那么随着社交软件、移动互联网的发展，越来越多的消费者的消费路径已经悄然改变，他们在看直播、看帖子的过程中，就不知不觉被引导购买了产品，而最初他们并没有购物打算，这就是内容电商的"魔力"所在。**新零售企业要用好内容电商、社群电商，潜移默化地进行营销推广。**在互联网时代，消费者拥有绝对的决策主导权，并且消费行为也是互联网化的，内容电商可以更好地满足消费者的情感诉求，"吊胃口"成为新零售最好的营销方式。

2.5.1 内容电商的时代变迁

1. 内容电商的发展历程

内容电商的发展历程可以归结为：孕育（BBS社区）—前身（电视购物）—起始（蘑菇街）—扩散（小红书、什么值得买等）—新阶段（社交电商）—再发展（自媒体、直播+卖货、软文+卖货）。

内容电商的核心，并不是直接卖货，而是基于所传播内容的扩展，直接或间接影响消费者的购买决策和购买行为。内容电商，基于消费环境变化以及消费者内心需求变化而拓展。

内容电商的发展历程

时　间	内　容	电　商	内　容　电　商
1997年	聊天室、BBS论坛（天涯）	中国化工网	
1999年	门户网站（新浪、网易、搜狐）	阿里巴巴、易趣、当当	
2003年	贴吧	淘宝	
2005年	博客、豆瓣	京东、去哪儿	
2006年	视频网站（优酷、土豆）	凡客	
2008年	数字杂志	唯品会、饿了么	
2010年	微博	苏宁易购、美团	蘑菇街
2013年	微信（公众号）	国美	小红书
2014年	斗鱼、一直播	万达电商、美菜网	微商
2015年	直播、公众号、微博、知乎	拼多多	一条、年糕妈妈
2016年	网红（papi酱）	哈罗单车	自媒体电商
2017年	小程序、移动电商	有赞、贝店	极速鲜
2018年	社交	瑞幸咖啡	云集微店

内容电商的形式也呈现出"四化"特征，即生态化、多样化、时尚化、接地气化。内容电商的渠道，也将不局限于第三方平台，内容电商将更加垂直于细分领域。总体来说，内容电商将实现以内容为导向，独立引导客户，完成发现、吸引、成交整个操作流程的闭环。内容电商的出现，导致知名企业纷纷建立"消费内容生产工厂"，将企业内部活动社会化，比如，良品铺子成立了独立的"核桃 TV"娱乐营销团队，拍摄有关良品美食的快乐故事，不再生硬销售，而是思考更能打动消费者的叙事方法。

2. 不同时代客户的选择分析

第一个时代——线下时代。在这个时代，营销以渠道为主，方式主要是天价广告、货架竞争、促销回扣。产品没上货架，再好的产品，再高的广告投入都是白费。

第二个时代——交易型电商时代。以淘宝、京东等电子商务平台为对象，营销的关键词是流量、"爆品"战略、销量领先、性价比、好评、页面设计、活动运营等，在这个时代，线上碾压线下，线下渠道变得不再那么重要，理论上所有产品都有机会卖出，性价比成为消费者最看重的择品标准。

第三个时代——内容电商时代。在内容电商时代，购物行为变得更加随机了。坐一次地铁，看一篇推送文章，可能就把产品买了。过去消费者为买东西而逛街，目的是买到心仪的产品，而在内容电商时代，消费者并没有刻意在"我要逛街""我要购物""我想买买买"的心态下购买产品，而是看网红直播或自媒体文章时，被悄然打动而消费，选择标准和决策方式都发生了巨大变化。

2.5.2 内容电商与交易型电商的五大区别

1. 主动搜索与被动搜索

在交易型电商环境下，消费者处于主动搜索状态，对要购买的产品信息更敏感；而在内容电商环境下，消费者处于被动接受状态，由于被内容打动，而产生购买行为。**内容电商易产生引导消费，比交易型电商更适合销售"新、奇、特"产品。**

2. 单独评估与联合评估

内容电商是单独评估，交易型电商是联合评估，更擅长对比其他因素。所以，在内容电商购物时，消费者会比较感性；而在交易型电商购物时，消费者则比较理性，注重各种数据的比较，在意比较分值。在**内容电商环境下，性价比的作用日益降低，感性因素影响程度会逐步加大**，如产品设计、情怀、历史、故事、泪点等，主观感受对选择的影响更大，这也是好产品在专卖店卖，高性价比产品在商超卖的原因，单独评估胜于联合评估。

3. 对渠道商业属性的感知

面对琳琅满目的产品，在交易型电商购物时，消费者怀着"挑刺"心理，更容易选择无缺点、无风险的产品，所以淘宝等平台会出现"一句差评可以抵消一千句好评"现象；而在内容电商购物时，消费者更加关注产品的优点，**容易选择有亮点、有独特属性的产品，即"找亮点"心理**，消费者看直播时，防范心理、挑刺心理并未被激活，产品不会因为单一缺陷而丧失客户的青睐，客户更关注"总分"。

4. 认知闭合需求

在交易型电商平台，消费者若无法迅速对比产品好坏，就不太可能购买店铺推荐的产品，但在**内容电商平台，产品多种多样，各具特色，消费者各取所需**，由于**降低了认知闭合需求**，从而更容易接受相对复杂的决策信息，一些难以比较参数的产品，也相对容易卖出去。比如，很多行业大V在"自媒体频道"推荐自己的书籍等知识产权产品，消费者若觉得不错，不会与同类产品比较，而是直接被产品打动，快速成交，一睹为快。

5. 内容将大于"搜索+流量"

近几年，随着4G通信和移动互联网的高速发展，移动互联网人口红利期已经悄然结束。对于电子商务而言，**平台从流量驱动逐步转向客户驱动，布局和生产内容成为所有电子商务企业当前的共同选择**。一是基点——深挖客户需求的品类创新；二是核心——内容，一定要二次传播；三是裂变——粉丝，产品能抚慰情绪，品牌可以直接链接情感。内容的制造，产生对消费的刺激和对客户购物意愿的唤醒。

2.5.3　怎样做到细分市场第一品牌

要做到细分市场第一品牌，企业须把握四点：

一是聚焦；聚焦才能把产品做到性价比最高。

二是创造品类；既是产品，又是品类，才是王道。比如，补酒就是劲酒。"品牌就是品类"是企业营销的最高境界。

三是坚持"三个一"。广告宣传要坚持"三个一"，即一句话、一个画面、一支广告片。如农夫山泉广告语，一句话——"农夫山泉，我们只是大自然的搬运工"；一个画面，员工寻找水源的画面；一支广告片——员工不辞劳苦寻找水源的影片。

四是融资要快，金额要大。融资金额一定要大到让对手望尘莫及，形成足够高的资金壁垒，通过充足的资本支持迅速抢占市场，争取达到70%以上的行业市场占有率，企业才能进入安全的"相对寡头阶段"。在互联网行业，很多企业采取的都是这种竞争策略，如共享单车（摩拜、ofo），团购（美团、大众点评），直播（斗鱼、虎牙、YY）等行业。

2.5.4　电子商务营销须解决三个核心问题

传统企业转型做电子商务，要注重更精准的流量投放，利用线下资源聚集粉丝，利用线上活动持续扩大销售。没有流量就没有消费者，在营销推广方面，做电子商务就是做流量。

电子商务营销须解决三个核心问题：

一是访客数（引流）。市场推广的费用按八二原则，即 80%的市场营销费用，投入到直接产生订单的推广上，以网络为主，精准投放，投入产出比不少于 1:3；20%的费用用于品牌宣传，提高知名度。两者相辅相成，共同推进销售额和企业品牌的提升，实现访客数的持续增长。

二是转化率（成交）。转化率是电子商务店铺的命脉，转化率高，说明买的人多，产品符合市场需求。行业标准转化率一般为 3‰，成熟电子商务平台转化率可达 1%，"爆款"产品的转化率在 3% 以上。从产品加入购物车到实际成交，行业转化率往往只有 10%，低于此水平的电子商务平台，其购物流程设计可能存在缺陷。

三是回购率（持续）。 回购率指一年内客户在电子商务平台再次购买产品的比例，行业平均水平是 50%，好的电子商务平台可达到 70%。该指标主要受六个方面的影响：产品品质（与预期的差异）、价格、网站体验、送货时效和退换效率、质保服务、客户提醒激活。

2.5.5 内容电商"卖萌"营销

电子商务消费人群以 80 后和 90 后居多， 他们逐步成为社会的中坚力量，也成为消费主力军，社会消费结构发生了巨大变化。80 后、90 后与 70 后、60 后、50 后有着完全不同的消费观念，在消费行为方面，他们也是互联网的"原住民"。在新生代的消费潮流下，消费者对产品的需求呈现**"产品高端化、传播年轻化、产品风味化、包装卖萌化"**的趋势。这些年轻的消费者更加喜爱有个性、有特点的优质产品。"张君雅小妹妹""良

维他奶包装

品小子""周黑鸭""小茗同学""故宫淘宝""三只松鼠"等卡通形象受到年轻消费者的热捧，这些萌萌的产品能够流行，原因之一是迎合了年轻消费者**"爱萌"的心理。**那么，新零售该如何做好"卖萌"营销？

1."卖萌"营销的四个案例

案例一：维他奶的"小猪小牛"惹人爱。 维他奶，香港家喻户晓的饮料品牌，原包装中规中矩，后来根据消费者喜好的变化，专门制作了猪和牛的卡通萌表情包装，新包装陈列起来更加吸引眼球，憨憨的小猪和可爱的小牛让人忍俊不禁，忍不住掏钱购买。

案例二：伊利联手阿里影业"卡通形象上包装"。 味可滋是伊利 2013 年推出的高端牛奶品牌，它的包装看起来还算有特点，但总觉得差些灵性。伊利联手阿里影业后，将《精灵宝可梦》中的人气卡通形象融入产品的包装，给消费者的感受瞬间升级，让年轻的消费者回想起童年，这款产品在天猫一周内的销售额迅速突破 400 万元。普通产品和"卖萌"产品相比较，"卖萌"更讨消费者喜爱。

伊利味可滋牛奶包装

案例三：周黑鸭产品包装一路"卖萌"到底。 本来就是做鸭制品的，周黑鸭一路将鸭文化做足，卡通鸭让市民喜爱之至，袋装鸭、盒装鸭、礼品鸭无不卡通，无不喜气。周黑鸭的包装形象就是一只可爱的鸭头，瞪着两只机灵的眼睛，十分醒目。该系列包装一经推出，便所向披靡，老少客户通吃。

周黑鸭产品包装

案例四：其他企业的卖萌包装。 近几年中国电影市场上《捉妖记》《西游记——大圣归来》《神偷奶爸》《疯狂动物城》《功夫熊猫》等影片热映，除故事情节和优良制作吸引观众以外，这些影片还有一个共同点，就是充分"卖萌"，很多人被角色造型戳中"萌点"，电影界无不感叹"想卖座，先卖萌"。影视如此，食品电商行业也如此，从"张君雅小妹妹""娃哈哈小陈陈"到"小茗同学"，包装都用了卡通头像，都热销。

2."卖萌式"电商包装受欢迎的原因

一是 **80 后、90 后在成长过程中受动漫文化影响深远。** 80 后、90 后消费者的童年，正值中日邦交正常化后的时期，一批优秀日本动漫作品进入中国，又赶上中国电视渠道的普及，《圣斗士星矢》《变形金刚》《灌篮高手》等影视节目成为 80 后、90

后无法泯灭的儿时记忆,当这代人逐步成为社会主要消费群体时,能唤起他们对旧时记忆的产品,必然受到他们的青睐,国内外无不如此。

二是"萌物"更易减压和寄托情感。80后、90后往往有异地或异国求学或工作的经历,这些卡通"萌物"可以帮他们减压,带来乐趣及安全感。

三是满足求新、爱自拍的心理。80后、90后追求美好,富有个性,爱自拍,对于好玩、创意十足的事物,爱分享。

正是由于上述原因,"卖萌"的产品、"卖萌"式营销受到大批年轻人的喜爱,电子商务以80后、90后人群为主力,当深受互联网影响的年轻一代掌握了消费主动权,"卖萌讨好式"包装的产品自然销量看好。产品包装逐步向年轻化转变,"卖萌风"已成电子商务产品包装的流行趋势,无萌不热。

"张君雅小妹妹"的形象属于"呆萌","小茗同学"是"冷萌","江小白"则是"卖萌",企业要根据自己产品的特点,找准符合品牌发展的"萌点",同时不断提升产品品质,这也是销量增长的前提。这些新品均通过改进包装、升级工艺、聚焦人群等方式,贴近年轻消费者。

"张君雅小妹妹"产品包装　　　　　　　　"小茗同学"产品包装

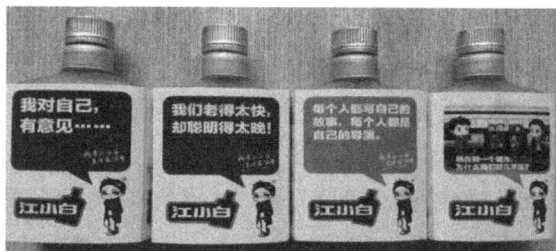

"江小白"产品包装

2.5.6　案例:将军红,让开国将军的故乡遇见"互联网+"奇迹

傅博,原来做的是"高大上"的咨询行业,近年从事酒水电商,仅仅数年,傅博

就带领团队闯出一条"互联网+红色酒业"的新路。如何运用互联网新零售手段，让老区倒闭十年的陈年老酒企业焕发勃勃生机？如何运用移动电子商务帮助更多复退军人"赢在人生下半场"，推动老区脱贫、老兵创业，造福更多的父老乡亲，让大别山"红色经济"分外红？

将军红的崛起

英雄大别山

美酒将军红

湖北将军红酿酒有限公司的前身是国营麻城酿酒厂，创建于 1952 年，由开国大将陈赓和王树声联合援建，曾作为湖北省八大酒厂之一，获中国白酒精品金奖、轻工业部部优产品奖等。然而在市场经济浪潮中，这家有着悠久历史的老酒厂却被残酷淘汰。

2012 年，武汉多米实业集团有限公司与麻城市政府达成协议，以 100%股权收购国营麻城酿酒厂，红色酒厂重出江湖。傅博先后投入数千万元，对酒厂进行全面升级，并请著名白酒专家陶家驰亲自秘制新酒，2012 年 9 月，新产品命名为"将军红"，并建成产量 5000 吨以上的纯粮固态发酵原酒生产基地，拥有 20 亿产值的生产能力。同年，多米并购红安县天台酒厂。2016 年 10 月，将军红加入中国最大的原酒标准化产销平台，致力于生产、推广纯粮固态白酒。

2018 年 1 月，在湖北省慈善总会指导下，将军红在武汉成立国内首个合伙人制爱心公益基金——将军红公益合伙人爱心基金，用于帮扶革命老区和特困地区困难伤残军人、特困家庭儿童、孤寡残障老人等弱势群体。将军红以"创业""个性定制""养生文旅"三条业务线为依托，以将军红公益合伙人爱心基金为平台，每瓶捐赠 3 元作为困难老兵和老区特困户扶助基金。麻城是一座有光荣革命历史的红色城市，将军红2014 年股改，同年 10 月成功挂牌武汉光谷联交所。将军红在湖北黄冈有两家工厂，分别在红色之城麻城市和红安县，另外还在四川泸州和贵州茅台镇拥有两家合资酒厂。将军红已销往全国各地，并在线下 200 多个市、县、区建立"代理合伙人"制度，通过汉欧专线，销往欧洲多国。

新零售再造将军红

有好酒，也要会卖。短短两年，傅博让这家白酒企业"起死回生"。将军红迅速在业内声名鹊起，新零售模式让红色老区酒业开辟出新天地。

一是定制酒热销。将军红推出"结婚定制酒""企业定制酒""私人定制酒""寿宴定制酒""珍藏纪念定制酒"等 C2B 定制酒服务，好口碑和高性价比，让订制酒成为市场热销产品。

二是策划社交电商酒。以定制酒获得更合理的企业利润，"我的酒厂我做主"，既让消费者获得了超高性价比的优质产品，又实现了企业的可持续发展，推出"1 瓶定制，1 小时到手"的极速产品服务，大受欢迎。

三是创办"创业营"。2015 年 5 月，将军红创始人傅博借此款酒，启动全国第一个"创业营"项目，采用社交电商模式，线上微商城、微信、微博推广，线下项目导入、技能培训，帮助加盟合伙人掌握营销方法。2017 年 8 月，"黄埔特训班"在武汉省委党校振华大厦举办，分析微信群裂变技巧，分析代理商利用粉丝群如何做大做强。2017 年 9 月，将军红联合小蓝鲸酒店，举办"微营销与健康养生论坛"。

四是借力移动互联网。2018 年年底，将军红在武汉承办"中国微营销脑洞峰会"，参加峰会的嘉宾有 500 余人，峰会围绕"移动互联网时代，风口在哪里？业绩如何倍增？如何成功创业？"等主题进行研讨，傅博为现场参会者讲解社交电商创业项目"一起扛过枪"酒水营销。不断跨界合作，充分借用互联网新零售模式，将军红焕发勃勃生机。

平台经济打造 3.0 营销时代

傅博，湖北黄冈人，一直是个传奇人物。大学毕业后，他被分配到湖北电视台工作，但生性爱闯的他，却在媒体黄金期毅然辞职，到深圳创业，当过记者，做过餐饮、贸易、广告、企业营销策划等工作，小有成就后回到武汉，创办武汉多米投资有限公司。这家公司一度成为华中地区最大的咨询公司，并将中国电信、杰士邦、九州通、人福医药、稻花香、猫人、丝宝集团等一批知名企业发展成其 VIP 客户。傅博还联手美国科特勒咨询集团，为荆门中国农谷、武汉临空港、罗田县政府等做战略营销服务。"中国营销高峰论坛"是多米在武汉的"点睛之笔"，也是华中地区最有影响力的论坛之一，由傅博一手策划运营。在电子商务方面，傅博成立武汉翼宝电子商务有限公司，2011 年销售额就超过 1 亿元，成为阿里巴巴全国淘拍档 TOP50 强之一。

每个月，对于加入创业的战友，将军红都会组织免费的"社交电商实操特训营"课程，通过理论和实操训练，让创业者们成为社交电商的高手，实现"零资产创业"。

1.0 时代，是以产品为中心的时代，核心是产品制造和管理；2.0 时代，是全球营销开始的时代，始于 20 世纪 80 年代，靠营销制胜；3.0 时代，是移动互联网时代，将军红通过社交新媒体，以"一起扛过枪""将军红创业营""公益合伙人爱心基金"等创新发展模式，打造新零售创业公益互动平台。

将军红创业营全力打造"百万人创业计划"，实现了"免加盟费""免保证金""物流配送支持""专属一对一服务指导""全程线上线下培训"等。

傅博留给大众的印象是：

➢ 厚实的咨询界"功底"，让其从事任何实业都能事半功倍；

➢ 具备超前思维，善于把握大势，借助新零售，让企业再度发力；

➢ 韧劲十足，做事竭尽全力；

➢ 拥有好人缘，助人也帮助了自己；

➢ 年轻干练，武汉市政协委员，多家公司和集团的创始人、董事长；

➢ 追求完美，从他身上可以感受到刚强的意志和顽强的精神。

➢ 雷厉风行，执行力超强，说到做到。

➢ 相信自己，支持家乡发展，帮助更多人。

红色经济分外红

将军红旗下"小兵严选"电子商务平台上线，一个借酒水搭建的共创平台令人期待。 通过移动互联网和新零售，傅博一方面着手开发大别山独有的原生态山水和中草药植物资源，整合鄂东白酒产业，探索新商业模式；另一方面，将军红酒业引领区域经济走出一条大健康新零售的革新之路，让大别山老区的"红色"与"绿色"产业融合发展，点亮脱贫致富梦。

借助互联网，借助新零售，将军红成为红色精神的实践者和传播者。

小贴士

暗自喜欢，消费者怎能不买单？

"小白兔为什么爱吃胡萝卜？""因为小白兔买不起肉吃。""赖床，是对周末最起码的尊重。""我发誓，皇帝真的没穿衣服！""我相信你，信到怀疑自己。"等网络句子成为时尚。"卖萌"包装+"卖萌"文字+"卖萌"宣传，叫消费者如何不买单。

运用好卖萌营销，以巧取胜，可以更好地打动消费者的心。

2.6 新零售本地生活营销

新零售电商离不开本地生活。

新零售本地生活 O2O 营销：指在新零售背景下，在同一城市或同一地区，借用移动互联网电子商务平台，提供与百姓生活息息相关的线上+线下产品或服务的商业模式。目前本地生活消费频次越来越高，这成为传统企业电子商务，尤其是连锁企业营收的重要增长点。

按服务类别，本地生活主要包括餐饮住宿、美容美护、休闲娱乐、商超宅配、送洗、家政维修、婚庆、教育、亲子、电影演出、社区等细分领域；按服务区域，可分为生活服务 O2O、到家 O2O、到店 O2O 三类。

2.6.1 本地生活发展的契机

中国本地生活市场不断扩大，前景广阔。2018 年中国本地生活市场规模达到 1.5 万亿元，较 2017 年增长 50%以上，其中到店 O2O 业务规模约为 1 万亿元，占比 64%。尽管外卖消费发展迅猛，但到店消费仍然是本地生活的核心场景。到家 O2O 业务规模约为 5600 亿元，其中餐饮到家 O2O 业务规模约为 4450 亿元，增幅高达 114%。本地生活的高成长性，促使电子商务企业不断加大投入，努力为消费者提供更贴心的服务。

本地生活消费市场不断扩大，呈现出以下特点：

一是硬件设备支持本地生活。智能设备与移动支付的普及，为本地生活 O2O 提供了必要的技术发展环境，可以更好地实现本地生活服务的连接。

二是消费者对本地生活的期望。消费者对本地生活服务场景、覆盖率、覆盖面、覆盖深度等方面的要求均不断提升，在生活节奏不断加快的形势下，市民对"更便捷的服务"有非常迫切的需求。

三是平台补贴培养消费者习惯。众多"现象级产品"不断涌现，大平台大规模补贴的投入，培养了消费者本地生活的消费习惯，消费者使用本地生活的频率不断创新高，消费习惯也因此逐步改变。很多领域的本地生活团购，也成为某些细分品类的产品进入主要消费群的通道。

2.6.2　本地生活重点行业分析

本地生活 O2O，最早起源于本地商户服务信息"点评类"网站。从 2010 年开始，众多团购电子商务平台相继上线，依靠大规模的价格补贴，客户数、消费单量都急剧增长。目前，通过技术和模式创新降低运营成本、提高服务质量，已成 O2O 企业升级变革的重要突破口。餐饮市场线下体量巨大，并且具有高频、易规模化、刚需等特征，发展最为成熟，餐饮 O2O 占本地生活 O2O 的市场份额不断增加，2017 年一度超过 55%。

商超宅配也在电子商务、新零售促进下快速崛起，在家政维修、送洗等标准化程度相对较高的细分领域，消费者的接受程度不断提高，市场份额逐年增加。

一是"到店"O2O 本地生活。综合类包括口碑、百度糯米、美团点评等；垂直类包括餐饮、婚庆、教育、洗衣、亲子、电影、商超、美容美护、休闲娱乐等行业。

二是"到家"O2O 本地生活。到家综合服务平台有 58 到家、国安社区等；到家垂直服务平台业务主要是服务输出，包括家政维修、送洗服务、上门美护等；实物输出包括餐饮外卖、商超宅配等；社区物业服务平台有长城物业、保利物业等；即时物流有点我达、人人快递、蜂鸟配送、闪送等。

三是移动支付。如支付宝、财富通、微信支付、百度钱包、快钱、苹果支付等。

2.6.3　本地生活的市场容量

一是万亿市场规模。行业整体交易规模快速增长，**2018 年已突破 1.5 万亿大关，依然处于快速增长期。**

二是消费频次较高。据了解，根据外卖类 App 饿了么发布的中国外卖消费大数据，中国外卖市场用户规模已达 6 亿人，2018 年外卖消费者中**每周消费频次为三次及以上的占 54%**，点外卖已成为某些年轻人的生活方式。美团点评发布的数据显示，该平台日均外卖订单数超过 2000 万单，其增长之快令人惊讶。95 后是外卖消费的主力，约占 60%；30 岁以下消费者占 80%，外卖消费者年轻化趋势明显。

三是本地生活电子商务化。外卖就餐成为常规方式，电子商务外卖订单每周至少有 4 亿份。

电子商务企业一定要充分利用本地生活平台，实现本土业绩最大化。比如，良品铺子、周黑鸭、光头卤均与外卖生活平台对接，以便更好地服务本土消费者。其中武汉光头卤快餐店——有 16 家 24 小时营业门店的卤食科技公司，外卖订单金额已占其总销售额的 60%以上，线下给消费者良好体验，线上与饿了么、美团外卖、百度外卖等平台合作，门店已成为其市内消费的配送中心，可实现就近快速送达，极大提升了单店的效益。

本地生活更贴近也更懂消费者。光头卤的外卖小哥深夜送餐，成为本地生活的典型代表。2017 年 8 月，饿了么收购百度外卖，餐饮外卖行业形成饿了么和美团两强争霸的局面，市场集中度达到 93%。

光头卤门店

2.6.4　新零售并购布局

1．阿里巴巴新零售"八纵八横"的市场布局

2018 年 4 月，阿里巴巴宣布已签订收购协议，联合蚂蚁金服，以 95 亿美元对饿了么进行生活服务类新零售战略布局，饿了么将依托阿里巴巴数字经济生态的商业基础设施，与旗下众多业务进行融合。

阿里巴巴新零售的基础是淘宝、天猫；新商业的基础设施是阿里云、菜鸟、蚂蚁金服。依托"已将外卖培养成中国人第三种常规就餐方式"的饿了么加入，与其 2.6 亿名用户、200 多万家商家和 300 多万名配送员联合形成更为庞大、立体的本地生活即时配送网络，阿里巴巴已形成"新零售三公里理想生活圈"，包括盒马鲜生"30 分钟达"、"24 小时家庭救急服务"、天猫超市"1 小时达"，以及众多一线品牌线上下单、门店发货"2 小时达"等，支撑新零售场景物流不断上台阶。

2018 年 4 月，阿里巴巴又宣布战略投资汇通达 45 亿元。汇通达已布局全国 18 个省，与 8 万家乡镇夫妻店融合，服务 6700 万户农民家庭，对上承接电子商务和快递物流企业，对下深度黏合客户，整合农村电子商务，对接我国 6 亿农村人口，深入农村一线，摸索信息技术、互联网手段及乡镇实体电子商务道路。目前其会员店零售GMV（网站成交金额）已达到 2000 亿元，且年均增长 60% 以上。

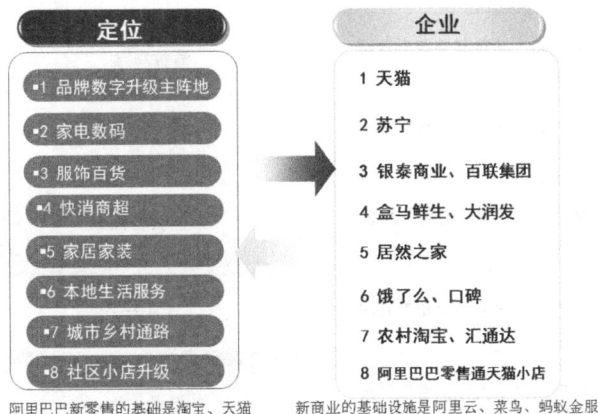

定位		企业
▪1 品牌数字升级主阵地		1 天猫
▪2 家电数码		2 苏宁
▪3 服饰百货		3 银泰商业、百联集团
▪4 快消商超		4 盒马鲜生、大润发
▪5 家居家装		5 居然之家
▪6 本地生活服务		6 饿了么、口碑
▪7 城市乡村通路		7 农村淘宝、汇通达
▪8 社区小店升级		8 阿里巴巴零售通天猫小店
阿里巴巴新零售的基础是淘宝、天猫		新商业的基础设施是阿里云、菜鸟、蚂蚁金服

阿里巴巴新零售"八纵八横"市场布局

2. 本地办公室货架及无人新零售

本地生活营销推广也可以采取无人零售方式。传统零售客流正在被"打劫"，客从何来？新的消费需求变化，技术应用又给未来商业带来新的想象空间。**无人货架、无人售货机、无人便利店等新零售场景纷纷上线**，以实现"人、货、场"的最小化、最高频、最高效的运营，2017 年无人新零售爆发式增长，资本不断介入，当年即有30 家无人货架项目获得近 30 亿元投资。

中国的一二线城市聚集了 5000 多万家企业和上亿名上班族，上班族每天工作时间长，不便外出购物、交友，于是"办公室货架"由需求驱动而生。除去住处和上班途中必经位置，办公室成为市场流量竞争的重点区域。同样，小区也是一个富有生机的消费场景，公园、地铁站、医院、学校、机场等公共区域也是优质顾客聚集地。目前，线下获客成本依然是最低的，而随着竞争加剧，线上获客成本却居高不下。

无人新零售依然是潜力巨大的市场，据了解，日本无人售货机数量已超过 500 万台，年销售额约为 600 亿美元，中国目前仅有约 30 万台无人售货机，而按照中国的无人新零售市场容量，无人售货机应为 1000 万台以上。

线上、线下互动的新零售，依然富有强烈的生机。根据历史数据，通过测算，推出"爆款"产品，通过线上搜索来优化并提升转化率，进一步关联销售，在线下实行"爆款"推广，这些均源自数据运营。

新零售消费升级的五大趋势

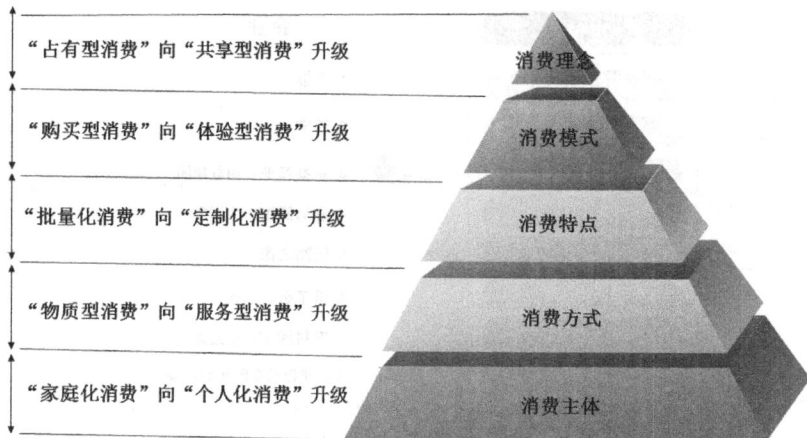

新零售消费升级的五大趋势

新零售需要更加注重本地生活，消费升级已开始呈现五大趋势：

一是消费主体由"家庭化消费"向"个人化消费"升级；

二是消费方式由"物质型消费"向"服务型消费"升级；

三是消费特点由"批量化消费"向"定制化消费"升级；

四是消费模式由"购买型消费"向"体验型消费"升级；

五是消费理念由"占有型消费"向"共享型消费"升级。

品质消费逐渐成为消费者追求的目标，消费者对品牌的忠诚度在提升，并且消费者越来越注重健康，消费场景也在多元化。

2.7　新零售社交电商

新零售企业也需要运用社交电商的思路，即社交新零售。

微商是社交电商的一种展现形式，兴起于 2013 年，经历了 2015 年的洗牌转型，目前以正规军的面貌重新出现在公众视野里。随着社交电商的渗透率越来越高，围绕微商的新商机不断涌现。据中国互联网协会微商工作组估算，2017 年全国微商从业人员约有 2018.8 万人。2019 年上半年以来，中国微商平台热度回升。伴随着微商行业相关法律法规的成熟，以及传统电子商务企业、传统品牌纷纷入局微商，微商行业迎来产业升级的机遇，规范化和品牌化是行业发展的重要趋势。在消费升级的大背景下，商家获客边际成本日益增加，营销推广活动越来越困难，而消费者的消费目的性却还在弱化，这时就产生了一种商机，**社交网络成为产品、消费者和服务间的重要连接器**。新技术的应用，社交与电子商务的充分融合，将为电子商务行业带来新发展、新机遇。

2.7.1　微商

微商是近几年伴随移动互联网技术的发展而发展起来的销售方式，并越来越成为企业的零售选项之一。微商本质上是一种社会化的线上分销方式，不同于传统电子商务渠道代理和线下代理的高门槛，微商代理的门槛相对较低，多为个人。个人代理微商渠道的产品，通过社交渠道，将其分享到微信等移动社交网络，赚取产品差价或佣金。

目前，企业参与微商的方式有以下两种：

一是自己生产产品，通过招募自己的微商团队进行产品销售，称为品牌微商。

二是企业不参与产品生产，而是重点在于渠道建设，方式一般是，开设平台招募供应商和下游代理，称为平台微商；代理在平台开设微店，分享产品至微信，获得差价或佣金。

阿里巴巴、网易考拉等传统电子商务企业，也纷纷涉足微商行业，将电子商务领域成熟的线上运营管理经验带入微商领域；小米也在积极尝试微商，构建社会化的分销渠道。未来伴随着更多电子商务、品牌商家的涉足，微商行业的产品品质将得到更好的保障，营销方式也将得到规范，不屯货、不压款、销售即提成的模式必将改变行业。在农业领域，微商也已成为重要的电子商务补充力量，并有望成为中流砥柱。

微商早已引起各大品牌商的注意并吸引他们试水，其中不乏蒙牛、韩束、洋河、格力、景芝、立白、贝因美、爱马仕、中粮、金龙鱼等大品牌的参与。

中国典型品牌介入微商领域

品牌类别	品牌名称	介入微商策略分析
电子商务品牌	阿里巴巴	严格选品，提高微商市场的产品准入门槛
	小米	小米小店，推广模式突破限制，包括上门宣传等形式
	网易考拉海购	招募微店店主，协助销售网易考拉销售平台上的海淘产品
传统品牌	立白	品牌背书，扩大日化产品在微商领域的市场
	白云山潘高寿	与微商服务商合作，共同开发微商渠道大健康类新产品
	北汽新能源	推出"卫蓝合伙人"微商平台，店商、电商、微商三商渠道协同发展

2.7.2 中国微商发展的五个阶段

中国微商的发展阶段可概括为萌芽阶段、快速发展阶段、传统企业进入阶段、洗牌清理阶段、规范发展阶段。

中国微商发展的五个阶段

阶　　段	年　限	代表企业	经 营 情 况
第一阶段 萌芽阶段	2013 年	俏十岁	俏十岁销售额高达 2 亿元，成为朋友圈微商模式首创者，引起行业关注
第二阶段 快速发展阶段	2014 年	思埠	思埠微商短短一年间销售额达 20 亿元，让朋友圈微商成为一个新模式，同时思埠面膜代理模式也是负面新闻的聚焦点
第三阶段 传统企业进入阶段	2015 年	韩束	传统企业进入微商，韩束实现微商年销售额 15 亿元。从面膜到保健品、农产品和生鲜，微商开始百花齐放
第四阶段 洗牌清理阶段	2015 年年中—2016 年	—	微商被社会诟病，涉及多层级传销、产品无保障等问题，以拉人头为特点的商业模式被认定为传销
第五阶段 规范发展阶段	2017 年至今	云集微店 良品铺子	以农特微商、生鲜微商等农业微商为代表；云集微店开创了中央仓储新模式，有品质，不囤货，微商进入规范健康发展阶段。良品铺子微商运营 3000 多万名粉丝，成为标杆企业。2019 年 5 月，云集微店仅经过 4 年发展，便在美国纳斯达克上市，成为"中国社交电商第一股"

针对社交电商发展，政府先后出台了系列文件，如《电子商务法》、《快递暂行条例》、《反不正当竞争法》、《关于做好电子商务经营者登记工作的意见》、《新广告法》等，进行行业规范，引导其健康发展。

2.7.3 知名社交电商平台分析

近几年逐步形成了一批发展较好的社交电商平台，如微店、萌店、云集微店、有赞等。

1. 微店

微店是帮助卖家在手机上开店的电商创业微平台，作为移动端，持续领跑平台微商市场。零手续费，回款时间为 1～2 个工作日。上线时间为 2013 年 12 月。

2. 萌店

萌店是国内移动社交电商平台，隶属于上海微盟企业，2015 年上线。致力于为消费者提供美食与生活消费领域的高品质产品。萌店开店数已超过 2500 万家，B 端入驻商家超过 4 万家。萌店保持着相对稳定的增速。

3．云集微店

云集微店是目前社交电商领域规模较大的企业之一，由浙江集商网络科技有限公司董事长肖尚略先生 2015 年创立，注册地是浙江杭州，是一家从事移动电子商务平台研发和运营的移动互联网公司。主要有以下特点：**一是产品丰富且为正品。**有上千个品牌产品供客户挑选，有 10 亿元以上的共享库存，包括中、日、韩、欧、美的一至四线品牌（化妆品、健康食品、母婴用品），正品品牌授权直采，PICC（中国人民保险公司）正品承保。**二是无任何经营负担。**所有产品无须店主打款、打包发货，也不会压货；所有产品全国包邮，中央仓库统一发货，30 天内可无理由退货。店主卖出产品后，即可得到相应的返利报酬。同时平台配备了专属客服，解决产品售前、售后和咨询问题。**三是云集微店官方统一设定产品的零售价格。四是建立手把手培训机制，解决从卖货到组建团队的所有问题。**通过培训让"小白"也能快速成长为微商销售达人，明星店主可获得成长的快乐和经济效益。**五是云集微店官方投放补贴促销，帮店主拓展销路。六是提供简单的标准宣传资料。**云集微店专业营销团队会出台中央文案，为每件产品提供完整的图文介绍，让店主的工作更便捷。每天推出一款产品的中央文案，让"小白"也可以一键分享至微信好友、朋友圈，进行简单的营销。

4．有赞

有赞微商城 2017 年已实现持续盈利，公司人数超过 900 人，产品与技术占比超过 60%，并将持续保持占比在 51% 以上。有赞间接服务的消费者去重后已经超过 4 亿人。有赞微商城（移动电商解决方案）、有赞零售（门店全渠道经营）、有赞美业为有赞三大旗舰业务产品。

2.7.4　三大社交电商经典案例

社交电商经典案例主要有云集微店、小红书、拼多多等，其共同特点为通过消费者的参与推动产品的销售，而不仅通过广告效应带动销售。

1．云集微店

云集微店通过打造新型的社交电商平台获得快速成长，并成为行业的"黑马""中国社交电商领域的行业领导者"，也成为微商界"现象级"的企业，受到各界广泛关注。2016 年 12 月，云集微店获得社交电商行业最大一笔融资。云集微店先后在新零售概念、供应链赋能、消费者认同等方面进行了深度创新。云集微店为店主提供美妆个护、服饰箱包、食品饮料、母婴玩具、数码家电、家居生活、蔬果生鲜、日用家纺等数千种正品货源,有海量产品好文案,手把手培训店主,并提供专属客服、一键代发等特色服务。

云集微店"六个云":即产品云、物流仓库云、内容云、培训云、客服云、数字化的 IT 系统云,这六个云的集合就是云集。云集微店整合后端生产要素,共享给有流量的店主。

云集微店店主激励政策:开单奖励、销售奖励、阶梯奖励、累计奖励、全月销售奖励、月末大促奖励、石榴节奖励、节日活动奖励等。奖励内容包括云币、实物、现金等。

云集微店与传统微商异同

项　　目	云　集　微　店	传　统　微　商
代理门槛	注册费 398 元,赠送等值礼包+全球精品超市+20 云币	少则几千,多则几万甚至十几万
产品品质	十亿库存,数千种产品,全球知名精品、爆款,中华保险正品承保	产品单一,门槛高,进货渠道混乱,自有品牌,知名度低
价格优势	产品从品牌供应商直接到店主,中间无任何层级,店主享受一级批发待遇	全国特级代理—省代—市代—县代,层级多
日常工作	无须店主进货、发货,省时、省心、省力	店主须自己进货、发货,物流、客服费时、费力
交易方式	买卖只在手机店铺下单,价格全国统一,一件代发,顺丰、EMS 等知名快递包邮	微信转账,存在乱价、窜价、收款不发货状况
售后服务	七天无理由退货,24 小时客服,多层级客服监管保障	代理之间无信誉保障
营销宣传	专业培训讲师,专业营销方案,专业营销团队	代理鼓吹,虚假炫富刷屏
经营收入	店主自购或卖货均可享 5%~40%的返利,自动到账。通过开分店、培养管理团队,享受平台服务管理的工资	按代理级别层层抽取提成,底层存在压货风险
行业前景	中国最大社交零售平台	产品单一,市场淘汰率极高

云集微店代言人:首位代言人——闫妮。

云集微店业绩前 100 名销售员特点:一是女性为主;二是年龄在 30~35 岁之间;三是学历较高;四是可能是某个领域的专家或"达人";五是有自己的自媒体账号,而不是简单粗暴地发朋友圈;六是有自己的粉丝社群,定时发布自己喜欢的产品。

云集微店良好的激励机制,产生正向的销售动力。云集微店成立以来,没有发生过拒绝支付店主佣金或佣金提取延期等现象。也正是基于对店主权利和制度承诺的尊重,云集微店逐渐赢得了百万店主的信任。店主不只是把分享推广视为闲时赚钱的手段，更是把经营云集微店店铺视为自己的长期事业。云集微店 2016 年、2017 年、2018 年的年销售额分别为 13 亿元、64 亿元、130 亿元。

在移动社交电商爆发时代，S2B2C 模式赋能、自营正品保障、良好的激励机制，是推动云集微店快速崛起的三大重要因素。据悉，云集微店目前营业收入的 95% 以上来自产品销售收入，比开店服务年费的 25 倍还要多，而且比例仍在增长之中，这表明，在赢得店主和消费者的双重认可之后，云集微店的收入结构趋于合理、稳定。在移动社交日益成为人们工作、生活中心的时代，社交电商的市场规模还将继续扩大，但同时也面临传统电子商务社交化的冲击。云集微店等社交电子商务企业，未来能在国内电子商务行业占据什么样的市场地位，值得业内人士长期关注。

2. 小红书

2013 年成立的全球购物分享社区小红书，截至 2019 年 6 月成立 6 周年之际，已成为全球最大的社区电子商务平台之一。消费者在小红书社区分享他们购物的经历，并通过逛社区去发现全球的好东西，然后在电子商务页面完成购买。2018 年 5 月，小红书用户数已超过 1 亿人，公司估值超过 30 亿元。

（1）小红书的特别模式。

一是口碑营销。帮客户解决"面对琳琅满目的产品，应该买哪一个？"的问题。比如，在化妆品行业，留言区大量真实的购买、使用心得，成为消费者的"教育栏"。分享购买，是从分享到发现、购买，然后再回到分享的商业闭环。6 年来，小红书已向很多新品牌提供帮助，深受消费者的青睐。小红书根据其积累的海外购物数据，分析最受欢迎的产品和全球购物趋势，并将最好的产品、最短的购物路径、最简洁的购物方式提供给消费者，整个社区就是一个巨大的口碑库。

二是社区成为其壁垒。2016 年，小红书将人工运营内容优化为机器分发。通过大数据及人工智能，将社区内容精准匹配给感兴趣的消费者，提升了客户体验。小红书的成功之处，是将消费者"晒日常，能聚粉"的举动，形成开放社区平台，将分享的价值实现最大化。

三是正品自营。小红书以品牌授权及品牌直营并行的方式在 29 个国家建立了海外仓，郑州和深圳保税仓面积超过 5 万平方米，物流信息极其详尽，甚至可以追查产品由哪次航班运抵中国。

四是用户专属。小红书 54% 的消费者是 30～39 岁的女性，以一线城市的白领、公务员和留学生为主。

五是"网红"带货。由于林允等明星的入驻,"优质内容+明星推荐+KOL 孵化+解决方案"是其运营的商业逻辑。

(2)线下首个旗舰店落户上海。 2018 年 6 月,REDhome 小红家正式在上海静安大悦城落户,占地约 400 平方米,实现了从线上到线下的迁移。店内打卡项目包括 AR 试色、产品鉴别、美容仪体验、高科技设备穿搭建议、吃雪糕、喝饮料等。

(3)小红书分类数据库。 小红书电子商务平台建立了分类客户数据库,便于开展大数据营销。大数据主要包括七类,一是小红书的产品类型:电子商务平台、购物笔记分享社区、生活日常分享社区数据;二是小红书的用户画像:一二线城市、30～40 岁、女性;三是小红书的设计栏目:包括关注、发现、附近、商城、消息通知及用户中心等;四是小红书的用户类型:明星、博主、普通客户等;五是小红书的内容类型:美妆、时尚、旅行、家居、健身等;六是小红书的用户需求:展示自我、获取粉丝、赚钱;七是小红书的特点优势:社交电商、带货销售模式、消费行业信息。

3. 拼多多

发展历程。 成立于 2015 年 9 月,其 App 已成国内主流手机购物 App 之一。客户通过发起和朋友、家人、邻居、同事等的拼团活动,以更低的价格拼团购买更好品质的产品。拼多多发展迅猛,是中国社交电商的典型样板,在美国纳斯达克上市,上市后估值约为 288 亿美元。

发展速度。 从创业到成功上市,京东用了 10 年,唯品会用了 8 年,淘宝用了 5 年,而拼多多仅用了 2 年零 3 个月。根据招股书资料,截至 2018 年 6 月 30 日,拼多多的 GMV(网站年成交金额)达 2621 亿元,活跃客户数为 3.44 亿人,是一家极具创新意识并快速发展的新电商、新零售平台企业。

未来展望。 拼多多由分布式智能代理网络驱动,集高性价比产品和娱乐为一体,即"未来拼多多=Costco+迪士尼"。如果把信息流换成产品流,那么今日头条就是拼多多。"非帝国思维和竞争思维更为重要,将会成为一个掀巨头的马鞍,并成为诞生下一个巨头路上的行者"。模式的创新,成为拼单背后的"杀手锏"。

拼多多模式解析。 一是低价。低价,或说性价比高,依然是拼多多的重要法宝。二是品牌产品不作为主流。数以百万计的产品里,品牌产品,尤其是国际大牌产品,不是拼多多的重点,几乎没有,而以在老百姓眼中最实用的家居、服装、生鲜等类目为主打产品。三是产品功能驱动。以产品功能和品质为卖点,而不是由品牌知名度来驱动。四是拼团模式大行其道。通过多人拼团达到一个定向折扣价格,解决"客户在哪里"和"产品低价"的问题，形成客户自发促销、自发推广的局面。"好东西，一定要分享"，往往一个单位、一个部门的某个人购买，便立即形成群体购买效应。

五是"爆款"思维。 款款产品皆"爆款"，降低了 SKU 数量，方便对产品进行品质管控。比如，反向订制、万件特价营销策略可迅速形成一款被追捧的"爆款"产品。

六是市场下沉。 拼多多客户群多在四五线城市，回避了与电子商务巨头的正面交锋，获得了企业早期的成长空间。

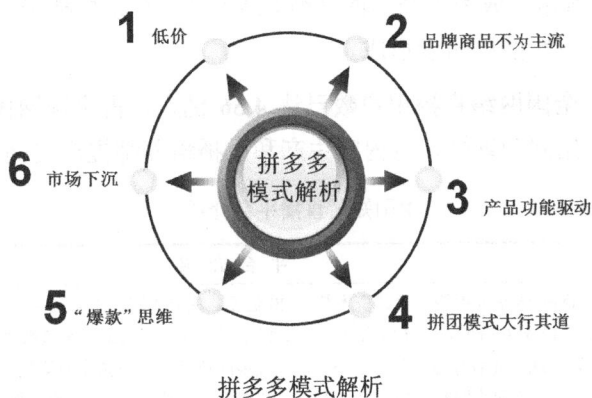

拼多多模式解析

2.7.5 新零售直播电商

传统企业转型电子商务，一定要借用最新的营销工具。2016 年被称为"直播元年"，网络直播产生的爆发效应，借移动互联网迎来"直播+"时代。2019 年，直播向更专业、更成熟、更正能量方向发展。一批直播平台开始更加关注公益活动，用正能量驱动企业长远发展，在直播论坛会议、直播精准脱贫、直播政府的相关活动中发挥了重要作用。

1．直播电商

直播电商与"网红"经济密切相关。随着市场逐步趋于成熟，直播行业不再是"站在风口就能飞"的宠儿，平台数量和头部主播数量都在减少，靠颜值、跳舞、聊天引来打赏的日子一去不返，同质竞争、良莠不齐的内容倒逼直播行业升级，有价值、有温度的内容一定是优质、绿色、健康、正能量的内容。为了扶植直播内容多元化，直播平台提出"直播+"模式，即直播行业与其他板块相结合，打造"直播+公益""直播+文化传承""直播+民生""直播+非遗""直播+政府执法监管""直播+电子商务"等系列，生产对社会具有深远影响的内容。2018 年 3 月，斗鱼宣布获得新一轮 6.3 亿美元的融资,腾讯独家投资;当天,虎牙也宣布完成腾讯 4.6 亿美元的 B 轮融资,腾讯获虎牙 50.1%的投票权。经历残酷竞争后,市场渗透率最高的前三名直播 App 为斗鱼直播、虎牙直播和企鹅直播,其中前两家已瓜分直播市场 80%的客户资源。

2. 知名直播平台分析

目前全国在线直播平台多达 270 家。北京、上海、杭州、深圳、广州是中国直播平台最多的五个主要城市,成为"全国网红孵化基地"。六家直播平台下载量超过 1 亿次,直播平台"巨头"格局初步形成。

2018 年年底,全国网络直播用户数已达 4.56 亿人,占全国网民总数的近一半。2019 年直播市场开始回归理性,对内容生产和主播培养都提出更高的要求。

中国知名直播平台介绍

平台名称	平台介绍
斗鱼 TV	2016 年获得 15 亿元融资,累计资本超过 20 亿元。成立"网红"党支部,为整个行业提供正能量。对主播建立 12 分扣分制,内审标准化。在专利方面,成为湖北第一家获得"十大著作权人"称号的企业。计划在武汉光谷建设"斗鱼小镇",让直播产业链和上下游企业聚拢斗鱼小镇,线上、线下产业内外结合,实现更大跨越。2019 年 7 月,斗鱼 TV 在美国纳斯达克上市,按发行价市值 37.3 亿美元
虎牙直播	2016 年虎牙直播有 2.1 亿名注册用户,月活跃用户数约为 9600 万人,每月营收额超过 1.5 亿元
花椒直播	已宣布投入 1 亿元进军游戏直播行业,用于游戏内容的引入和对游戏主播的重点扶持。目前该平台累计用户数已达 2 亿人,主播覆盖全国 500 多座城市,平台的流水额也将突破 50 亿元。举办"花椒公益之夜",成为将直播、小视频、视频交友集于一身的移动互联网交友平台,以及中国最大的"强明星属性"移动社交直播平台
一直播	一下科技旗下一款娱乐直播互动 App。与微博达成战略合作,承担微博直播业务。微博用户可以通过一直播,在微博内直接发起直播,无须安装新应用;也可通过微博进行观看、互动和送礼操作
映客直播	2016 年年末,用户数超过 1.4 亿人,日活跃用户数约为 1700 万人
YY 直播	YY 直播是最早开始网络视频直播行业的平台之一。月活跃用户数约为 1.22 亿人,隶属于欢聚时代 YY 娱乐事业部
火山直播	一款手机直播平台,主打"网红"娱乐生活直播
龙珠直播	在腾讯导流支持下,用户和主播生态更多元化
熊猫 TV	上海熊猫互娱文化创办的一家弹幕式视频直播平台,内容丰富
美拍	在美拍直播平台上,不少主播通过平台分享自己的化妆心得、个人育儿经,引起关注
淘宝直播	以电子商务为直播对象,对重点大商户推荐使用,可提升淘宝竞争力

3. 如何借力直播电商

一是开展"网红"直播电商。微博举办"530 网红节",主打电子商务直播。目前电子商务类"网红"多以销售服装及美妆为主营业务,将新浪微博作为流量入口来吸引粉丝。2015 年天猫"双 11"大促活动,女装类目销售额排前十位的店铺中,"网红"店铺占七席，其中部分"网红"店铺 24 小时内售出 9 万多件产品，收入超千万元。

二是借力"网红"优化供应链。服装类"网红"店铺运营模式："网红"拍照—粉丝反馈—打板生产—上架，这种模式既缩短了传统服装的制造供应链，又能根据粉丝反馈调整货品及货量，提高了周转率，减少了库存。

2.7.6　电子商务企业为何找动物代言

电子商务企业竞争激烈，为了脱颖而出，品牌名称一定要让人过目不忘。

在电子商务领域，以动物卡通形象为标识的企业越来越多，一个好的卡通形象代言蕴含的价值巨大，因为动物卡通形象更具传播性、记忆性、亲和力，不仅凝聚着企业文化内核，更能有效地拉近企业与消费者的距离。

中国知名电商企业名称里的"动物大世界"

企业名称	企业标识	企业类型	卡 通 寓 意	LOGO 样式
天猫	T 型黑猫	阿里巴巴 B2C 销售平台	T 是"天猫"拼音首字母，猫天性挑剔，恰好符合天猫商城追求时尚、品质、潮流的理念，一经推出就得到消费者的认可	
菜鸟	鸟	阿里巴巴旗下物流平台	寓意"才起步，但会做好"	
蚂蚁金服	蚂蚁	阿里巴巴金融平台	千万网商像蚂蚁一样，个体虽小，但集合起来有如"蚂蚁雄兵"，可焕发出惊人的力量	
飞猪旅行	猪	阿里巴巴旗下旅游平台	LOGO 借用"在风口，猪都能飞起来"的概念	
京东	京东金属狗	京东电子商务平台	金属狗 JOY，金属体现出电子商务的高效率和互联网的科技感，小狗象征着正直、忠诚、友善	
三只松鼠	三只松鼠	线上坚果零食企业	三只小松鼠，可爱，亲和力强，喜欢吃坚果，可为三只松鼠品牌加分	
百度	熊掌	中文搜索平台	百度 LOGO 是熊掌，而不是狗爪，灵感源于"猎人追寻熊爪印迹"，由此构成百度的搜索概念	

企业名称	企业标识	企业类型	卡 通 寓 意	LOGO 样式
腾讯	企鹅	社交平台	"企"字有"抬头远眺"的意思；Q 字形像企鹅，两只企鹅并排交谈就是 QQ，取象形之意；企鹅生活在地球南极，寓意网络无处不在	
盒马鲜生	河马	阿里巴巴生鲜新零售样板	盒马鲜生 LOGO 是海蓝小河马，亲和力强，且是海产品概念	
途牛	牛	旅游网站	途牛是一家专注于全面旅游线路和自助游的一站式旅游服务提供商，为用户提供稳妥安心的服务，而牛象征着脚踏实地、勤恳稳重、坚忍不拔	
国美在线	小虎	国美旗下电子商务平台	LOGO 国美电器实现线上、线下协同销售，老虎与阿里的天猫、苏宁的狮子形成对比，寓意竞争	
苏宁易购	狮子	苏宁旗下电子商务平台	LOGO 运用百兽之王"狮子"元素，以极简、亲和、可爱的形象，吸引年轻化、个性化的消费群体，提升消费体验	
赶集网	毛驴	生活信息服务平台	赶集网业务包括找房子、找工作、找装修、找保姆等，毛驴形象可拉近与客户的距离	
迅雷	蜂鸟	多媒体下载服务提供商	迅雷 7 开始启用新 LOGO——一只蜂鸟图案，蜂鸟代表轻盈和快速	
携程	海豚	旅游服务平台	LOGO 以海豚图案为主，体现了移动互联网的便捷、灵活、智能和创新	
搜狐	狐狸	新闻平台	中国早期使用动物 LOGO 的互联网公司之一，狐狸象征机敏、灵活和聪慧	
去哪儿网	骆驼	旅游平台	骆驼让人联想到那遥远而又神秘的沙漠，而骆驼又坚韧持久，不离不弃，是令人信赖的好游伴，有骆驼相伴，旅行更安全，更方便	
土巴兔	兔子	互联网装修平台	土代表正直，巴代表创新，兔代表主动，土巴兔卡通形象表示企业让业主、设计师、装修公司和建材商家高效、绿色、和谐地交流，提供更优质高效的服务	
猎豹浏览器	猎豹	浏览器开发商	LOGO 图标是一头霸气十足的猎豹，张着嘴，眼神也很犀利，动态、立体感都不错；橘红色给人有朝气的视觉感	

续表

企业名称	企业标识	企业类型	卡 通 寓 意	LOGO 样式
艺龙旅行网	龙图腾	旅行网络平台	LOGO 将龙图腾与 e 字母相结合，elong 小写的红色造型，几乎具化成象征中国的龙，与品牌名字相呼应	
齐家网	河狸	装修网站	"暖男齐齐狸"憨态可掬，凭借萌萌哒气质受欢迎。河狸的家庭观念很重，爱家、顾家、机智、勤劳、善良	
瑞星杀毒	狮子	杀毒软件开发商	瑞星小狮子"卡卡"寓意病毒进不来，"为了让你的网不卡，于是它便承受了你的卡，卡多了，也就卡卡了"	
美团外卖	袋鼠	团购外卖平台	美团团购，是外卖领域的佼佼者，袋鼠形象充分体现出"快"的行业特点	
闲鱼	鱼	二手产品交易平台	此闲鱼非彼咸鱼，寓意"咸鱼"也可以翻身有价值，比喻让闲置产品找出路	
小米	米兔	手机及生活小家电供应商	小米以手机起步，逐步建立"小米之家"，实现产业链的拓展。米兔是其形象代表，卡通可爱	
斗鱼直播	鱼	直播平台	斗鱼是一种凶狠的鱼，代表企业作风强悍、勇猛。斗鱼直播从"千播大战"中杀出重围，成为行业头部企业	
猫眼电影	猫	美团旗下电影互联网平台	寓意像猫一样机灵，看电影买票、取票都方便，而且省钱	
驴妈妈	驴	旅游服务平台	驴谐音"旅"，驴是诚信、踏实服务的形象代表，驴妈妈通过冠名《欢乐喜剧人》让大家知道了它，名字非常接地气	
UC 浏览器	松鼠	浏览器开发商	以松鼠的机智灵敏为寓意，UC 浏览器在安卓手机上的普及率不错	
有道翻译官	鹦鹉	翻译软件	鹦鹉学人说话，作为翻译软件的 LOGO 还真贴切	
蓝犀牛	犀牛	货运平台	犀牛形象忠厚诚实，寓意该货运平台便宜实在，让百姓放心	

85

小贴士

中国"网红"的三个阶段分析

中国"网络"从出现到成长，历经十几年并呈现出三个阶段的特点。

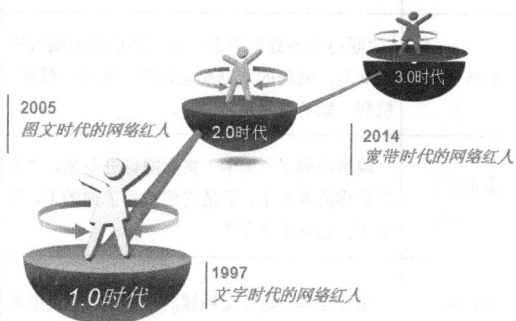

1.0时代： 文字时代的"网红"，1997年开始出现，主要活跃在天涯、猫扑及一些文字网站中。

2.0时代： 图文时代的"网红"，2005年开始出现，他们拼颜值、拼特点、拼团队。

3.0时代： 视频时代的"网红"，2014年开始出现，他们拼资本，斗商业，通过广告、创立公司及电子商务等渠道实现价值变现。

第 3 章

新零售时代企业的管理

3.1 新零售的三大经济

新零售，需要重点关注如何拓展共享经济、数字经济和区块链技术，更好地服务于新零售的消费者，让新零售的相关科技改变传统的商业服务模式。

3.1.1 新零售共享经济

新零售与共享经济、数字经济和区块链技术相辅相成。**将所有权和使用权分离，通过互联网技术实现能源、实物、信息共享，让"共享价值"代替"交换价值"，实现物尽其用，这就是共享经济。** 在新零售时代，传统企业如何开拓共享经济？如何利用共享经济发展自身业务？中国现有的各类共享经济模式盘点如下。

1. 共享经济类型、模式及典型企业盘点

中国共享经济类型、模式及典型企业盘点（截至 2019 年 6 月）

共享类型	共享模式介绍	典型企业
共享交通	主要有共享租车、共享停车位、共享驾乘、共享自行车等，是全球范围内影响最广、争议最多的领域。共享出行，将社会上大量的闲置司机资源、车资源、停车位资源充分盘活，提升了闲置资源的利用率	滴滴打车 斑马快跑 摩拜单车
共享空间	主要包括共享住宿空间、共享办公场空间和共享宠物空间三种共享形态。通过共享，实现空间价值的最大化，将传统空间短租给需求者，用共享经济的方式打破传统壁垒，实现交易双方的信息对称，帮助供需双方快速建立联系并有效沟通，让空间的利用率大幅提升	途家网 小猪短租
共享金融	主要有 P2P 网贷模式与众筹模式，是金融领域互联运营的大胆尝试。通过互联网平台快速搜寻和撮合资金供需双方，利用金融与互联网技术融合和渗透的特点，提高资金周转率，在同一时间内最大限度地挖掘资金使用价值	陆金所 人人贷 网贷之家 众筹网
共享美食	美食也可以共享，共享美食分享模式可以帮人们解决吃饭或做饭问题，并打造出一个可以交流美食的共享平台。通过这些第三方平台，厨艺大师们可以畅快地为他人提供更高品质的可口美食，同时也可获得相应的经济收入，创造出意想不到的社会价值	觅食 烧饭饭

续表

共 享 类 型	共享模式介绍	典 型 企 业
共享医疗	共享医疗是医疗领域的重大利好模式，可以最大限度地让医疗资源最大化，患者通过移动应用平台预约医生，平台会从签约医生中挑选一位，与就医患者达成"1 对 1 连接"，并在规定的 2 小时内，提供限时上门服务或线上专项问询和诊断。健身场馆和健身教练也可以共享	全城热炼
共享资源	公共资源的共享是城市最大的优势和福利之一，让众多分散的用户与数据瞬间演变成可利用的社会资源，让社会公共资源分配更均匀，如共享太阳能资源、共享 Wifi 网络等，通过对周边服务附加值的提升，让城市增值，让市民有更强的获得感。很多城市政府通过购买公共服务的方式，把共享资源给市民免费使用	平安 Wifi
共享教育	将教育资源从线上引到线下，将知识分享，客户不仅在线上，也在线下与他人实现 1 对 1 的教育资源共享。各领域的专家利用自己的知识或经验，打破物理空间的限制，帮助客户提高文化程度和教育水平。共享可以让教育资源覆盖更多的需求人群	知乎小红书在行
共享任务	帮助别人完成任务或提供各种服务，人们将任务发布到网上，由接单者领取任务，任务完成即可获得相应报酬。这样成本更低，解决问题的速度更快，接受任务者可赚外快，公司又可实现扁平化管理。猪八戒网是共享任务的典型企业，通过在网上发布设计需求，由设计者抢单，发布者选中即给予报酬，实现了社会设计资源的最大化利用，降低了企业设计成本	猪八戒网达达物流人人快递
共享物品	移动互联网的发展，让共享物品成为一种商业模式。社会开始实现书籍共享、物品共享、服装共享等，大大降低了供需双方的交易成本，极大提升了社会资源对接和配置的效率，这集中体现在金钱和时间成本上的节约。如服装及奢侈品的共享，可以以同样的成本，获得更多不一样的消费体验	享借

2. 新零售与共享经济

新零售与共享经济密切相关，在共享交通、共享空间、共享美食、共享物流等领域均有应用。比如，便利店新零售要求提供 30 分钟城市即时配，可巧妙使用共享经济的物流配送资源，京东之家由京东并购的达达快递实现城市配送；良品铺子新零售门店加入京东到家服务后，其在美团及大众点评的本地生活消费，均由共享配送负责。在新零售同城配领域，起决定作用的是共享配送理念和服务模式的成熟度。配送、仓储、采购三大平台实时共享，可对已有资源进行充分的共享和共生，通过技术手段，产生利益的共创和共赢，重塑新的商业生态。

2018 年 1 月，在中国物流与采购联合会的指导下，美团外卖、UU 跑腿、闪送、邻趣、快服务等本土生活服务商共同发起成立共享配送工作委员会，并成立共享配送联盟。

据统计，全国共享配送注册人数已超过 500 万人，日均订单量突破 500 万单，服务用户数超过 2 亿人，配送人日均收入突破 200 元，此数据还在快速增长。对于电子商务平台或平台商户而言，共享配送的成本更低，配送时间更短，能够有效提升业绩。另外，极为重要的一点是，共享配送能够让更多的人实现灵活就业，让人力资源发挥更大的社会价值。

3.1.2　新零售与数字经济

新零售时代，数字经济成为拉动增长的重要引擎。

我国经济正从工业经济向数字经济转型升级。根据中国信息通信研究院的统计数据，2018 年中国数字经济规模约为 31 万亿元，同比增长约 21%，占 GDP 比重约为 35%。2018 年中国数字经济领域就业岗位约有 1.91 亿个，占全年总就业人数的 25%左右，增速高于全国同期就业岗位增速。同时，按照阿里巴巴新零售的相关探索，新零售=线上和线下相结合+现代物流+大数据和云计算等新技术，数据就是 21 世纪最重要的财富和"新石油源泉"，新零售的数据就是新零售成功的源泉。

新零售企业在目标定位、环境定位、产品目录等方面，都需要进行智能的规划，利用数字经济的支撑，在数字智能时代，用大数据说话，打破原来人们对经验的依赖，通过数据分析，帮助新零售企业进行店铺选址，设置商圈客流、人口结构、人群分析、客流分析、竞争情况等关键指标。针对商家的电子商务业务，可通过线上交易数据，更好地分析本土的消费群体，对线上用户进行全方位的分析，通过对区域消费者的消费习惯、兴趣爱好、地理位置等进行综合剖析，做出选址及选品决策，更好地满足市场需求。

3.1.3　新零售与区块链技术

随着新零售的发展，区块链技术应用越来越广泛。由于涉及线上和线下，针对区块链技术，新零售会有更多应用场景。2008 年区块链概念首次出现，该技术将数据分区存储，每个区块都会记录前一区块的 ID，每个区块又包含一部分信息，按照时间顺序形成一个完整的链状结构，并且以密码学的方式，保证这些数据"不可篡改"，具备唯一性，因而称为区块链技术。区块链技术发展到今天，已经融合了分布式架构、点对点网络协议、块链式数据验证与存储、共识算法、身份认证、加密算法、智能合约、云计算等多项技术，并且在应用领域与大数据、人工智能、物联网等形成交集与合力，成为一种整体技术解决方案的总称。

区块链有几个关键词——去中心化、数据库、密码学方式，最终保证数据不会被篡改。

1. 区块链技术的发展

区块链技术发展历程

时　间	发展阶段	情　况　介　绍	典　型　应　用
2008 年	概念阶段	一位叫中本聪的神秘人士率先提出区块链概念，并将此技术运用于比特币这种虚拟货币上，并引起全球范围的关注。如果将比特币视作"一座金矿"，那么区块链就是运送金矿的"小推车"	1.0 时代：数字货币——比特币
2013 年	认知阶段	这项应用引起人们的关注，比特币暴涨，但之后人们发现，更有价值的不是比特币这座金矿，而是运送金矿的"小推车"——区块链技术	2.0 时代：智能合约
2015 年	引爆阶段	区块链就像一阵"龙卷风"，其概念从金融科技圈、极客圈扩展到大众视野，社会媒体报道日渐增多，部分银行、资本巨头、大型企业等纷纷布局区块链	3.0 时代：区块链+人工智能

区块链技术基于数学原理，解决了交易过程中所有权的确认问题，是一种快速发展的数据库技术，将保存不断增长的数据列表的分布式数据库，用时间戳和链接串联起来，保障系统对价值交换活动的准确记录、传输、存储，使得结果不能被更改并可追溯，正是通过这种高度开放式、分布式的"账本"，交易记录才能被精准、高效且稳定地存储，做到都是"可信赖的"。这种用于记录、检测、追踪、转移所有资产的数据库和库存清单，可用于经济、金融、无形资产和有形资产等领域。区块链的最大贡献是建立了"去中心化"的信任机制，革了所有中心化机构的命。

2017 年以来，世界各国政府、金融机构、技术公司纷纷加大区块链技术的研究和开发力度，为未来发展做好技术准备。**随着"数字中国"建设的启动，区块链技术首次列入国家信息化规划**，是大数据和人工智能时代下"可信和价值互联"的前沿技术，是智慧生活的新引擎，是一场改变信任的革命，是建设数字中国的新主张，区块链技术的研究与应用，在中国不断普及、发展和规范。

2. 区块链技术的应用及挑战

一些专业技术公司加大投入，在技术难点、业务场景、风险管理、行业标准等方面，针对国内外区块链技术的发展和金融领域的创新，在大宗商品交易、国际贸易结算等领域做出创新。

区块链技术的应用领域分析及面临的挑战

应 用 领 域	应 用 分 析	面 临 挑 战
数字货币	最受欢迎的领域，对区块链技术的发展影响很大。比特币就是通过区块链技术实现的数字货币之一。工作方式包括加密、挖掘、交易、采取分布式结构等	基于区块链的数字货币，面临很多立法和监管方面的挑战

续表

应用领域	应用分析	面临挑战
数字内容版权保护	区块链可通过记录数字财产的所有权历史，甚至通过执行数字版权，来保护各种数字作品的消费者和创作者的权益	可有效控制数字内容的非法交易
专利应用	使用区块链代替传统专利系统，可减少合同纠纷，并且为专利系统改进提供机会，"数字指纹"和"存在性证明"可支持专利系统的应用	专利系统中采用区块链技术，可提高效率，缩短注册时间，特别是跨国专利系统
电子投票	利用区块链技术进行区域性或组织性选举，可简化过程，使更多人参与决策。区块链功能电子投票（BEV）允许选民持有投票记录副本，授权选民自己完成任务，遵守隐私数据保护法	电子投票已用于丹麦政党内部选举和爱沙尼亚股东投票，还可与智能合约结合起来
智能合约	指在区块链中执行合同条款计算机化交易协议。双方或多方协议条款被编成代码存储在区块链中，当符合代码描述的条件时，自动触发代码定义的特定操作	金融领域应用案例较多，如贷款和保险产品。智能合约还可以自动继承，实现资产分配
供应链管理	通过网络来注册、认证和跟踪传输商品，使运输成本降低。供应链使用区块链技术建立和保留所有者的历史记录，有助于反欺诈及保险调查	主要应用在珠宝、金融、船运、食品安全等领域，可提高政府采购物流支付效率，减少人工处理操作流程，防止商品丢失
公共服务	区块链技术可在提供公共服务时减少欺诈，避免错误，降低运营成本，提高生产力，增强责任。应用领域包括征税、身份管理、福利分配、财产和土地登记等。区块链账本将时间标记和数字签名相结合，可保留记录，方便交易和创建记录	爱沙尼亚政府已将区块链技术用于医疗、投票、银行、商业注册、付税等多种服务；非洲一些国家使用区块链技术管理土地注册；英国将区块链技术用于福利支付、跟踪资金支付和分配
零售业及销售	比如，某客户在街上走着，移动设备通知她，某服饰店里有她喜爱的一件衣服。她走进店里，试穿后，扫描完成付款。若客户还有其他事要办，那么衣服会在她回到家前送到家	区块链向零售业开启，可辨识客户，在客户步行或开车经过时，根据所在地、人口统计资料、客户兴趣、购买历史，把产品及服务予以个人化

3. 区块链技术让新零售物流更智能

新零售运用区块链技术，可实现供应链的预见性更强、更及时的预警，以及安全库存的减少、透明收费的执行、网络集成的简化等，最终降低成本，提升服务。

通过在物流数据、物流设备、物流云三大领域的应用，实现新零售智慧物流，具体体现在库内机器人和自动化技术、库内可穿戴设备、干线+最后一公里技术（无人车、无人机等）、智能包裹柜、智慧数据等方面。

通过新技术的重构，让消费品牌在客户心中更有存在感、喜爱感、温度感、区隔感和活跃感。

小贴士

新零售客户满意度三定律

在互联网新零售时代，要了解企业的客户满意度，就一定要了解客户满意度三定律。

24 倍。只有不到 4% 的客户会发声抱怨，真正尝试寻求商家的解决方案，更多的客户会用脚投票，选择今后在竞争对手那里进行消费。所以当管理者听到一位客户的抱怨时，意味着可能已有 24 位客户发出相同的抱怨。

12 倍。有道是"好事不出门，坏事传千里"，一位不满意的客户给企业造成的损失，需要 12 位满意的客户创造出的利润来弥补，才能实现收支平衡。

6 倍。开发一位新客户的成本，是维护一位老客户成本的 6 倍。

维护好老客户至关重要。在互联网新零售时代，更要设置"倾听消费者"的客户体验反馈岗，研究客户的投诉，分析客户的体验升级点，倒逼各部门改善对客户的服务工作，为客户提供更优质的消费体验。从客户中来，到客户中去，才能做出让客户喜爱的产品。

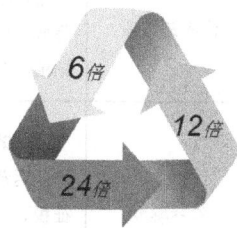

客户满意度三定律

3.2 新零售阿米巴经营模式

在互联网时代，企业组织不是要大，而是要小。

传统企业转型电子商务更需要进行去中心化、互联网化改造，划分小单元经营是一个有效的方法，这样更强调个体的能动性、创造性、价值可获得性，只有充分调动每个个体的积极性，将小河汇成大河，企业才能可持续发展。

阿里巴巴旗下的物流机构菜鸟驿站，在全国有 3 万多家门店，由总部直接管理每个站点，最大程度实行扁平化管理，由最小单元独立核算经营，即降低了运营成本，又极大地提高了效率。

3.2.1 何为阿米巴经营模式

阿米巴经营模式，就是在企业内部建立责、权、利高度统一的经营模式，将公司分成若干个阿米巴小组，实行经营小组制，选拔组长，每个组长有人事、财务和经营等方面的权利，同时必须执行公司的相关方针和目标战略，围绕五个核心目标，即"尽量实现全员参与经营""精细核算到每个员工""高度透明经营""自上而下和自下而上结合""为企业培养更多领导人"，担负战术和战略等方面的责任，最后按单位时间来考核评价，让员工得到相对公平的利益，形成员工与企业共同成长、共同发展的利益共同体，搭建起良性发展的驱动机制。

1. 电子商务领域阿米巴经营模式的经典案例

（1）韩都衣舍的阿米巴经营模式

电子商务领域的阿米巴经营模式，韩都衣舍做得相对精彩。韩都衣舍在企业内部打造了 267 个自主经营体，创始人赵迎光将自己的产品小组称为"蚂蚁军团"。服装快时尚是竞争最为激烈的领域，韩都衣舍凭借"款式多、更新快、性价比高"等优势，连续数年蝉联天猫、京东、唯品会等电子商务平台销量第一名，韩都衣舍共有 17 个品牌，已打造成全品类、全风格的品牌集群。韩都衣舍成功的最根本原因，就是借鉴阿米巴经营模式，重构以小组制为核心的互联网单品全程运营体系。

（2）韩都衣舍的"阿米巴试验"

韩都衣舍创始人赵迎光认为，建立好的经营模式，项目会事半功倍，韩都衣舍的发展也证明了这一点。当时有两种模式可选择：

一是传统的"串联模式"。"串联模式"即服装设计、服装采购、服装生产和服装销售四步走，这是当时传统服装行业普遍采取的做法。

二是新型的"并联模式"。"并联模式"采用责任指标"包产到户"的方式，企业给予运营团队更多灵活性，每个设计品牌、每个服装款式都是一个相对独立的经营小组，每个小组一般有三人，设**产品设计**、**库存订单管理**、**页面详情设计**三个核心岗位，由能力最强的一人兼任组长，实施团队经营模式。在产品设计上，实现传统企业的相关功能——产品研发，包括面料、颜色、款式、尺码等的选择和组合；在库存订单管理上，实现传统企业的供应链集中管理，包括打样、下订单、签合同、库存管理、协调生产等，运营团队负责与公司供应链、仓储物流等部门对接下订单，公司在背后给予团队大力支持；在页面设计上，实现传统企业的市场及产品内容管理，包括产品定价、产品特色和卖点提炼、产品定位、页面视觉设计、市场活动策划等，并与电子商务公司的客服、摄影等公共部门协作。公司为所有运营小组提供共性的 IT 平台支持、物流仓储配套服务、客服和供应链服务、样品摄影服务等，让共性部分统一运营，个性部分独立运营，相互补充，形成发展的合力、创新的动力。

这种并列的经营模式，迅速将公司变成平台，就像"联排插座"，让经营人员变成一个个"自由的小电器"，共同使用公司这座"联排插座电源"，既发挥了平台采购管理的大效应，又发挥了个人创造灵活性的机动效应。

起初，五位创始人对两种模式的意见并不统一，最终决定同时启用两种模式，并行3个月，再根据运营效果决定采取何种模式。于是，整个公司的办公区被分为南、北两个大区，南区采用"串联模式"运行生产，北区则采用"并联模式"进行作业。一场富有意义的模式竞争实践在韩都衣舍开始了。历经3个月时间，北区业绩很快超过南区，并发生了一种非常有趣的现象，每天晚上，南区的人到点就走光了，而在北区，则是灯火通明，员工挑灯夜战，充满斗志，甚至要公司物业赶着，才肯离开深夜的办公区。北区的员工积极性被充分调动起来了。

事实证明："并联模式"优于"串联模式"。

于是，韩都衣舍公司高层统一思想，在企业内部全力推行"自主经营体模式"，到2014年10月，韩都衣舍已有16个品牌、270多个创客经营小组，在线销售服装款式超过2万多种，成为电子商务服装界的"一匹超级黑马"。

（3）效果分析

这两种经营模式的本质差异，是企业应"以产品为核心"，还是应"以客户为核心"。显然，前一种模式，设计师是核心，设计师设计出产品，然后将经营任务层层分解，并用考核、监督的方式，让其他部门配合完成任务；而后一种模式更讲究互动，设计师必须与客户直接对话，将客户的需求转化为企业拟推出的产品，然后再组织相关部门完成产品，这种模式把客户视为上帝，客户是核心，小组成员将客户的需求精准地反馈给设计师，更快地实现互动，客户可以参与产品的策划、设计及完善。

2．韩都衣舍的"阿米巴经营小组制"剖析

韩都衣舍建立的责、权、利相吻合的阿米巴经营小组有三个特点。

一是明确了责任。每年10月，小组会制订第二年的生产计划和销售计划，包括销售额、毛利率、库存周转率等指标，一旦定下总目标，小组会设计更为细致的子目标，公司也会给小组配发对应的资金。

二是给予了权利。每个小组都有权利确定每个产品的款式、颜色、尺码、库存，公司提供一个最低的加价标准，小组根据这个款式自己定价、打折，自由度较大，贴近市场。

三是分配了利益。小组的奖金不是由公司来决定的，每个小组每天都知道自己赚了多少钱，公司给每个小组设计目标，小组利益自然很清楚，堪称"算账经营"。

每天早上 10 点钟，公司会发布前一日销售额第 1~20 名的小组排名，排第一名的小组很兴奋，要努力保持；排第二名的小组说："我们只要再努力一点，一定可以超越第一名"；排名倒数的小组也在想办法，努力赶超。每个小组都在为提升名次而努力，没有强制加班制度，但是小组成员自己加班，公司进入良性、积极的循环状态。

3.2.2 阿米巴经营模式的精髓

一是提高企业经营决策效率。 传统企业一般采取"产供销一体化"经营模式，这种模式的最大问题在于，客户问题或最基层问题需要层层汇报，经高层研究落实，同时还需要部门协调，容易出现"大企业病""人越多越忙""决策效率低下"等问题。而韩都衣舍的 270 多个自主经营体模式，就是让 270 多个"小老板"自转，释放活力，让消费者的问题在企业内部最快地得到解决。

二是形成内部经营体 PK 机制。 大家都是一线经营小组，更容易形成小经营体之间的不断对标，在相互对标中提升企业竞争力，在经营过程中杜绝了"糊弄老板""隐藏问题"等现象，对于重要的问题，每个小组都能自行快速解决。

三是降低整体经营风险。 在经营上，鸡蛋不放在同一个篮子里，如何买入、如何卖出，都由各个自主经营体负责人来决定，从公司总部的角度来讲，杜绝了极端后果的出现，个体创业的努力和公司的有力支撑，形成了良好的互动。

四是解决了员工晋升和有效激励的难点。 企业一定要让员工能够分享经营的成果。小组制的实施，让员工通过企业的大平台，实现了自己当老板的凤愿，不是为企业打工，而是为自己打工，

五是更贴近客户和市场。 企业做大了，各级往往"对老板负责"，而不是"对客户负责"，这一点非常可怕，企业离客户会越来越远。"并联模式"就是让决策者处于"听得到炮火的地方"，能够靠前指挥，让每个自主经营体成为自己的"老板"，让经营主体更好地贴近市场，贴近客户，得到更多客户的认可。

3.2.3 电子商务企业架构的三个层级变化

电子商务业务在企业内快速成长的三个层级变化：**电子商务团队、电子商务事业部、电子商务分公司。**

不同的经营规模，要有不同的企业架构，同时要注重电子商务文化的建立。电子

商务机构的设置，能有效调动企业各级员工的积极性，一般来说，当企业电子商务业务规模达到 5000 万元时，就需要成立独立的电子商务分公司，以便进行资本运营并调动核心高管的积极性。

电子商务业务企业架构

业 务 规 模	企 业 架 构	备　注
500 万元以内	电子商务团队	有专人从事企业的电子商务业务，销售企业产品，解决线上拓展的问题。团队以销售企业的现有产品为主，可适当拥有电子商务专款产品
500～5000 万元之间	电子商务事业部	成立专项部门，与其他部门齐平，拥有更多资源的配置能力；订制更多电子商务专款产品，满足网销所需；其他部门需要给予更强的协助和支持，公司培训和交流的力度更大
5000 万元以上	电子商务分公司	原有的电子商务部门从企业里独立出来，成立独立的人事、财务部门，形成独立的电子商务分公司，便于实现企业融资合作、员工激励等功能。具备独立的产品研发能力。领导级别在副总以上

3.2.4　电子商务业务的团队配置

团队配置是根据电子商务业务发展的营收规模来定的，一般可以按照"初级、中级、高级"三个阶段来规划。

电子商务业务的团队配置

级　别	人　数	团 队 配 置
初级	5～10 人	包括运营、客服、产品、淘宝视觉、仓储物流等部门，部门岗位可采取兼职的方式，一岗多责
中级	10～20 人	包括运营总监； 产品部：岗位有买手、产品制作专员、进销仓管理专员； 视觉部：岗位有产品包装策划（产品描述策划）、摄影师、平面设计等岗位； 推广部：岗位有直通车专员，活动专员； 仓储物流部：岗位有打单/审单、打包、配货； 客服部：岗位有售前客服、售后客服
高级	30～100 人	包括运营总监； 产品研发中心：岗位有设计师、配套产品的研发团队、产品采购/买手、产品上架专员、进销仓管专员； 推广技术部：下设数据中心、市场部、推广部、设计部、营销策划部、客服部、平台渠道部、SNS 部（互动娱乐社区）、商品部、物流仓储部、品控部等。 也可根据实际情况，选择部分职能进行外包，如美工、摄影、客服等，公司职能集中于产品研发及推广等

小贴士

电子商务运营的三种模式

模式一：聘请电子商务代运营团队。 将线下产品搬至公司及平台线上进行售卖，对于短期消耗库存有利，但实际上只是拓展了销售渠道，长远利益最终会被分割，主要为国际公司外包其在中国境内电子商务的拓展，主要诉求是企业在网络上"有声音"，有部分销量。

模式二：自建电子商务运营团队和电子商务平台。 自建电子商务运营团队，生产专属于电子商务的产品，虽比聘请电子商务代运营团队更明智和长远，但其难点在于"流量的来源比较单一"，容易陷入"烧钱买流量"的发展陷阱，需要不断提升产品品质和团队运营能力，积极培养电子商务相关人才。

模式三：全渠道新零售。 将企业的门店、生产、客户服务、物流、库存等企业供应链各环节进行线上、线下协同发展，实现粉丝聚拢、线下导流、线上成交，通过互动推动消费，提高复购率。测试数据显示，最好的消费者是线下、线上均消费的消费者，这也是消费规模最大的群体。线下尽力提升客户的良好体验，线上重点促销，结合起来拉动消费者的日常消费。

3.3　新零售跨境电商

跨境电商也是新零售的一部分。中国提出建设"人类命运共同体"的概念，以及建设"丝绸之路经济带"和"21世纪海上丝绸之路"的重大倡议，这也为我国发展跨境电子商务和跨境新零售带来巨大的商机。

据统计，2015年中国跨境电商交易额约为5.4万亿元；2016年约为6.1万亿元；2017年已高达8万亿元，其中出口交易额约占78%，进口交易额约占22%；2018年达到9万亿元。跨境电商交易规模持续增长，近5年复合增长率约为33%，到2020年有望达到10~12万亿元。一个令人期待的巨大市场，必须给予高度重视。同时，2018年中国跨境电商B2B市场规模占比83%，成为中小外贸企业交易的首选模式；B2C市场规模占比17%，国内市场增速迅猛。

目前我国跨境电商主要分为跨境进口电商和跨境出口电商两种。

3.3.1 跨境进口电商的发展

1. 跨境电商大数据分析

进出口总额。据中国海关统计，近三年来，我国海关跨境电商进出口总额年均增长 50% 以上。**2018 年跨境电商零售进出口总额约为 1347 亿元，同比增长 50%。**

包裹数量。仅 2017 年，中国海关就办理跨境电商进出口清单 6.6 亿票，是进出口货物报关单的 8.4 倍。

进出口变化。通过跨境电商，中国电子产品、工艺品热销全世界；世界各地的产品，如美洲的干果、欧洲的化妆品、非洲的工艺品、澳洲的奶粉，到达中国普通百姓家。

跨境进口电商已有 13 个年头，其中 2014—2015 年成为跨境进口电商平台成立的高峰期，网易考拉海购、天猫国际、唯品国际、京东全球购、宝贝格式等平台均在这一时期上线。**政策方面，2014 年跨境电商开始合法化，这一年称为跨境电商元年；**2015 年国家规范并降低部分进口商品关税；2016 年对跨境进口电商实行新税制政策，跨境网购越来越普及。

中国跨境进口电商发展时间轴

阶　段	时　间	电商平台重大事件	国家政策导向
1.0 时代	2005 年	个人带货，自由发展	
	2007 年	个人带货，自由发展	
2.0 时代	2009 年	洋码头上线	
	2011 年	蜜芽前身 MIA 淘宝上线	
	2012 年		国家批准郑州、重庆、杭州、上海、宁波五个城市成为中国第一批跨境电商进口试点城市，开启试点工作
	2013 年	小红书上线	8 月 29 日，国务院办公厅转发商务部等九部委联合下发的《关于实施支持跨境电子商务零售出口有关政策的意见》，支持跨境电商发展，给予便利通关。9 月，广州市获批，成为全国第六个跨境商务进口服务试点城市。同年 12 月，上海跨境贸易电商平台（简称跨境通）上线
3.0 时代	2014 年	2 月，天猫国际、唯品国际、蜜芽正式上线；6 月，美囤妈妈、宝宝树上线；9 月，聚美优品国际上线；10 月，亚马逊国际、宝贝格子、苏宁国际上线	7 月，深圳获批，成为我国第七个跨境电商进口服务试点城市，海关总署发布"56 号文""57 号文"，其核心是肯定目前跨境电商的合法性，并进一步明确了保税进口征收"行邮税"
	2015 年	1 月，网易考拉海购上线；4 月，京东全球购上线；9 月，丰趣海淘上线；10 月，国美海外购上线	6 月，国家规范进口税收相关政策，降低部分产品的关税

续表

阶　　段	时　间	电商平台重大事件	国家政策导向
3.0 时代	2016 年		4 月，对跨境进口电商零售进口产品，海关总署实行了新税制，并出台"四八政策"进行支持。5 月，海关总署内部发布《海关总署办公厅关于执行跨境电子商务零售进口新的监管要求有关事宜的通知》，新政暂缓执行。11 月，商务部宣布，跨境电商零售进口监管过渡期延至 2017 年年底，进一步释放国家对支持跨境电商发展的积极信号，经营环境进一步优化
	2018 年	2 月，政府主导的首届世界海关跨境电商大会在北京国家会议中心开幕	从国家层面推动跨境电商政策落地，积极推动《世界海关组织跨境电商标准框架》出台

中国跨境进口电商发展时间轴

2. 跨境进口电商平台分析

2018 年，跨境进口电商交易额约为 1.9 万亿元，跨境电商呈现加速发展态势，具有跨境电商购物经验的买家超过七成。

主流跨境进口电商平台：网易考拉、天猫国际、京东全球购、唯品国际等。

跨境电商细分类别分析

细 分 类 别	具 体 说 明
跨境电商用户数	跨境电商用户数持续增长，2016 年中国跨境电商用户数已达 0.42 亿人，同比增长约 83%，2017 年跨境电商用户数约为 0.6 亿人
跨境进口电商模式	跨境 B2C 渐成主流，成为最主要的跨境进口电商模式，跨境电商与国内电商发展路径一致，规范的企业最终成为赢家，大鱼吃小鱼现象也开始出现
跨境电商用户年龄分布	用户更有知识，更年轻，集中在 26~35 周岁的青年群体
跨境电商用户性别分布	男性用户多于女性
跨境电商用户地区分布	发达地区为跨境电商目标市场，主要有广东、上海、北京、江苏、山东、浙江

跨境电商购买的产品。一般来说，消费者购买的主要是化妆品、服饰鞋靴、电子产品及食品，其中食品有望成为重点类别。

3.3.2 跨境进口电商六大亮点

一是我国进入跨境进口电商"万亿时代"。中国跨境进口电商 2016 年交易规模约为 1.2 万亿元，首度跨入"万亿时代"；2017 年又超过 1.8 万亿元，同比增长 55%。由于进口税收政策的规范、部分进口商品关税的降低，以及国家层面对跨境电商拉动内外贸的支持，跨境进口电商市场爆发式增长。

二是跨境进口电商产业链"百花齐放"。2017—2018 年中国跨境进口电商产业链按物流类型可分为"直邮/拼邮""保税仓发货""保税仓直邮拼邮同时"三类；按海淘工具可分为"返利""指南攻略""比价"三类；按经营模式可分为"第三方""平台自建""转运"三类。

2017—2018 年中国跨境进口电商产业链（按物流类型分类）

分 类	平 台 类	自 营 类	平台+自营类
保税+直邮	洋码头、海蜜、聚优澳品、跨境淘、孩子王	网易考拉海购、小红书、优盒网、唯品国际、丰趣海淘、母婴之家、帕希姆网上商城、麦乐购、五洲会、SASA、摩西、保税店	天猫国际、宝贝格子、聚美优品、亚马逊、国美海外购、苏宁易购海外购、京东全球购、1 号店全球进口、美囤妈妈、蜜芽、宝宝树
直邮/拼邮	波罗蜜、魅力惠、优集品、保税国际、跑客帮、易趣、冰帆海淘、全球购、HIGO、么么嗖	我买网全球购、一帆海购网	海淘大师
保税仓发货		银泰、YOHO!、达令	

2019 年跨境进口电商产业链，**按海淘工具分类**：一是返利类，如 55 海淘网、Extrabux、一淘等；二是比价类，如惠惠购物助手等；三是指南攻略，如买个便宜货、什么值得买、海淘贝、北美省钱快报、口袋购物、极客海淘、海淘居、悠悠海淘等。**按跨境物流分类**：一是第三方物流，如 UPS、DHL、FedEx、圆通速递、中国邮政、顺丰速运、韵达速递、中通快递等；二是转运物流，如快鸟转运、运淘美国、4PX 递四方、优递快递、飞猪转运、海带宝等；三是平台自建物流，如菜鸟、亚马逊全球物流、京东物流等。

三是跨境进口电商梯队化明显。第一梯队：网易考拉海购、唯品国际、京东全球购、天猫国际等，进口跨境电商"寡头效应"已初步显现，"寡头"一般为相对规模较大的平台旗下跨境进口电商。第二梯队：小红书、洋码头、聚美极速免税店等，是一些综合性专业跨境电商平台，这些平台发展也较迅猛。第三梯队：蜜芽、宝宝树、宝贝格子等，大多是母婴类产品平台。以网易考拉海购为例，依托媒体型电子商务的优势，平台以自营跨境电商为核心，通过"原产地榜单+媒体型电商"的方式，推介消费信息给消费者，目前该平台已与全球近 1000 家顶级品牌商和服务商达成深度战略合作，可以为海外品牌方提供"自营+平台"多种经营模式、一站式保姆式服务，"海外直邮+保税进口"等多种仓储物流解决方案，保证实现与海外同步服务体验。

四是跨境进口电商用户数不断增长。2016 年，我国跨境进口电商用户数已达 0.42 亿人，保持快速发展态势，2018 年超过 0.6 亿人。增长的主要原因：一是国家政策和地方政策支持推动；二是资本不断在跨境进口电商领域加大投资，平台的运营环境越来越好；三是跨境物流速度不断提高，消费者体验更好，海关仓等应运而生；四是在消费升级的大背景下，消费者对供给侧的需求进一步提升；五是随着中国经济全球化的发展，以及中产阶层的扩大，海外高质量产品越来越被中国消费者熟知和接受。

2013—2018 年跨境进口电商用户数

时　　间	跨境进口电商用户数（万人）	同 比 增 幅
2013 年	1000	—
2014 年	1500	50%
2015 年	2300	54%
2016 年	4200	83%
2017 年	5900	40%
2018 年	8800	

五是跨境进口电商用户低龄化发展。跨境进口电商用户一般集中在 26～35 周岁的青年群体，他们学历高，消费能力强，工作、收入相对稳定，有一定经济基础，是我国跨境进口电商用户的"主力军"。这一阶段的女性，大多数已经结婚生子，多数妈妈更愿意在跨境进口电商平台购买高质量的海外母婴产品。36 周岁以上的，更倾向于在线下购买产品，接触跨境进口电商平台的机会也相对较少。

六是跨境进口电商平台海外布局成效显著。比如，天猫国际，产品已覆盖全球 53 个国家，共有 7700 个知名品牌，3500 个品类，16 个国家和地区馆，物流也不断提速，海外直邮 7～14 天到达，保税区货物 3～7 天到达。网易考拉海购，产品覆盖 80 个国家的 5000 多个品牌，仓储物流方面，进一步加大海外布局，已拥有中国最大的保税仓储，保税面积高达 30 万平方米，为跨境行业实现"次日达"高效服务的首家平台；在海外，网易考拉海购加紧建立海外仓，现已布局东亚、东南亚、北美洲、欧洲和大洋洲等区域。

目前跨境电商物流主要采取三种模式——海外直邮、保税进口、海外拼邮。中国消费者也主要通过三种模式进行海外购物——跨境进口电商平台、海外电商平台、个人卖家代购。

3.3.3 跨境出口电商发展

随着"一带一路"的推进，传统外贸企业意识到传统线下贸易模式已存在短板及不足。出口贸易遇冷，出口电商业务却逆势高速增长，如何利用线上电商平台拓展，通过跨境电商将中国制造的产品推向更广阔的海外市场，成为外贸及电商从业人员积极探索的工作。

1. 跨境出口电商大数据

发展趋势。传统外贸 B2B 企业纷纷向跨境电商转型，中小型进口商将大额采购分割为中小额采购，将长期采购变为短期批次采购，分散了风险，同时跨境电商带来更为丰厚的利润。出口方面，中国跨境电商分跨境 B2B 和跨境 B2C 两部分，目前 B2B 电商占比很大，高于 B2C，但从发展速度来看，B2C 明显优于 B2B。跨境电商零售额增长强劲。

重点区域。我国跨境出口电商面对的主要国家和地区有美国、俄罗斯、法国、英国、巴西、加拿大、德国、日本、韩国、印度等。新兴市场成为企业必争之地，东南亚、南美、非洲尚处于初级阶段；拉美、中东欧、中亚、中东、非洲是快速增长区域。

热销品类。3C 电子产品、服装服饰、家居园艺、户外用品、健康美容五类产品占近"半壁江山"。凭借成本及效率优势，中国打造"世界工厂"，主要品类为 3C 数码及服装纺织，该品类方便物流交易。跨境出口电商规模前十品类占比排名如下：3C 电子产品、服装服饰、家居园艺、户外用品、健康美容、鞋帽箱包、母婴玩具、汽车配件、灯光照明、安全监控。

跨境出口电商卖家分布。主要集中区域：广东、浙江、江苏、北京、上海、福建、山东、河南。其中，广东、浙江、江苏三省跨境电商卖家收入占全国的 53%。广东因制造业和外贸人才成为跨境出口电商的最大聚集地。传统企业发展跨境出口电商需要"四步走"：一是需要有一个懂外语的人；二是找到企业适合外销的产品；三是入驻一个或多个跨境电商渠道；四是对企业供应链进行改造。

2. 跨境出口电商主要平台

跨境出口电商平台分为 B2B 和 B2C 两大类。B2B 类主要有阿里巴巴国际站、环球资源、TOOCLE3.0（生意宝）、中国制造网、大龙网、MFG.com、聚贸、敦煌网等。B2C 类主要有全球速卖通、亚马逊、易趣、Wish、兰亭集势、DX、米兰网、跨境通、有棵树、新蛋、百事泰、海翼股份、通拓科技、傲基电商、执御、小笨鸟等。

跨境出口电商主要平台介绍

平台类型	平台名称	平　台　介　绍
B2C	全球速卖通	2010 年 4 月上线，是阿里巴巴旗下融合订单、物流、支付于一体的大型外贸交易平台，主要经营类目包括 3C、服装、家居和饰品等。被卖家称为"国际版淘宝"。全球速卖通主要面向海外的买家，通过支付宝国际账户进行担保交易，并使用国际快递进行发货，覆盖 220 多个国家和地区。2015 年建立海外仓。2017 年 4 月，海外买家数突破 1 亿人
	亚马逊	美国最大的电商公司，总部位于华盛顿州的西雅图。该公司成立于 1995 年，以书籍销售起家，逐步壮大，目前已成为"全球商品品种最多的网上零售商"和"全球第二大互联网企业"。2015 年亚马逊开始发力，大量中国卖家进入
	易趣	1995 年 9 月在美国加利福尼亚州圣荷西成立，是一个面向全球的线上拍卖及购物网站。该平台目前很成熟，对于新卖家机会相对较少。2017 年位列最具价值全球品牌 100 强第 86 位，也是全球最大的网络交易平台之一
	Wish	2011 年 9 月成立的一家高科技独角兽公司，也是北美和欧洲最大的移动电商平台，目前 90% 的卖家来自中国。Wish 平台有更强的娱乐感和用户黏性。截至 2017 年 8 月，该平台独立注册商户超过 33.8 万名，注册用户有 4.2 亿名
	兰亭集势	中国整合供应链服务的在线 B2C 平台，于 2007 年成立。2008 年 3 月，兰亭集势控股公司正式成立；2013 年 6 月，在美国纽约证券交易所上市，成为中资跨境电商第一股，目前为卓尔集团控股
B2B	敦煌网	主打外贸的 B2B 电商服务平台，为国外众多中小采购商有效提供采购服务的全天候国际网上批发交易平台。

3.3.4　跨境电商运营

1. 跨境电商卖家获取买家评论的五种有效方式

90%以上的买家在付款前会阅读产品下面的评论，63%的买家在付款前会受好评率和评论的影响。

方式 1：直接请求买家留言好评。对待买家一定要十分坦诚和感激，直接告诉客户去哪儿评论，放一些评论的标签，如质量、服务、快递等因素。

方式 2：通过问卷形式收集评论。通过电邮、问卷调查等方式，征询、收集买家反馈意见，在邮件中直接创建链接或按钮，点击就能评论产品或填答问卷。

方式 3：突出展示留言好评的消费者。将买家的真实好评放在主页，以此作为感谢。也可以为买家提供 30 秒的短视频宣传，这样可让购物评论更有说服力。

方式 4：提供奖励机制。 消费者往往喜欢评论后获得一些奖励，可采取非常小的奖励方式，如下次购买优惠、本次购物打折、赠送礼品卡等。

方式 5：明确想收集的评论类型。 对客户关于体验的评论给予反馈，并提供详细的消费信息，会更有成效，更能推动和激发潜在消费者下单，促进成交。

2. 提高成交量的店铺运营技巧

提高成交量的店铺运营技巧主要包括拍摄清晰的图片、制定合适的价格、编写合适的描述、设置合适的上下架时间、捆绑销售、将无法售出的产品重新上架、提供免运费服务、赚取好评、快速发货、及时回答买家的问题、提供优良的客户服务等。

3.3.5 跨境电商物流

对于跨境电商而言，跨境物流是不可或缺的重要环节。

跨境出口电商市场相对分散，物流领域的中国邮政小包和中国邮政 EMS 占据绝大部分份额。相关数据显示，中国邮政旗下的国际 E 邮宝年出口包裹数超过 2 亿件。与跨境电商的高速增长相对应的是传统国际贸易的萎缩。

1. 跨境电商物流五要素

跨境电商物流五要素

要　素	具　体　说　明
清关	卖家不能逃税，但可合理避税，卖家和物流服务商均需要了解关税的结构和制度，学习关税规则
时效	淡季时效通常无问题，旺季需要物流服务商和卖家配合，选择最合适的时间出货，价格应是次要考虑因素。旺季运费叫"海鲜价"，上午和下午的价格都不一样。时效管理的核心在旺季
价格	航空公司每年加价 20%，海运价格也是上扬状态，对于物流成本卖家要有安排，价格和服务就像鱼和熊掌，优质优价是常态。各重要节点城市都在开通海外包仓服务，这是物流商降低成本的有效方式
IT 系统	卖家要想清楚，列一个清单，核心需求是什么，不要求大求全，适合就好
增值服务	跨境电商物流服务商最好提供一些增值服务，如 COD、保险等

跨境电商物流需要从三方面加大拓展力度：

一是加快海外仓储建设。 有效控制整体的物流成本，同时快速解决本地退换货问题，提升买家的客户体验。由于在目前市场经济的环境下，中小物流企业、民营物流企业在一段时间内仍是跨境电商的服务商，国有大型物流企业应充分发挥行业引领影响力，建立统一和规范的海外仓储配送服务模式。通过自有的海外仓，跟客户面对面地接触，提升中国产品的"品牌权、议价权、定价权"。另外，在海外仓建设方面，也可适当增加展示、售后等综合服务功能，打造更先进的综合服务运营理念。

二是打造跨境信息平台。充分利用大数据时代的技术优势，如物联网、智慧物流、互联网+等，积极协调好电商、物流企业和海关等参与方的关系，以便能够实时追踪货品，并将物流信息精准传达给消费者。

三是改善跨境通关环境。在重点城市推动"通关和监管一体化"建设，降低社会物流企业的成本。

2. 跨境运输港口分析

根据交通运输部公布的数据，2018 年中国港口增速达 2.4%，沿海港口和内河港口同比增速基本持平，分别为 2.5%和 1.6%。

目前中国货物吞吐量排前 30 名的港口中，沿海港口有 19 个，内河港口有 11 个。排前几位的几大港口简介如下。

宁波舟山港：2018 年度再次超越 10 亿吨大港吞吐目标，且以绝对的优势，稳居中国乃至全球第一大港口的宝座，成为世界上唯一一个超越 10 亿吨规模的大港，再次创造世界纪录。

上海港：2018 年度货物吞吐量超过 7.5 亿吨，排第二名。

唐山港：2018 年超越苏州港和广州港，从 2017 年的第五名升至第三名。

苏州港：内河第一大港，中国第四大港口。

广州港、青岛港、苏州港规模分别排第五名、第六名和第七名。

小贴士

跨境出口电商物流主渠道——邮政

目前中国跨境出口电商最大的物流服务商还是中国邮政。在 2017 年，出口电商旺季期间，中邮单日出口小包量已超过 1000 万件。中邮渠道占据中国跨境出口小包 80%以上的份额，主流业务有邮政国际小包、国际 E 邮宝等。

另外，顺丰速运及一些做优质路线的物流服务商（如欧速通、四通一达）都在积极尝试"向下、向外"发展，即向国内更基层及海外拓展物流网点及渠道，这成为各家快递物流企业的发展方向。在航空资源上，淡旺季差异悬殊；海外落地配也是跨境物流痛点；海外仓门槛低、不规范。

3.4 新零售打造跨界 IP

3.4.1 何为跨界 IP

1．跨界的定义

跨界，指两个不同领域的合作，包括变革、融合、重构等，通过嫁接外行业价值，突破原有的行业惯例，实现品牌创新跨越、品牌价值扩大。**IP**，原意为知识产权，指品牌属性标签，是消费者认同的符号。**跨界 IP**，指通过实施跨领域的融合与合作，在研发、营销、发行、粉丝运营等层面，实现双方能力的合作，将双方的优势充分融合，形成 1+1>2 的局面，创造更好的品牌标签。

2．IP 的商业价值

IP 意味着信任，IP 意味着票房，IP 意味着市场。当获得消费者的认可和信赖后，一个品牌就成为行业富有商业价值的 IP，如仟吉、顺丰、变形金刚、哈利·波特、小米、故宫等。一个品牌成为跨界 IP 的核心标志为，无论好坏，同等情况下，消费者都会为 IP 说话，以与 IP 交往为荣，这也是营销的最高境界之一。

超级 IP 具备五个特点。一是 IP 内容能自动发酵；二是为原创且可再创作；三是具有足够大的差异性；四是具备值得期待的被订阅机制；五是易于跨界合作。

IP 率先从影视领域崛起。一批热门影视剧第一部爆红，立即成为热门 IP，续集变得炙手可热，如《欢乐颂》《琅琊榜》《战狼》等。

IP 会形成系列衍生品。从影视逐步向游戏、动漫、文化等周边产品衍生，如变形金刚，从玩具向电影延伸；开心麻花剧组《夏洛特烦恼》，从舞台剧变成系列电影；《花千骨》推出游戏。好的 IP 会实现跨领域发展，并提前获得另一个群体的关注。

商品植入热销 IP，可实现跨界聚焦。电视剧《三生三世十里桃花》曾引爆全网，"泸州老窖桃花醉""百草味"等品牌植入剧中，提升了品牌曝光度与黏度。

3.4.2 跨界合作的五种方式

跨界，产生更大的商业价值。跨界营销，就是用营销的力量，打开消费者的心扉，更好地获取消费者的认可，并提升自身的过程。

一般可以从五个方面开展跨界合作：**一是产品合作**，开展基于品牌的跨界营销活动；**二是营销传播合作**，通过差异化的宣传，在合作方的行业内实现市场突围；**三是渠道合作**，合作品牌借用双方渠道，实施共享合作；**四是文化地域合作**，嫁接双方的文化或地域优势，激活产品；**五是产品研发合作**，研发中借助另一行业的概念功能，实现研发跨界。这五个方面相辅相成，能实现两三个领域的跨界合作，便是巨大的成功。同时跨界合作也需要嵌入社会、融入生活、玩转市场。

跨界新产品：A 品牌+B 品牌=C 新品牌。两个品牌跨界营销，将产生一款新的产品，这就是跨界营销的成果，将拉动双方粉丝的消费，并形成社会话题。

3.4.3　新零售跨界 IP 经典范例

1．故宫跨界 IP 打造亲民形象

近几年，故宫加大商业 IP 的输出，先后跨界推出"故宫版农夫山泉""故宫日历""小米手机发布会"等产品和活动，不断让公众"亮瞎眼"。2013 年，台北故宫推出的"朕知道了"纸胶带爆红网络，北京故宫受此影响，也玩起"软萌线路"，文创新品不断上线，迅速蹿红，并成为品牌跨界合作的新宠。故宫先后跨界推出故宫淘宝、故宫文化珠宝、故宫书店、故宫文化等跨界产品，与北京稻香村联合推出"掬水月在手"中秋限量月饼，将月饼做成月亮、玉兔、祥云、印章样式，上市三天即库存告罄；与 Google 合作办起快闪实验室，展示数字化合作项目，通过拍照让观众和文物展品互动起来；与奇迹暖暖合作推出换装手游，将故宫博物院的藏品画入游戏人物的冬礼服，画文令人惊叹。与腾讯合作，通过全息投影展示古代服饰，让参观者乐此不疲。故宫还与《国家宝藏》电视栏目、时尚芭莎等跨界合作，都产生了非常好的社会反响。

2．可口可乐与《魔兽世界》跨界合作

2005 年，可口可乐与《魔兽世界》游戏合作，推出游戏画面款的包装，并请 S.H.E 女子组合担任代言人，打出"可口可乐，要爽由自己，冰火暴风城"的广告语，并装修了全国近 2 万家网吧。这一跨界合作取得双赢，获得空前成功。

3．ofo 和小黄人一起嗨翻全城

"自行车+动画玩偶"跨界合作，让消费者感受到更大的乐趣。黄色的 ofo 共享单车，是轻松自由的代名词；而小黄人是"搞怪、可爱"的形象，两者色调一致，理念相融，并且消费者看到 ofo 就联想到小黄人，会更有喜感。这是一个完美的组合。跨

界品牌看似不相关，但由于拥有相通性、价值性，故可以通过相互联合的方式，将共同价值转化为各自品牌的增值，实现客户体验互补。

4．江小白与同道大叔跨界合作推出"十二星座定制酒"

"网红"白酒江小白，与超级 IP 同道大叔展开跨界合作，两个风马牛不相及的品牌立即碰撞出奇妙的火花，江小白十二星座定制酒刷爆朋友圈，单条文章阅读量超过1000 万次，江小白"特立独行"的标签，与同道大叔有态度、追求个性的年轻群体粉丝不谋而合，形成交叉营销。

5．阿芙与梵高跨界合作

梵高博物馆知名度高，文艺范儿足，与阿芙品牌比较契合。阿芙陆续推出"阿芙.梵高精油皂""阿芙.梵高面膜"，受到消费者欢迎。

3.4.4　品牌跨界须把握的四个要素

通过跨界 IP 品质的引领，可以更好地实现新零售品牌定位。跨界的前提是先将自己打造成品牌，然后通过跨界来提升品牌，进一步将企业打造成行业的领先品牌，提升市场竞争力，提升客户满意度和忠诚度。跨界 IP 的形成，需要企业的品质引领。品质，是一家企业的生存之本、制胜之道、长远发展之源。企业要发展，就要善于造势，善于借势，善于跨界，当企业发展到一定程度，就要通过跨界企业品牌 IP 的提升，进一步开拓市场，吸引粉丝。

品牌跨界合作可快速有效提升企业品牌的附加值，这已成为企业的共识。跨界过程需要把握四个要点：

一是品牌理念和 IP 需要契合。找到品牌理念和品牌形象相契合的 IP 并进行深度合作，是联合跨界营销、打造更好 IP 的前提。合作前，要弄清自己品牌的定位，以及联合营销欲达到的目的。不恰当的跨界会适得其反，要减少跨界的"违和感"，需要双方目标消费人群具备易带入、易产生共鸣的特点，也就是双方拥有共同类别的粉丝群体。

二是吸引顾客应该创意先行。在 IP 中植入品牌，一定要创意先行，要给消费者以惊喜，不能生搬硬套，例如，《欢乐颂》中对三只松鼠和良品铺子的植入，既融入了剧情，又能让观众会心一笑。跨界，要形成合作的"快感"。行业差距越大，越会带来特别的关注。

三是品牌营销向软营销转型。越来越多的商家注意到，传统的"硬广告"，对客户的影响力不再那么强大。在传统的大屏广告、电视硬广告外，商家应更加关注不动声色的"软营销"，这为超级 IP 与品牌的合作与植入提供了商机，也是品牌与 IP 的完美结合。

四是品牌赋能需要门当户对。IP 知名度能否带来流量？跨界营销的参与双方拥有各自的消费人群，品牌相匹配是合作的根基，合作是对双方理念和精神的提升。与重要的 IP 合作，是良品铺子推动产品销售的重要途径。

3.4.5　传统企业通过微信公众平台跨界运营

传统企业，可通过微信公众平台，实现与各行业 IP 的跨界合作，那么如何在企业实体经营的基础上，运营好虚拟网络里的品牌，扩大影响力？

1．开展公众号认证

根据《微信公众平台认证服务协议》及相关认证的规定，需要对企业公众号认证。

2．新媒体营销对企业的作用

新媒体营销的定义。运用新媒体开展商业营销，新媒体就是媒体数字化的产物，通过微信、微博、QQ 群、网络、游戏、博客、网络电视、数字广告牌、贴片广告等，开展社群营销、定制营销。新媒体营销最显著的特点就是重视人的参与，从推式营销向让用户自愿购买转变，寻求利于消费者接受的方式。典型案例有柴静的《雾霾调查：穹顶之下》，2 天便达到 2 亿人次阅读量，堪称"病毒式"营销。

为什么要进行新媒体营销？一是一个企业需要宣传门户，这也是企业接触消费者的入口，微信就是一个很好的平台，包括服务号和订阅号；二是在移动互联网时代，电脑端消费者停留的时间越来越短。

新媒体营销的主要作用。一是了解消费者的需求，如在广告的投放上，亚马逊、京东都实现了消费者阅读后有相关类别的跟随广告推送，以便更好地促成交易达成；二是满足大数据管理的需要，如微信后台有消费者的消费数据信息，需要进行分析管理；三是"消费商"时代已经来临，消费者也在参与内容生产，人人都是品牌传播者；四是把生产的过程同时变成销售的过程；五是"新媒体+新营销"更有威力，新媒体营销可以让品牌通过更加适合的网络途径，直接与顾客沟通，产生互动，也可以通过与更多人对话，将公共关系放置于公众中经营，人人皆是媒体，企业也是媒体，在新一代的网络技术以及新的信息交互行为推动下,这一新的营销模式将成为企业转型互联网的必备模式之一。

3. 微信编辑实操60原则

为了更好地提升传统企业微信公众号从业人员的能力,扩大其商业化影响力,下面以企业公众号跨界营销为基础,以"湖北网商资讯"公众号为例,总结微信编辑的实操原则。该公众号仅用60天便覆盖全省网商,4年多时间共发布各类信息1200多条,成为"湖北互联网第一自媒体"。下面主要从架构篇、标题篇、积累篇、宣传篇、内容篇、策略篇、增粉篇、商业篇八个方面一一解析,教新零售从业者玩转微信公众号新媒体跨界营销。

微信编辑实操60原则

(1) 架构篇

取好公众号名称。名不正,则言不顺。公众号的名称起得好,粉丝可自动积累。可以尝试行业类的名称,看能否通过认证。

企业媒体化。员工与客户之间的心理距离越来越小。比如,良品铺子公众号目前拥有3000多万名粉丝,比一般报社读者都多,可尝试用办杂志的思路,来运营公众号。

"4度编排"选题架构。每期有4篇图文,要讲究层次结构和版式。国家政策类文章要有高度;行业新闻要有速度;专业报告要有深度;省内及会员新闻要有本土度。架构清晰,可以展现公众号的格局。

(2) 标题篇

文章标题。好的文章标题是成功的75%。要想方设法做到既突出文章重点,又吸引人。逢通稿必改标题，既提炼细节，又设置悬念，可让传播效率更高。

标题原创。所有转载文章务必改标题，可以大大提高阅读量。

标题分期。这是取名字的技巧之一，例如，"湖北网商资讯"的文章题目带有编号，截至 2019 年已发布 1207 期，到一定期数后，发出一篇有关累计期数的文章，有"壮声势"的功效，读者会震撼于出版的期数。

标题适当口语化、趣味化和互联网化。比如，蕲春举办了一场蕲艾的展销会，标题可以拟为"当李时珍遇上互联网，会发生什么化学反应"。

标题扣上"大帽子"。结合热点，突出数字，数字有说服力和鼓动性。

标题适当采用知音体。将少量吸引读者的文案穿插其中，虚中有实，吸引读者阅读，没人阅读的文章，写得再好都等于零，要做到通俗和艺术相结合。

标题增加调侃、娱乐元素。风趣中实现阅读量的提升。

（3）积累篇

建立新闻池。平时多关注其他好的微信公众号，看到好文章便转发到自己的微信公众号，一是跟大家分享；二是方便查找；三是"众人拾柴火焰高"。

建立收藏制。好的文章可以先收藏，以后需要文章的时候，直接按照前面提到的结构定位，选取几篇进行编辑。不是每天都有好文章、每天都有原创文章的。

（4）宣传篇

黄金时间发布。微信公众号发布的时间大有讲究，一般黄金时间段是晚上 8:00～9:00，这一时段阅读率最高。每篇文章在经历 8 小时的传播后，便几乎不再有新的阅读数。

借力宣传。关注会员，善于利用会员的渠道转发，宣传会员的同时也宣传了平台自身。

百期庆生。因为每期都有编号，所以公众号可以在办到一定期数的时候，发起一个特色庆典，壮大声势，扩大公众号的影响。例如，在第 100 期时可举办专门活动，"湖北网商资讯"就曾举办"湖北网商 1001 夜"活动。

文尾公众号的品牌宣传。好的公众号，在文章末尾会有介绍自己的海报，海报最好在一屏内展示完，可体现单位的实力，也是品牌展示与宣传的方式。

公众号每周推出形象海报。文头的风格热情，文尾的风格励志；文头可以是协会的形象，文尾可以是知名网商人物的介绍。

应景海报。及时推出应景海报，体现出对重大节日、事件的态度，如国庆、中秋等。同时针对较大事件，如 2017 年省网协深入市州调研，陆续推出系列海报。

宣传载体效果排名。视频宣传效果比图片好，图片宣传效果比文字好。现在已出现航拍等更先进的展示方式，让公众号阅读起来更有趣味。

遵守文不过夜的原则。现场活动，一定要率先发出消息、文章等，可以提前策划、编写出相关内容，待现场即时图片出来后，添加进去即可发出，给消费者"永远第一位"的感觉，其实幕后做了大量前期工作。

（5）内容篇

艺术小字体。要体现文艺范，就选择相对偏小的字体，如 14 像素字体，需要强调的文字可以通过改变颜色来突出显示。

合成编辑。有时一篇内容显得有些单薄，可以采用多篇合并的方法，或者加入视频，让内容更充实。

借力。如何让文章阅读量达到 2 万+？借助知名人物的影响力是一种常见方法。

原创版式。注重版式，原创文章更要重点编辑，版式要让美工进行设计，好的版式，可以提高曝光度及粉丝关注的转化率，可提升阅读体验感及彰显团队阵容，例如：文|***　设计|***　摄影|***　编辑|***。

不要古板。公众号不要高高在上，文章要有点散文的随性感觉，现在人民日报都更加亲民了。

本土性要强。文中应该尽量出现本地地名，凸显公众号作为一个地方性媒体的地域特性，拉近与读者的距离。

名人故事很受欢迎。依据经验，真实人物的故事能打动人，失败的故事更甚。可推出行业名人系列的专访，大家在了解创业故事的同时，也学到了这个行业的经营发展知识。

周末适当轻松。周末可以提供一些与协会无关，但是有意义、有趣的文章、视频，这样可以提高跨界的点击率。

内容严谨有出处。公众号文章的大忌是没品位、未经核实。

亲身体验受欢迎。现身说法和亲历的内容比较能打动读者，新鲜事物的发生更甚。比如，文章《武汉惊现"修车上门"电商模式，"互联网+养车"全国月订单量超 4 万单》发出后，阅读量迅速超过 2 万。

实用经济。公众号文章要善于找卖点，摆"干货"。

深度很重要。要透过现象看本质，拔高文章立意，提升理论高度。

最适合阅读的字数是 2000 字。所以文章不宜过长，版面 2000 字左右即可。

活动操盘的流程。采访、写文、加图片、在活动现场发送，可以提升实时性，让会员感受到效率。之后可再以花絮的方式单独发送一期。

增加微信公众号与用户的互动。关注公众号打赏、评论、申请原创功能，争取能够开通；在文章后面加上大咖的评论截图。

文尾附名单是好做法。在活动类文章中，可以在文尾列出与会代表名单、嘉宾名单、参会企业名单等，这样一是可以增加文章的长度，二是可以宣传相关会员企业，促进会员企业员工的转发，提高阅读量，吸引粉丝。

聚焦内容：放宽眼界，放大格局。从媒体、竞争对手、公司内部取得素材，站在行业前沿，引领行业的内容质量、内容呈现方式。

（6）策略篇

重要的文章重点扩量。例如，协会公告、活动信息等要让大号帮忙转发至各种微信群，可采取红包转发、培养长期转发群体等方法。

克服公众号阅读率低的怪圈。每个公众号被自由点击的阅读率很低，一般在 5% 左右，微信公众号慢慢成为一种弱链接，微信则是强链接，所以关注人数多起来之后（3000 人为节点），可以多设几个微信个人账号，与粉丝成为好友关系。

怎样提高点赞数？可以在文章底部用一些风趣的小文案提醒。

温馨提示阅读原文。阅读原文也需要风趣文案提醒，不然很容易被忽略。

会员和特别企业报道。对本地优秀互联网企业进行报道，引起他们的关注和转发，一方面吸引粉丝，另一方面可以宣传行业单位，为吸纳新会员做铺垫。

制造标杆文章。有意制造一些高阅读量的文章，可以彰显公众号的宣传实力。

回放功能设置。重要的文章可以回放，可以显著提高阅读量，这也是有意制造高阅读量的比较有效的方法。专栏可用来提高互动。一篇文章发出，往往可增粉 150 人。

邀约转发。重点文章采取定向邀请转发，这也是有意制造高阅读量的好办法。

让客户信服。让客户快速认知一个品牌的方法之一是，把高阅读量、能够体现品牌特征和实力的文章发给客户看。

公信力是行业组织的立会之本。日常要注重微信公众号公信力的建设。

多个订阅号互动。一是可以互相推广增加粉丝；二是可以解决安全问题，规避单号被封的风险；三是掌控行业的舆论。

产品思维。运营公众号的典型方式——信息、产品、互动。运营公众号，既要有产品思维，又要提升产品的消费体验。

抓社会热点。社会热点有极高的关注度，抓好社会热点能带来更多的访问量。

活动转发。在举办大型活动时，公众号文章发出后，开展转发活动，活动参与者转发意愿较强。几乎每场活动，如协会网商家宴等，微信朋友圈都会出现行业霸屏的现象。

（7）增粉篇

活动增粉方法。重大的展览门票上可印二维码，扫码进场，扫码派红包。

增加活粉、专业粉。专业粉更具有价值，大众粉时代已成过去，精准化营销的专业粉时代已开启。

专业技术增粉。准备若干手机，创建若干群，用来吸引粉丝参加活动等。对企业来说更重要的是消费粉，可定向邀请专业粉。

门店特价区域增粉。例如，良品铺子在门店内设 8 折扫码特价区，2 个月迅速吸引 200 万名粉丝，成为微信营销的经典案例之一。

做阅读活动。送书、送课、送资料，每月最好有活动，有节奏感，微信运营目标才更清晰。

（8）商业篇

媒体要商业化才能持续发展。一个媒体的商业价值体现在广告上，哪怕是文中的一个名字也有广告效果，所以要接一些有质量的广告，把媒体商业化，成为行业领头。

活动项目冠名制。开展商业活动经营策划的业务，包括嘉宾出席参加活动、活动策划与组织、自媒体报道打包等。

"1 元点击法"销售。客户点击文章阅读一次，商家支付一元产品宣传费，同时文中可链接微商城，形成直接销售。

商业核心在公众号外。除了企业公众号，运营人员用个人微信作为企业微信，更方便沟通。

小贴士

周黑鸭与《变形金刚 4》的跨界之约

周黑鸭与《变形金刚 4》跨界合作　　　　　周黑鸭的《变形金刚 4》专属包装

周黑鸭广告语"会娱乐，更快乐"，已远远超出卤制特产品牌定位。

周黑鸭向消费者传达更年轻的概念。《变形金刚 4》上映期间，周黑鸭作为赞助商，一是植入电影，二是全面配合影片上映，店铺设计、包装设计全面"变形金刚化"，迅速从一个"区域品牌"向"全国性品牌"乃至"国际性品牌"转型。印有变形金刚图案的外包装盒，让周黑鸭的包装更易鉴别。

3.5　新零售即时物流与冷链物流

新零售需要积极研究城配即时物流与冷链物流。

如何实现 30～60 分钟城市速配？如何开展冷链物流，让生鲜冷冻类产品更好更快地到达消费者手中？这成为新零售的未来发展趋势，也是企业的竞争优势。

阿里巴巴预测，2017 年后再过 7 年，全国电子商务包裹的业务量将暴增 10 倍，从目前的日均 1 亿件达到日均 10 亿件。一方面，仓储和配送是其中两个重要内容；另一方面，城市即时配送和冷链物流更是新零售企业竞相追逐的差异化竞争利器。

3.5.1　新零售电子商务仓储配送

1. 新零售电子商务仓储建议

由于电子商务仓储要求企业有很强的库存管理能力、订单生产作业能力和系统能力，要有把各个渠道、后台系统、物流环节、消费者数据打通的数据能力、服务能力等，那么中小电子商务企业选择外包也是行业的趋势。有代表性的电子商务仓储企业有京东物流、苏宁物流、邮政云仓速配、心怡科技、万象物流、发网等。

2. 新零售电子商务配送建议

电子商务物流配送模式介绍

企 业	物流配送	其他说明
淘宝	主要由三通一达（中通、圆通、申通、韵达）、邮政、百世、顺丰等快递企业配送	2017 年一季度移动端月活跃用户数约为 5.07 亿人。2016 年日均约 3302 万单
天猫	①天猫超市商品由天猫合作的仓储+落地配公司配送；②第三方卖家商品由商家自行与消费者协商选择物流服务商	由淘宝商城发展而来，主打高品质购物，约有 8.9 万家品牌旗舰店，其中天猫超市属阿里自营业务，时效性要求高，目前约有 5 万 SKU，主选心怡和大象物流
京东	①京东自营商品自行配送；②京东平台上的第三方卖家商品由商家与消费者协商选择物流服务商，约占整体的 57%	截至 2017 年 6 月 30 日，京东第三方平台共有 13 万家签约商家，员工约有 12.58 万人
苏宁	①苏宁自营商品由苏宁物流配送或厂家直接配送；②第三方卖家商品由商家与消费者协商选择物流服务商	由家电 3C 向其他品类拓展，利用苏宁原有物流优势，近期资本入购天天快递，形成更强的物流能力
唯品会	①80%的订单通过旗下品骏物流完成配送；②20%的订单通过社会快递完成配送	正在逐步平台化，在全国设立分仓，实现更快速的配送
网易严选	选用邮政、顺丰，暂不支持自选快递	

电子商务快递，是近几年发展最快的物流领域之一，在它的支撑下，中国快递行业迅速成长为全球第一大快递市场。电子商务行业快递占各快递企业业务量的比重在30%~80%之间。四通一达的电子商务包裹数占其总业务量的 90%以上；邮政和顺丰的电子商务包裹数约占总业务量的 30%左右。

3.5.2 新零售城配即时物流

城配即时物流是一种能够满足各类用户极速、准时配送需求的新型物流模式。新零售崛起，消费升级、升温，线上、线下融合成为一种必然趋势，高品质、便利化的用户体验成为消费者关注的重点。城配即时物流，通过物流全要素、全场景、全流程的重构，对传统物流体系进行整体升级，以技术和生态的双重驱动，通过实施数字化，让物流与商业快速衔接，打造分钟级的极致配送服务，通过即时物流驱动新零售的运营变革，迎接新零售带来的时效和能力变革，实现业务量的快速增长。

1. 定义、范围及特点

定义：无中间仓储环节，直接实现门到门的即时、准时送达服务。

范围：从目前同城配送、小件配送等领域切入，成熟后逐步扩展到更大的地域范围，并且行业市场需求量在不断增大。

特点：物品型，目前主要体现在 B 端企业商户，以餐饮、商超类物品配送为主，未来将扩展到 C 端个人用户。典型客户有必胜客、盒马鲜生等。

城配即时物流在餐饮外卖行业率先应用。2016 年 8 月，点我达接受阿里巴巴近 10 亿元的风险投资，即时物流这一概念开始得到广泛传播。在同年 11 月召开的中国互联网大会上，美团点评和饿了么相继强调"即时配送"这一精准服务。2016 年即时物流行业订单量超过 56 亿单，环比增长 102.2%；2017 年为 90 亿单，2019 年预计有 160 亿单。即时物流行业目前已形成阿里巴巴和京东两军对垒的局面，点我达、新达达、美团等成为行业主流玩家。行业的难点在需求侧和供给侧均有所体现；单量密度和品类的多样化是企业竞争的关键点，为降低成本并创造更好的用户体验，需要物流科技的引入。

2．行业发展历程

即时物流先后经历了探索期、爆发期、整合期三个阶段。

3．行业规模提升

2015 年中国外卖市场增长迅猛，同时 C 端的市场也被逐步打开，即时物流在这一年出现。商超宅配、快递揽派、鲜花配送、跑腿等服务领域逐步兴起，都将成为即时物流未来的发力点和支撑点。在商超宅配领域，外卖即时配送已成市场增长点，但是目前行业渗透率仅为 2%，却保持着 50% 以上的年增长率，未来还会持续增长。同时由于新零售概念的提出，数据和商业逻辑将深度融合，物流的价值和重要性将日益凸显。

4．城配即时物流的场景实现

一般会采取混合模式，即同时使用自建、加盟/代理、众包等模式，在以自有运力保证基本运行的情况下，通过加盟/代理和众包等模式，迅速扩大运力。这三种方式对应不同的管理颗粒度，有各自的适用场景。

3.5.3　新零售即时物流案例

1．点我达"互联网+物流"和永辉"智慧零售+无人机配送"

2018 年 7 月，菜鸟网络战略投资中国最大的即时物流平台——点我达，这是国内即时物流行业最大的一笔企业投资。点我达成立于 2015 年 6 月，短短三年时间，这家"互联网+物流"新零售平台业务迅速覆盖全国 300 余座城市，拥有超过 300 万名骑手，服务百万商家近 1 亿名用户。目前，其订单主要为外卖、包裹，同时在鲜花、商超、电子产品、生鲜等新零售领域的配送量占比迅速提升。2018 年天猫与屈臣氏门店合作，消费者从屈臣氏天猫旗舰店下单，物流配送采用即时物流方式，从原来的 1～3 天全国仓储发货，变革为 2 小时点我达宅配到家。2017 年中国全网即时物流订单数达到 90.5 亿单，即时物流企业主要有点我达、人人快递、闪送、达达-京东、UU 跑腿等，该亿万级市场正加速洗牌和崛起，消费者迅速觉醒。

永辉超级物种首家门店于广州漫广场开张，面积约为 600 平方米，并尝试启用"智慧零售+无人机配送"，这是国内第一条获无人机配送常态化飞行的航线，生鲜产品通过即时物流，由无人机就近配送至指定地点，目的地小区骑手提前收到信息，完成最后 100 米送达，将原来的 30 分钟送达，进一步控制在 15～20 分钟送达。

2. 前置仓赋能城市即时配送

新零售再造新物流，新物流带来前置仓布局。

前置仓定义：新零售企业内部的仓配物流体系内，距离门店最近的物流仓。

传统企业配送模式：电子商务平台→快递企业→消费者；

新零售企业配送模式：电子商务平台→前置仓→即时物流（或消费者），或前置仓→消费者。

2017 年 8 月，阿里巴巴零售通在浙江义乌开通第一个前置仓，随后陆续在中国 2000 多个城市建立前置仓，形成与区域仓的互补，让旗下天猫小店更具竞争力。通过前置仓，用最低成本、最高效率，实现半径 30 公里内的配送全覆盖。也可以赋予门店前置仓功能，例如，屈臣氏将首批 200 多家门店变身为前置仓，为 3 公里以内消费者就近送货，门店发货，分钟级送达。阿里巴巴、京东等均在积极尝试前置仓，争取获得更好的消费者体验。

3. 新零售场景带来交付变化

2018 年 4 月，阿里巴巴全资收购饿了么，盒马鲜生宣布可 24 小时配送商品，新零售电子商务企业陡然改变行业格局，由线下便利店到网上即时达，消费半径从 3～5 公里向最后一公里转变，城配即时物流格局被重塑，需求陡增。这种需求日益旺盛，集中体现在城市里外卖订单的不断飙升，外卖小哥的随处可见；新零售时代，消费者的消费模式发生了变化，"高频、紧急、低规模效应"成为购物的新特征。城配即时物流集无线互联网、物联网、智能车载等新技术于一体，为城市零售商提供数据化、智慧化、互联网化的整套标准服务。

未来，新零售城市配送市场规模将超万亿元，智慧供应链朝着资源不断融合、质量不断优化、效率不断提升的方向发展。

3.5.4　新零售冷链物流

1．冷链物流大数据

在冻品及生鲜产品的配送上，新零售企业面临冷链物流的选择，既有自建物流，也有外包物流。自建物流的成本相对较高，但可以根据企业需要，提供更具个性化的服务；外包物流还是主流模式，但最后一公里的 B2C 冷链配送成为行业难点。

2019 年 6 月 27 日，第十一届全球冷链峰会在青岛开幕，会上发布了《2019 中国冷链物流发展报告》，其中分析数据如下：

冷链企业领域分布。中国冷链物流百强企业中以民营企业为主，说明市场竞争较为充分。2018 年冷链物流百强企业中民营企业有 73 家，国有企业有 15 家，外资企业有 1 家，合资企业有 7 家，港澳台企业有 2 家，其他企业有 1 家。华东冷链物流百强企业营收总额占全国冷链物流百强企业营收总额的 44.2%，华东地区是全国冷链物流最为集中的区域。全国冷链物流百强企业入围门槛从 2014 年的营收额 3100 万元逐步上升到 2018 年的 6751 万元。企业经营布局领域的前三名是干线运输、冷链仓储、城市配送，开展冷链宅配和冷链园区的百强企业较少，冷链物流企业业务类型呈多元化趋势，大部分冷链物流企业涉及 3～5 项业务，向供应链企业方向发展。

冷链车辆及冻库。据中物联冷链委统计，截至 2018 年年底，全国冷链车辆保有量约为 18 万台，同比增长 28%，连续 5 年增速为 20% 以上。冷链车辆占货运车辆的比例仅为 0.3% 左右。

冷链物流百强企业面临的主要问题。行业标准化不高；行业效率低；行业集中度不高；区域发展不均衡；冷链服务逐步从单一服务走向综合性服务；形成网络的企业少；跨区域服务企业少；冷链技术应用水平低；人才梯队建设不完善；很少涉及互联网业务；缺乏核心竞争力；节能意识淡薄。

2．冷链物流八类企业

根据中物联委数据，冷链物流百强企业年收入仅占冷链物流总收入的 10.2%，集中度相对较低。

（1）国字头强强联合企业

中国外运股份有限公司：强势而出，堪称综合冷链服务商中的"独角兽"，2018年6月，在中外运长航集团整体并入招商局集团两年半后，冷链成为其第一个整合板块，招商美冷、中外运上海冷链、中外运冷链物流投资、中外运普菲斯冷链，四家联合组成冷链业务，冷库网点、运输线路、运营能力、金融资本获极大提升。

中铁特货物流股份有限公司：铁路冷链物流业务专业运输企业，拥有冷藏运输车2370辆，铁路冷链运输线路遍布全国，冷链运力得到极大释放。

中国远洋海运集团有限公司：集装箱业务有强大优势，冷链物流业务蓄势待发。

（2）民营第三方冷链企业

上海郑明现代物流有限公司：在全国拥有60多座冷库，为自有和外协冷藏车综合方案的供应商。

河南鲜易供应链有限公司：定位为中国温控供应链集成服务商，线下有众品体系，线上有鲜易网、冷链马甲，2017年全国冷链物流百强企业中排名前三位，在全国布局了25个温控供应链基地，仓储面积超过237万立方米，自有及整合冷链车有5900辆，覆盖28个省、市、自治区。

上海九曳供应链管理有限公司：2014年创建，为冷链物流新秀，在生鲜农产品冷链领域快速做大，目前开通了国内25个生鲜集散中心和15个海外仓，有云仓干支线运输800多条，生鲜宅配覆盖全国84%的市级城市。

北京中冷物流有限公司：发展平稳、快速，已在新三板挂牌，除传统冷链业务外，还拓展了同城鲜道、极客猫等创新业务，在全国多地形成网络。

（3）中外合作企业

希杰荣庆物流供应链有限公司：蝉联2016—2017年中国冷链物流百强第一名。由韩国CJ集团控股，一年内并购了四家企业，并在多地投资了大型智能仓储物流中心、生鲜加工中心、冷链仓储中心、自动分拣线、3D可视化系统等，正加速布局国内冷链、化工、高端快消品及医药物流市场。

广东太古冷链物流有限公司：在国内市场动作频繁，广州、上海、廊坊、宁波、南京、厦门、成都7座冷库投用，依靠太古集团的实力，具备全球冷链经验。

大昌行物流有限公司：管理着超过23万平方米的物流中心，为大昌行集团成员之一。

夏晖物流（上海）有限公司：麦当劳的唯一物流服务商，30 年来一直坚持提供一站式冷链物流服务，包括运输、仓储、信息、存货控制、产品质控等，是冷链精英的"黄埔军校"。

（4）物流企业

顺丰速运有限公司：2014 年 12 月，顺丰成立冷运事业部，整合物流、电子商务、门店等资源，为生鲜企业提供冷运仓储、冷运宅配、冷运干线、生鲜食品销售、供应链金融等一站式服务，短短几年，便成为全国冷链物流行业的龙头企业。

海航冷链（隶属于北京海航华日飞天物流有限公司）：海航集团旗下一家专业冷链物流企业，国内冷链物流企业中首家新三板上市公司，2017 年在冷链物流百强企业中排名第九位，主要通过收购业务进入行业。

日日顺物流：海尔集团旗下物流品牌，2015 年海尔日日顺战略投资上海广德物流，进军冷链物流领域，助力海尔 C 端生鲜食品冷链装备布局。

（5）生产企业

双汇物流投资有限公司：最早达到 10 亿元规模的国内冷链物流企业。

上海领鲜物流有限公司：近年由华东走向全国，构建全国低温共配网络，光明乳业旗下物流由领鲜物流整合。

新希望鲜生活物流有限公司：2016 年开始搭建自己的冷链物流体系，一年内整合了 20 家冷链物流企业。

（6）电子商务物流企业

上海安鲜达物流科技有限公司：为易果生鲜物流部门剥离，成为阿里成员，承担天猫生鲜、易果生鲜等多个阿里系电商的供应链管理业务，成长迅速，有望在电商物流企业中杀出重围。

苏宁物流集团有限公司：2018 年在冷链物流业务方面发力，2 月建成 8 个冷链仓，6 月建成 17 个，苏宁小店是其下一步的发力点。

京东物流集团有限公司：2018 年 5 月已建成 13 个冷链仓，覆盖 300 座城市，日订单百万件，成为电商物流企业强有力的竞争者，服务于京东平台、京东超市、7Fresh、永辉超市、沃尔玛超市等。

（7）外卖物流企业

外卖物流企业主要为美团和饿了么，餐饮外卖每日约有 3500 万件订单，为其下一步进入冷链物流市场奠定了基础。

（8）食材平台企业

蜀海（北京）供应链管理有限责任公司：为海底捞及其他客户提供全托管服务，2007 年独立运作，目前已建成 13 个物流中心，2018 年 5 月向港交所递交招股书。

武汉良中行供应链管理有限公司：通过线上食材网批和线下餐饮食材电商产业园区，将食材从田间送到餐厅或厨房，通过 LBD 集配号 SAAS 服务平台，打造 O2O 集成服务平台。良中行在冷链物流领域投入不菲，包括冷链信息系统、冷链基础设施建设等方面。

美菜网（隶属北京云杉世界信息技术有限公司）：F2B 模式，通过自建仓、城市、配送，升级农产品供应链，砍掉中间环节，将农产品从田间直接送到城市；累计融资超过 20 亿元，业务覆盖全国 50 座城市。

3.5.5 快递物流企业与新零售

快递企业抢滩涉足新零售，帮助连锁门店企业进行新零售配送转型。

传统模式物流。网上销售，设立总仓或电子商务云仓，网上订单由区域电子商务分仓就近发货，实现全国范围内 48 小时配送服务。

新零售模式物流。通过线上新零售平台、线下门店和物流商系统对接，就近派单，热敏打印订单，2 小时内取件发出，门店即仓储，实现同城、省内及省际就近配送，提高了发货速度，减少了商品囤货量。

售后服务方式。对提货及时率、配送及时率、包裹配送破损率、投诉率、投诉处理率等指标强化管控，提升商户体验，例如，邮政 EMS 服务于奥康鞋业，总对总服务，各省邮政 EMS 业务部门与当地奥康分公司对接，针对全国数千家连锁门店，实现统一服务、统一资费标准、统一结算，并通过系统对接，实现批量派单，提供 KPI 质控服务，在售后方面建立预警机制、赔偿机制、人员储备机制等。帮助企业提供信息安全隐私面单服务，面单上不再是客户的具体地址或电话，而是采取二维码或以**代替关键信息方式，避免客户隐私暴露，提高派送的安全性。

3.5.6 新零售供应商的管理

以苹果与 OEM 代工商富士康的供应链管理方法为例。在苹果的供应链设计上，富士康属于一级供应商，主要承担组装工作，技术含量相对较低，真正的技术在二级、三级供应商。二级供应商：显示屏幕供应商；三级供应商：玻璃供应商；在这三级供应商中，苹果坚持由自己来掌控二级、三级供应商的选择权及商务关系，而让富士康仅负责组装生产的订单操作。若不想将一级供应商培养成自己的竞争对手，这是最好的做法。当年华硕是戴尔的一级组装供应商，随着对上游配件企业二级、三级供应商的逐步切入，虽然方便了戴尔，但也最终从代加工商取代戴尔，成为中低端机领域的强劲竞争对手。

小结：在供应商管理方面，一定要掌握核心供应商的选择权和商务关系。

3.5.7　案例：三良集团——冷链新零售航母

湖北有一家冷链新零售企业，低调却贯通中国。

无论在星级酒店、餐饮酒楼，还是在居家生活中，您所品尝到的美味大虾、鲜贝、海鱼等，很可能由一家销售规模达数十亿元的冷链巨头运送而来，这家企业就是三良集团。三良集团董事长朱长良发起的"中国食材电商节"已创办十多年，成为全国最大规模的食材电子商务盛会。

三良集团旗下"五虎上将"——良之隆、良中行、良信达、食和岛、三良书院，通过打造产业链闭环、生态链布局的模式实现跨越式发展。

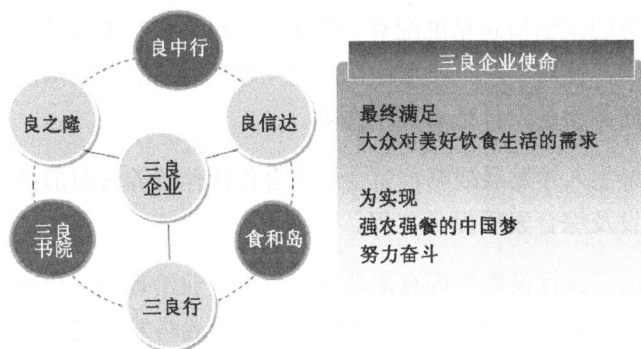

三良企业业态分布图

良之隆。武汉良之隆食材股份有限公司，中餐标准化食材集成服务商。"中国食材电商节"发起的主要单位，"新食材，天天见"是良之隆的核心理念，主要从事冷冻、冷藏餐料的研发、定制、销售及配套服务，全国有 50 多家直营门店连锁经营，良之隆所提供产品已涵盖大部分餐饮食材，包括蔬菜、肉禽、海鲜、面点、调料，以及特色虾类等；为 100 余座城市、数万家餐饮企业提供数千款产品，年销售额超过 10 亿元。良之隆在餐饮食材研究上下功夫，花心思，先后创办《新菜参考》、"厨兵团"

等行业上下游受众喜闻乐见的交流主题刊物与场景，并与时俱进地推陈出新，升级交流平台，拓展交流方式。

良中行。武汉良中行供应链管理有限公司，现代食材供应链交付管理平台，主要致力于通过互联网技术，构建安全、快捷、可靠的食材供应链 O2O 集成服务平台。通过线上食材微批市场和线下餐饮食材电商产业园区，将食材从田间送到餐厅、厨房，以 LBD 集配号 SAAS 服务平台为入口，为中国食材行业打造 O2O 闭环服务体系，打造全球最优冻品全程供应链服务商，形成全球最专业的餐饮供应链 SAAS 服务平台。旗下"集配号"子公司致力于为连锁餐饮、食材厂商提供仓储、冷链运输、城市配送等服务。

良信达。湖北良信达食品有限公司，中华美食、荆楚特色美食、中央厨房生产加工平台，属于餐饮食品原料供应生产销售企业，以自主品牌研发、加工、销售为主要经营模式。良信达经过多年发展，深受广大餐饮客户认可，成为湖北冷冻食品行业龙头企业著名品牌。公司立足湖北，深耕发展，专注拳头产品及特色藕系列产品的研发和生产，已布局落地原产地子工厂，2018 年全面进入"多引擎驱动前进的高速轨道"。

食和岛。武汉食和岛网络科技有限公司，现代食材供应链商务服务平台，是"中国食材电商节"主承办方，通过提供食材领域专业会展服务及食材互联网商务服务，实现食材商务服务的采销信息精准配对，构建大食材产业行业级的商务服务平台，并围绕平台客户需求，针对"新菜、招标、订货"等开展基于互联网的工具化开发和应用等互联网属性商务服务，打造食材生态圈。

三良书院。聚焦人才发展战略，为企业及合作伙伴培养食材服务专业人才，支持集团公司文化建设及综合素质提升工程。

三良行。武汉三良行投资咨询有限公司，负责企业治理及文化建设，把握三良集团中长期发展方向，布局中国式 Sysco（西斯科）的战略发展模式，立足食材行业，适时开展食材产业链中的投资及产业型投资管理，以更好地统筹三良集团发展，实现冷冻、冷藏食品从原料生产、加工、运输、储藏到销售流通的一体化，以期早日实现"三良餐料链天下"的愿景。

三良集团的主体公司中，良信达在生产端，良中行、良之隆在流通端，食和岛在信息端，无缝对接，同时实现了食材行业的物流、商流、资金流、信息流四流合一。

三良集团以"良心、良知、良行"为理念，共同打造出一片中国冷链食材新天地、新产业。

对标世界食材巨头

1986 年，武汉信誉发展公司成立，该公司就是良中行的前身。

经过 30 余年的发展，形成以三良集团母公司（总部）为核心，覆盖全国范围的 39 家分（子）公司，开创"良之隆直营店""鲜之隆加盟店"等连锁发展业态，而良中行已然成为专注冷链行业服务的新型新零售食材技术公司。

三良集团，从创业至今，经历了起步、发展扩张、品牌连锁、转型升级四大阶段，如今正在全面对标美国最大的食材服务巨头 Sysco（西斯科），近五年的发展重点：打造供应链增值连锁平台，协同行业上下游进行产品研发；持续提高食材服务流通效率，特别是仓配效率和资金效率；不断优化企业管理方式，利用数据分析和 IT 系统，实现食材行业中服务流程的标准化和制度化。

厨房要什么？厨师要什么？"厨师要好做，好看，好吃，有足够的毛利空间，品质稳定，可长期保障供应的食材。"目前，三良集团拥有 1000 多家会员供应商，60 家冻品加盟店，200 家鲜之隆会员店，服务 3 万多家餐饮酒店，在全国范围内布局 8 个中心仓、16 个配送仓，并成为冷链行业的 B2B、B2C 电子商务营销平台，以及国家电子商务示范企业。

从酒店到零售行业，再到电子商务，三良集团摆脱了餐饮行业收入增幅下降的影响，从新零售中发力，通过新零售物流提升竞争力，基于互联网采购协同平台、冷链物流平台、央厨集配园，实现了"一箱起运""全程温控""全国直达"，以及"全国 24 座主要城市门店日配和隔日配服务"。2016 年 12 月，良之隆在北京新三板挂牌。

新零售冷链物流重构行业

三良集团覆盖的是全国市场，2012 年开始，全国互联网冷链行业加速发展，三良集团一时面临天猫、1 号店、顺丰等跨界企业的竞争压力，一般冷链运输成本又是常温运输成本的 2～3 倍，集货时间和成本都相对较高，社会提供的冷链服务企业相对不足，市场对速度、成本的要求两极分化。如何让物流从"短板"变成"优势"？三良集团进行了一系列变革，积极实施对现有仓库和干线运输资源的整合优化。

方法一：启动冷链物流班车。 在省际开设 1 周 2 配、1 周 1 配、2 周 1 配等时效班车，提高效率，压缩库存，提高周转率，降低了 50% 的配送成本，吨公里配送费也从原来的 1 元下降至 0.5 元，企业资金和仓储费用占用量都大幅降低。

方法二：实施标准化品控。良中行对干线冷链班车实施标准化运作及监控，包括服务标准化、车辆标准化、生产存储运输标准化，让品质更稳定。

方法三：路线分直发和中转两种方式。对于六大物流中心采取直发方式，其他城市采取中转方式，既降低了成本，又保持了稳定。

2016 年 11 月，三良集团董事长朱长良荣获中国冷链双年"金链奖"年度人物，三良企业旗下良中行荣获"金链奖"中国冷链优秀产品应用案例奖。

中国食材电商节影响甚广

中国食材电商节创办于 2010 年，每年的中国食材电商节都是一次空前的行业盛会。近几年，该节都在武汉国际博览中心举办，展览面积从 2013 年的 8000 平方米，扩展到 2018 年的 7 万平方米，中外参展商达到 1822 家，展示食材有 3 万余款，入场观众有 8 万人以上，餐饮采购商占 43%，经销商占 40%，成为中国餐饮食材行业年度大展，影响巨大。

在历次展会上，全国的知名食材企业竞相登场。"让天下没有难买、难卖的食材"是展会的宗旨三良集团还启动了武汉、北京、成都、上海、青岛、合肥等多城市 2019 年中国食材电商节全国连锁展，以会展为平台，推进行业和企业发展。

三良书院初心不忘

三良集团十分注重学习。2018 年 4 月组织团队参加"互联网+致良知（乌镇）学习会"，请中国第一家互联网医院——乌镇互联网医院创始人授课。2018 年 7 月，三良集团旗下三良书院组织企业管理层 70 余人在麻城学习。"打开心门，从心出发"，以心得分享和互动讨论来实现唤醒、反省、责己。

三良集团董事长朱长良分享《文化自信与民族复兴》心得，纵论"心、道、德、事业""成功人生的理解""明心与净心""为社会做出实质性贡献""企业 3.0 之道"等内容。开办"致良知"线下学习会，学习+讨论，体验"知行合一"理念，建立客户值得托付合作关系。组织高管前往贵州省修文县龙场镇——王阳明悟道之地遗址参观学习，感知王阳明时代留下的文化遗产。激励员工克服困难，担负责任，以心灵品质提升为最大战略，让良知之光辉耀中华。

"让天下没有难做的名菜"将企业使命提升为社会使命。

通过努力，在第七届中国食材电商节上实现现场万人学习，线上超十万人学习，建立"致良知+食材企业"理事会，开设国学与养生班、餐饮供应链高管班，提升食材行业心灵品质，实现食材餐饮行业上下游心与心的链接。三良集团用文化软实力改变企业、影响行业。

良中行集配号食材供应链　　　　　　　　　　　　三良书院

助力大众对美好饮食生活需求的满足

"志不立，天下无可成之事"，2018 年，三良集团作为中国优质食材供应链服务商，努力担负起"满足人民对健康食材需求"的责任，未来五年，三良集团将运用现代科学技术，提升食材的服务效率，坚守食品安全底线，引领客户、员工、企业、行业实现同频共振。

三良集团将企业分成四五个板块，每个板块负责自己擅长的业务。

良之隆负责研发标准菜式，每年服务 10 万家餐厅，实施中餐美食标准化战略，建设全国餐厅配送服务网络。

良中行供应链为了提升效率，把产品周转期从 90 天降到 60 天，再降到 30 天，通过信息、物流、仓储、金融服务，让中间周转更高效。良中行运营 30 个中央厨房配送园区，营造仓配供应链终端服务优势，建设食材"B+B"干线大平台。

良信达做餐厅厨房代工，将食材基地与中央厨房建立起联系，每年生产 10 万吨生鲜食材，以代工旺菜为突破口，实现"从田间到厨房"的服务构想。

食和岛立足于食材会展，服务于信息流通。

三良书院致力于食材行业的人才培养和建设。

三良行布局企业发展战略，优化企业管理模式，进行企业文化建设，全力打造中国版 Sysco。

三良集团注重价值回归，以信息技术驱动业务，以客户为中心，回归服务本质。三良集团布局实现"基地+中央厨房+供应链+餐厅"无缝对接，提高合作客户的成本集约能力，让最终消费者受益。三良集团正在实现"企业核心竞争力+生态竞争力"相结合，完善全渠道供应链，让新零售效率更高。

企业治理分三个层级——1.0 拓展经营，2.0 战略创新，3.0 迈向伟大。

三良集团希望用一颗为客户、合作伙伴、消费者服务之心，用心经营，成就他人，贡献社会，最终满足"大众对美好饮食生活的需求"，为实现"强农强餐的中国梦"努力奋斗，携手共建"食材新零售产业链发展共同体"。

小贴士

新零售限时配送时效水平

新零售带来供应链的变化，包括场景多元化、订单碎片化、履约即时化等。

以消费者为中心，基于服务半径提供的快速产品交付，按分钟进行计时。

菜鸟科技： 1 小时达、2 小时达、当日达；

京东物流： 4 小时达（达达物流）、211 限时达；

新高桥： 12 小时必达（武汉）。

盒马鲜生： 30 分钟达；

蜂鸟配送： 30 分钟达；

大润发飞牛网： 1 小时达。

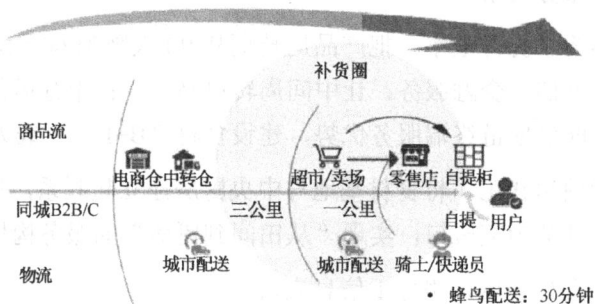

新零售不同场景交付时间轴

第二篇

新零售实践

良品大厦

第 4 章

新零售实践样板——良品铺子

4.1 新零售休闲零食市场在变

4.1.1 新零售休闲零食市场"风起云涌"

休闲零食市场也被新零售全渠道电子商务不断颠覆，行业正悄然发生着三大变化：

一是未来专卖店会超越超市，成为主要的休闲零食销售渠道和重要的增长极。过去超市是休闲零食的主要销售渠道，但现在，类似于良品铺子的休闲零食专卖渠道快速"膨胀"，超越超市成为主流渠道之一。

二是互联网成为更加精准的休闲零食引爆渠道。目前虽然休闲零食在线上的成交量还相对有限，但预计几年后将会有50%以上的休闲零食售卖在线上完成，更加方便消费者随时随地进行个性化消费。

三是休闲零食新零售全渠道行业特点明显。线下提升客户体验，线上增加销量，休闲零食企业网上销量的占比越来越大，休闲零食企业的互联网化也越来越明显。

根据专家的分析，休闲零食市场规模正在不断增长，从2010年的约4014亿元增长至2016年的约8224亿元，预计2020年将高达1.3万亿元。目前这个行业尚处于品牌集中度相对较低的阶段，品牌企业发展的空间巨大。2019—2020年预计复合年增长率还会保持在12%以上，已有多家休闲零食零售企业引资上市，市场前景广阔。根据《2017中国休闲零食行业研究报告》中的数据，休闲零食在"第四餐化"趋势下，其国内市场规模有望在10～15年内占到我国消费者食品总支出的20%，这将为食品行业带来深远影响和巨大变革。

冷链物流新技术的革新，将进一步推动我国休闲零食产品和业态的发展，保鲜运输环节将出现更多的应用。

休闲零食使用场景更丰富，休闲零食功能更细化、多元，休闲零食行业将进一步向代餐化、礼品化、保健品化、个性人群化方向发展，休闲零食无处不在。

供给侧改革和内需拉动，将推动休闲零食行业的产业升级，针对休闲零食行业的代餐化和健康管理理念的升级，通过新变革产生新动能，推动消费者根据各种应用场景下单，促进消费者追求更好的品质。

"一带一路"有望推动我国休闲零食企业走向跨境贸易，休闲零食产业将飘洋过海，世界级的休闲零食供应商将层出不穷。

主流消费人群更愿为好情绪、健康、好氛围和高品质花更多钱，市场出现深度变化，消费者并非只简单考虑实用性和价格，健康、有趣和精神上的共鸣将成为新时代消费者购买的重要动机。

中国休闲零食行业硝烟弥漫，刀光剑影，在众多品牌中，有一家新零售企业已脱颖而出，那就是**良品铺子**。2019 年 11 月，良品铺子首发申请获证监会通过，2020 年 2 月 24 日于上海证券交易所上市。良品铺子新零售如何从无到有？哪些有效的做法值得其他企业借鉴？接下来的内容将带领读者深入探索。

4.1.2 特别的日子

2019 年是良品铺子高端休闲零食战略的启动之年，投资超过 3 亿元的良品铺子总部办公大楼——良品大厦，占地 13.46 亩，坐落在湖北武汉汉口金银湖畔，2019 年 2 月，良品铺子大厦入驻仪式暨新年开工点亮仪式举行。良品大厦将良品铺子集团分布在多处的办公地汇聚一处，企业的整体运营、员工的办公条件、企业的向心凝聚力、企业文化建设等方面全面登上新台阶。站在令人自豪的自有办公楼前，良品铺子创始人兼董事长杨红春感受如何？13 年前，他在武汉广场对面开下第一家良品铺子小门店时，可曾想到今天？良品铺子到底做对了什么？

良品大厦共有 26 层，地上 24 层，地下 2 层，总建筑面积达 61273 平方米。在此之前，2011 年 6 月，良品铺子休闲零食分装加工项目奠基，位于武汉东西湖食品工业加工区，占地 45 亩，成为良品铺子"立足武汉、占领华中、辐射全国"的精细加工和仓储物流服务基地。良品铺子休闲零食产业园项目——良品一号，2017 年下半年竣工，产业园集恒温级仓储、加工生产、拣选配送、产品研发、质量检测、客户体验、休闲观光等功能于一体，成为良品铺子的"中央大厨房"。三大基建项目的完成，助推良品铺子的生产、仓配、集中办公，极大提升了员工的信心，增强了企业的竞争力。

4.1.3 敬畏之心，反思与坚持

良品铺子的十余年发展是超常规的，从一家门店到遍布全国的 2300 家门店，从四人行到现在的万人同路，良品人始终将敬畏之心和危机意识放在首位。

反对什么和坚持什么，是良品铺子董事长杨红春、总裁杨银芬一直深入思考的问题。

2016 年 8 月，良品铺子召开关于"良品十年，反思与坚持"集团级研讨会，来自集团各系统总监级以上的领导干部近 70 人参加本次会议。良品十年，如何进一步统一员工思想？如何引导员工"以客户为中心"？如何以流程和系统建设为核心要素？通过反思与坚持，让集团领导干部从自身岗位职责出发，反思对自我的认知，同时通过良品宪章的前期梳理和学习，借用集体智慧推出《良品主义/企业文化手册》。良品铺子要做好产品、品牌、组织、内容生产、全渠道生意模式五个方面。产品要升级，品牌要往年轻时尚化方向转型，组织要做好各类政策的落实工作，资源要向内容生产组织倾斜。未来五年，良品铺子还要在五个方面取得进步：

一是敬畏之心。敬畏时代、平台、客户、员工。

二是开放。开放的程度决定成长的速度。

三是担当。没有担当就没法走下去。

四是奉献。良品铺子是一家新零售企业，所有员工，特别是管理干部要有奉献精神，要树立标杆，要细水长流地传递良品铺子的企业文化。

五是共同进步。在人力资源方面要进一步探索新方法，建设分享学习的机制。

4.1.4 专注五件实事

良品铺子在过去的十三年间，专注做好了五件实事：

一是研究。通过对客户的研究，洞察与定义客户对零食的需求。

二是标准。进行零食产品的研发和产品标准的制定。

三是质量。制定"从产地到嘴里"的供应链全程质量管理体系标准并监控实施。

四是渠道。通过全渠道终端直接服务客户，让客户愉悦地购买。

五是技术。通过互联网和大数据闭环的运用，让良品铺子插上智能和腾飞的翅膀，更加快速地发展。

十三岁的良品铺子，早已褪去初生的稚气，对内以人为本，极力打造"品质、快

乐、家"的企业文化；对外坚持"提供高品质食品，用美味感动世界"的企业理念，尊重每个个体，并通过更好的制度化、法制化管理企业，让企业插上新零售的翅膀。

良品铺子是中国传统企业转型电子商务、转型互联网+、转型新零售的杰出企业代表，它有三个属性：第一属于食品行业，第二属于零售行业，第三属于服务行业。

4.2 "千亿帝国"不是梦

4.2.1 创始人兼董事长杨红春

2014年，汉口CBD喜来登大酒店内高朋满座，良品铺子正在举办与IBM、SAP等跨国集团战略合作发布会，杨红春在大红的背景下作《商业在发生的变化》主题演讲，气场十足，举手投足间可感受到他对良品铺子的未来充满无限期冀和信心。

"我只关心良品铺子如何做到1000亿元销售额。"

良品铺子还只有40亿元销售额时，杨红春就用千亿梦想来构架他的"良品铺子帝国"。"良品铺子不只是一家零食公司"，杨红春对企业有着更高的认知，"还是一家向消费者提供上班、餐前、餐后、下午茶、下班后等全天候美食，提供产业链前中后端集中解决方案的大数据公司。"目前良品铺子的信息技术人员已经超过200多人，仅在IBM、SAP企业系统解决方案上，良品铺子的投入就达数亿元。良品铺子的产业链涉及农业原产地选择、科技培养品种、农户种植合作、产品深加工委托、高级别产品鉴定实验室建设、物流云仓配送、客户信息分析、核桃TV娱乐营销、大数据信息ERP等。

"良品铺子能快速发展起来，是因为它抓住了中国客户需求升级的重大机遇。"杨红春发现，生活好起来了，人们对吃的要求也在升级，要吃出营养、吃出健康。

2017年，在《中国糖果》杂志发布的"全球100强糖果公司排名"中，良品铺子以全渠道零售终端60亿元的销售额，在中国休闲零食品牌中位居第一，也是唯一一家线上、线下都做得好的全国性休闲零食企业。

历经十三年，作为一家科技食品公司，良品铺子是如何完成37个线上渠道和2300家线下实体店建设和全渠道整合的？

杨红春的名片上印着两个职务，一个是良品铺子公司董事长，另一个是良品铺子公司商学院院长，他一直在用一种研究者的眼光和态度做生意，正如他所说："我们做的不是买卖，而是研究人的需求。"

杨红春认为，他们在战略层面做了五个方面的探索：一是全渠道零售服务模式的探索；二是品类发展的探索；三是组织能力发展的探索；四是培植互联网技术和应用能力的探索；五是与客户的沟通模式和沟通能力的探索。

4.2.2 初创

在一次聊天中，久久丫的董事长顾青无心的一句话"如果能够将全国各地最好吃的东西放在一起卖，一定好卖！"被留心的杨红春烙在心里。后来，乐百氏创始人何伯权也谈到这一点，于是杨红春萌生"把各地美味零食汇聚到一家店铺集中销售"的念头。他开始寻找商业机会。

杨红春毅然从科龙电器辞职。他先花了近一年时间在全国范围调研商户，摸索零食行业的市场特点。他逐步将目标消费群锁定为 25～35 岁的年轻女性，并决定在华中重镇武汉创业。他从 300 多个备选店名中选中**"良品铺子"，寓意"用良心做生意，坚持品质第一，成为大家的铺子"。**

2006 年 8 月，世贸广场对面，汉口航空路，良品铺子第一家门店悄然开张。这一年，"零食经济"正好迎来新一轮爆发式增长。当年，全球零食市场诞生了三个十亿美元品牌，国内徐福记、喜之郎、洽洽崭露头角，并挖得连锁零售的第一桶金。可是，良品铺子新店却一连亏损了四个月。杨红春又卖掉家中一套房，在科龙做总经理时攒下的一些"老本"几乎见光。当时开张的第一家门店只有四名员工，杨红春坚持亲自站柜台，通过与客户沟通，进一步了解客户的需求和口味，再将信息反馈给供货商。直到一年后的 2007 年，良品铺子小店生意才出现转机。

4.2.3 "核桃节"打响品牌

在创业初期，良品铺子营业额并不高，面临生存危机。武广单店每日营业额需超过 1700 元才能收支平衡，而当时每日营业额仅 800 元。经历了一段时间的摸索，杨红春及时采取"节庆营销""造节营销"等方式，采集了全球数十个品种的核桃，现场给客户品尝。一时间，新颖的品种、免费品尝的模式迅速打开局面，营业额很快飙升至 8000 元/天，良品铺子不仅形成了口碑，还快速产生了品牌效应——"好产品、新产品在良品铺子"。之后，良品铺子又发起"椰风行动"，新鲜的椰子现场削，壳掉肉全在，客户大呼过瘾，削椰子竟然成了表演项目。"核桃节"和"椰风行动"提升了良品铺子的销售业绩和团队士气，也成为两个极具代表性的营销案例。"核桃节"连续举办了十一年，成为良品铺子年度三大营销活动之一。每当谈及创业故事，杨红春都很感慨，良品铺子每一步都凭"良心品质，大家的铺子"这一最朴实的理念，赢得客户青睐。良品铺子从一开始就注重对客户需求进行挖掘。

首先，从形象零食改为休闲食品，进行造节营销和品类营销。良品铺子对店内的产品重新归类，梳理出蜜饯、炒货、海鲜、肉脯四大系列，并用红、咖、蓝、绿四色灯箱一一区分。良品铺子从全国网罗了 36 个品种的核桃（后来一度拓展到全球 63 种），在国庆及中秋双节推出"核桃节"专项营销活动，那时，山核桃、纸皮核桃、碧根果等品类在武汉市场还不多见，核桃从圆到椭圆，从薄到厚，从小到大，应有尽有，很快赢得市场和客户，店内营业额一路攀升，迅速上升到一日数千元，公司一下子挺过难关。造节营销和品类营销，让良品铺子迅速尝到甜头。

其次，定模板迅速复制，全国开店。一旦找到合适的模式，复制就很快。两年后，杨红春在科龙电器的老同事杨银芬加入管理团队，并成为良品铺子的天使投资人之一。杨红春认为"食品品质至关重要"，从卖产品到卖服务，最关键的是"用标准化工业生产出令客户满意的休闲零食"，这就是良品铺子能够快速扩张的核心秘籍之一。以产品为核心，成为良品铺子不懈追求的目标，也是良品铺子的初心。创业前三年，杨红春每天都承受着巨大的经营压力，都在高度紧张和焦虑不安中度过。他每天早上八点第一个到公司，晚上十一点才下班，站柜台、找产品、找铺子，现在集团公司有近百个岗位，那时他都是一肩挑的。

最后，建基地及大数据运用。2011 年 6 月，良品铺子位于东西湖的食品加工分装基地奠基，良品铺子拥有了独立专属的产业园区。良品铺子通过消费订单大数据，以及专业的商业评论分析，每年对产品的口味、品类不断进行优化，推陈出新，每年研发 400 个新品种，淘汰 200 个旧品种，让客户总能保持对良品铺子零食的"新奇感"。

4.2.4　互联网新零售转型，企业腾飞

随着阿里巴巴"双 11"的影响力扩大，传统企业都坐不住了。2012 年，良品铺子正式上线电子商务，当年线上销售额仅为 1200 万元。至 2017 年，线上销售额占比已经突破 40%。良品铺子电子商务成为全社会发现良品铺子、感受良品铺子、认知良品铺子的最好途径，也让良品铺子这家企业通过互联网转型散发出更为智慧的光芒，良品铺子从传统食品企业向互联网科技企业转型。

1. 互联网化策略

良品铺子的互联网化策略是单渠道—多渠道—全渠道。在由单渠道向多渠道发展

的过程中，良品铺子在内部形成了两个互联网事业部——社交电商事业部和平台电商事业部。社交电商事业部的业务主要基于微信、微博、贴吧等新媒体，平台电商事业部则负责京东、天猫等常规电子商务平台的入驻业务，二者共同推动良品铺子向"全国休闲零食行业老大"方向发展。2015 年 9 月，良品铺子与世界信息管理行业巨头 IBM 和 SAP 达成合作，首期投入 5000 多万元资金，用来做后台系统开发，实现全渠道会员管理，不论客户在什么触点进店消费，良品铺子都会根据后台信息，提供适合客户的服务方案。这也是良品铺子新零售的雏形，自此线上、线下开始全面互动，为客户提供更高价值的服务。

2．重视科技投入

2008 年，良品铺子将前期利润全部投入门店信息化建设中，可谓意识超前。这次信息化建设给线下门店集中配备了 ERP、门店 POS 收银系统、库存管理系统，让线下门店效率得到极大提升，让良品铺子的基层管理优于其他零食企业，线下业务也稳定增长，第五代个性化门店推出，全渠道、全品类、全技术的新零售模式逐渐成熟，粉丝激增。在"互联网+新零售"的大背景下，良品铺子通过科技创新、产品创新、组织创新，赋予一家传统零食企业新零售的特质，创造出很多令人瞩目的业绩。

4.2.5　九次重大变革

新零售时代，客户呈现出四点核心变化——移动化、社交化、娱乐化、个性化， 跟不上这些变化趋势，企业就要被淘汰。以客户的感受为出发点，借用互联网手段，实现的不仅是"弯道超车"，更是"换道超车"。良品铺子快速发展的历史，可总结为九次重大变革的实施，每次变革就是一次"超车"，都带来良品铺子的成长和蜕变，让良品铺子走上快速、持续、健康发展的康庄大道，并进一步拉大与对手的差距，从一家**传统零售企业**，向**全渠道新零售标杆企业**发展。

一是从"散装"到"标准小包装"的变革。 2010 年上半年，良品铺子决定取消原来的散装销售模式，改成标准化小包装模式，这成为零售行业标准，周黑鸭、精武鸭脖、绝味鸭脖、来伊份等品牌，在连锁时均以定量装为销售主力。

剖析： 标准化，让良品铺子的食品安全及优良品质得以更好地实现，为规模化发展奠定了基础。

二是从"纯线下"到"线上、线下全渠道"的变革。 2012 年 4 月，良品铺子成立电子商务分公司。从原来的纯线下食品零售公司，转变为互联网电子商务科技公司，伴随着电子商务分公司的成立，良品铺子的产品、客户、管理思想都发生了巨大变化，电子商务销售额占集团销售总额的比重也越来越大，成为良品铺子新的增长极。

剖析：良品铺子电子商务分公司的成立，改变了企业的经营思维、客户思维、组织思维，同时，线下、线上融合，有效解决了线上流量逐步出现瓶颈的问题。

三是从"信息欠缺"到"全渠道信息化"的变革。2015—2016 年，良品铺子先后进行了两次信息化建设，实现了全渠道管理的信息化。信息化的集成，满足了良品铺子"多兵种""多兵团"大规模作战的需要。通过引入 IBM、SAP 等国际知名公司的软件及信息系统，良品铺子在休闲食品行业率先实现了真正意义上的信息全渠道、数字全覆盖。

剖析：信息化是企业发展中最核心、最基础的问题，每次投入，都为良品铺子带来跨越式的发展。全渠道信息化，让良品铺子的生产稳定性、流程性、准确性、数据化都得到发展，同时大数据分析的应用，让企业走得更远。

四是从"好吃"到"好吃+健康吃"的变革。良品铺子成立了健康营养研究院，从健康营养的角度出发，针对不同消费场景和消费人群，开发出不同功能的产品，去匹配他们的消费需求，也就是，针对不同地区、不同体质、不同年龄的客户，研发出适合他们的更健康的食品。比如，针对白领女性，良品铺子推出早餐或者下午茶，以及作为营养代餐的"一代佳仁"综合果仁，可在健身间隙补充能量，每盒 7 包，每包30 克，一盒吃一周，三盒一套正好可吃 21 天。功能性场景设计触动客户认知——爱护家人从珍惜健康入手，感召客户用"佳仁"去爱家人。

剖析：健康营养研究院是良品铺子着眼于未来的投入。

五是从"企业标准"到"良品铺子标准"的变革。民以食为天，良品铺子投资成立"国家级检验中心"，抬高技术门槛，加大品控投入，该中心已获得中国合格评定国家认可委员会（CNAS）实验室认可证书。检验中心的建设，让良品铺子可以对每一批入库的产品进行专业、科学的抽检，杜绝问题产品，其质量标准远高于行业平均水平。良品铺子不仅研究制定了单品质量标准，以及生产、加工、运输、配送标准，而且积极实施标准的监控，确保食品的安全，拉开与竞争对手的差距。

剖析：食品安全大如天，在安全上的投入永远是值得的，是企业可持续发展的"安全阀"，良品铺子标准就是良品铺子产品的核心竞争力，是产品品质的保证。

六是从"产品"到"自媒体社交产品"的变革。企业是自媒体，产品是自媒体，员工也是自媒体。从 2014 年开始，良品铺子率先在业内打造"自媒体产品"，包括"松子众筹"、"星座粽"、"会说话的星空棒棒糖"、"火山冻"、社交神器"来往饼"等，让产品"会营销"，基于移动社交平台，吸引一大批专业级网民客户，参与良品铺子产品的选品、设计、包装、定价、赠品策划等环节。通过让粉丝参与产品设计与制造，让经营者参与市场互动，良品铺子粉丝规模不断增加，目前已超过 3000 多万人，企业社交化的属性也越来越强。与消费端互动是良品铺子未来十年的重要策略。

剖析： 社交化，让良品铺子更能打动客户的心；各种互动，又能增强产品研发中客户的参与感，提升产品美誉度。

七是从"普通营销"到"造节营销"的变革。 良品铺子可谓从造节起家，既为客户提供了更好、更全面的零食产品，又通过节庆奠定了行业龙头地位。从"核桃节"到"年货节"，都让客户感受到企业策划的魅力。

剖析： 在高度发达的信息化社会，首先得让客户发现产品，造节可使活动流量、明星自带流量与企业会员流量三者相结合。

八是从"第一代门店"到"第五代旗舰体验店"的变革。 良品铺子从 2006 年 8 月开设在武汉广场对面的第一代门店，到 2017 年 6 月开设的第五代旗舰体验店，从门店面积到内容，再到产品、装饰、文化、理念，均发生了翻天覆地的变化。每次提升，都让客户刮目相看，并带来经营业绩的快速提升。

剖析： "客户体验为王"，良品铺子门店历经五代十余种形式，越来越贴近市场，引领消费，实现与客户的互动。打动客户，靠的不仅是产品功能，还有对客户情感诉求的回应和满足。

九是从"以渠道为中心"到"以客户为中心"的变革。 零售行业正在经历三次转型：第一次以渠道为中心，实现市场覆盖，强调地理位置、细节和连锁；第二次以产品为中心，实现销售产品，以质量、交期、成本为重点；第三次以客户为中心，实现价值服务，以社群化、服务化、供应链管理为中心，实现"智慧门店创建"和"智慧会员服务"。良品铺子从门店渠道营销，向全渠道互联网化、数据化营销演变，向以客户为中心转型。在门店数量达到 2000 余家以后，良品铺子不再看重门店数量，而是更关注单店坪效，关注如何突破传统门店坪效的天花板，如何通过对 3000 多万名会员进行场景化分析，开展基于门店的社群搭建和精准营销，从而实现单店单客体验化、场景化销售，实现对线上、线下流量和客户的精准运营。

剖析： 以客户为中心，是企业整体经营思维的变革，是思想层面的变革，处处以洞察客户需求、满足客户需求、追求客户极致体验为出发点，是企业全环节经营理念的重大变革。追求客户需求的满足，提升单店坪效，是良品铺子走向成熟的标志。

良品铺子创始人兼董事长杨红春始终保持低调作风，能不参加的活动一律不参加，他更愿意像一个"工匠"一样，将企业打磨得更加出色，把产品打造得更美味、更安全，这也正是良品铺子的初心——成为一家用心为顾客打造良心品质产品的铺子。

4.3　电商逆袭之路

4.3.1　电子商务启航

网络就是生产力，网络不仅可提升产品销量，更重要的是改变了产品售卖方式，也改变了供应、物流、仓储等全环节链条的运作模式和组织方式。互联网卖的不仅是产品，还有服务与文化。

良品铺子在互联网化方面采取的策略是，单渠道、多渠道、全渠道逐步递进，逐步拉开与竞争对手的差距。与家电、服装等消费品类相比，零食的复购率更高，新品推出的速度更快、种类更多。

2012 年 3 月，百草味入驻 1 号店，当月销量即突破 100 万元大关；6 月，三只松鼠上线，65 天迅速成为天猫食品品类销量第一名，这让食品企业大佬们大吃一惊，也让他们感受到食品电子商务的魔力！良品铺子觉得这可能是个新的机会，一定不能错过，于是启动电子商务业务，之后拓展了京东、淘宝等多个渠道，但运营一段时间后发现，线上、线下做法完全不同，供应链的能力受到电子商务的极大挑战。在重大节庆活动时，电子商务渠道一天的订单量，可能相当于线下一个月的订单量，集中效应非常强，基于门店业务的信息系统、仓储等配套支撑体系，无法胜任高强度的"电子商务之战"。良品铺子开始规划专门的电子商务物流仓储体系。

当时，杨红春董事长对时任电子商务业务负责人的要求是，先把队伍带好，规范操作，摸顺流程。2012 年，良品铺子电子商务分公司正式成立。

首先摆在良品铺子电子商务分公司面前的是，门店零售的小包装与电子商务定量装的包装差异问题，处理电子商务订单，需要先将产品用电子秤称重后装成袋，然后将多袋组装成一份包裹，出单时间长，订单出货量少，每天只能出百十件。2012 年，良品铺子电子商务团队人数增至十余人，销售额增至 1800 万元。良品铺子初识了电子商务的力量,为电子商务专门开辟了单独的 SKU,仓库也从传统的仓储中分离出来，独立运营。2013 年良品铺子成立电子商务物流部门。

4.3.2　电子商务发力

2013 年至 2016 年，良品铺子纯线上销售额不断攀升，颠覆了大家对电子商务的认知。

六年时间，良品铺子线上销售额从占公司总销售额的不足 1%增至近 40%。仅用了三年时间，在休闲零食品类，在除天猫外的其他电子商务平台，良品铺子销售额皆排第一，2015 年，"双 11"当天实现了 1.23 亿元的销售额。这就是互联网带来的变化。2016 年，良品铺子每月推出新品 30～40 款，速度大大提升。在线下，良品铺子约有 1000 多个 SKU，产品分类更加精细，有普通产品系列、高端产品系列。将线上销售的爆款推到线下进行销售，营销更为精准。良品铺子 CEO 杨银芬认为，客户消费行为和消费方式发生了变化，企业的经营模式也随之而变，对于那些故步自封的企业来说，互联网的确是洪水猛兽，但对于勇于创新和改变的企业来说，互联网是一把利器，它会让企业运营的效率更高、成本更低、决策更快、营销更准、服务更好。

随着产品销量的不断增长，如何让客户获得更好的体验？如何快速实现包裹的精准配送？如何让全国各地的客户 48 小时内收到包裹？原来的湖北总仓已无法满足客户和商家的更高要求。从 2014 年开始，良品铺子先后在临安、北京、杭州、广州等地设立良品铺子分仓，以物流提升客户体验；此后又在成都、沈阳、西安三地进行仓储配送布局。**阿里巴巴在《2017 天猫"双 11"权威发布趋势报告》中披露，良品铺子获得"消费者最爱逛的智慧门店"品牌第一名；**2017 年"双 12"期间，良品铺子门店销售额达到 8000 万元，全渠道销售额突破 1.6 亿元，在口碑网公布的交易额数据中，位列休闲零食品类第一名。

4.3.3　移动电子商务

2013 年良品铺子移动端访问量占比为 10%，2014 年高达 60%，消费向移动端转移趋势明显。良品铺子因势而变，不断加大移动端的投入，抢占这一未来入口。当时移动端 30%的交易量由老客户贡献，70%的交易量由新客户贡献。

良品铺子微信营销的全流程，实现了良品铺子与客户的全闭环管理，从与客户的交流，到产品交易、产品交付、相关咨询，再到售后服务，均在一个渠道闭环内完成，而且实现了门店会员的匹配管理和内部管理的统一，实现了良品铺子移动电子商务的全渠道营销，成为良品铺子与客户之间的桥梁。

⚲ 小贴士

微信营销的五个要点

在移动端，微信新媒体成为重要发力渠道，微信营销要掌握以下五个要点。

聚粉。 指迅速将会员聚拢到可以对接的营销平台，如微信平台。良品铺子为了聚粉，在实体店铺内开辟了一块 30 余款产品的 "微信扫描 8 折购" 区域。让利，让客户快速聚拢到微信粉丝平台。

会员数据化。 原来会员只是符号，现在数字化、数据化后，会员就是营销资产，随时可以开展对会员的电子化营销，可以对会员消费情况进行跟踪。

会员权益转移。 推出电子会员卡，会员不用每次消费都出示会员卡，手机号就是会员卡，既方便了客户，又减少了制卡成本。最终将各渠道的会员聚拢到后台大数据中心，实现对所有会员的统一管控。

交流到交易。 原来良品铺子要搞营销活动，只能在各大电子商务平台预报排期，现在可自行在自己企业的社交平台等渠道开展自己的 "品牌团活动"，自由度增加了，做活动可以在自己的掌控之下，充分实现了 "穿透营销" 和 "主动营销"。

二次营销。 良品铺子的每次宣传推送，都可以产生 6 万单以上的销售量，这项资源是企业自有的。关于每周推送什么主题，开展什么营销活动，对于 48 小时内回复的消费者，可以进行交流互动，分类推送信息，这样就突破了微信公众号发布次数的限制，实现了有针对性的客户二次营销。

4.4　新零售全渠道变革

4.4.1　全渠道营销

所谓 "全渠道营销" 或 "全渠道零售"， 指企业满足客户任何时候、任何地点、任何方式的购买需求，将门店、电子商务、社交电商等渠道的订单进行整合，消除壁垒，统一服务，方便企业更好地扩张。

良品铺子全渠道新零售经历过三次重要的变革。

单渠道运营（2006—2011 年）。以门店销售为主，开展品牌展示和广告宣传。

多渠道运营（2012—2015 年）。开始介入电子商务，入驻各大电子商务平台，门店和电子商务渠道相结合。

全渠道模式（2015 年至今）。通过与 IBM、SAP 等公司进行合作，提升企业的信息化能力，实现线上、线下所有渠道的数字化，实现真正意义上的全渠道营销。

良品铺子发现了一个重要规律："有门店的地方，线上销售额占比也会较高。"线下对线上起推动作用，线上也有助于线下的销售，线上和线下并不是"0 和 1 的竞合关系"，而是"1+1>2 的互助关系"，**线上、线下重合的客户，购买频次往往高于纯线上或纯线下消费的客户。**良品铺子已入驻 30 多个第三方电子商务平台，自建了五六个平台，微信公众号粉丝数达千万名。全渠道新零售大大提升了客户与企业间的互动效率。

4.4.2 新零售五大主渠道分析

1. 五大主渠道

良品铺子五大主渠道包括线下门店、本地生活、平台电商、社交电商、App 终端，它们基于会员、产品、营销、订单、库存、物流六个要素协同运营，其关键在于良品铺子渠道"五通原则"，即会员通、产品通、订单通、库存通和服务通，这样，企业与客户沟通的效率提高了，客户可以以多种方式享受统一标准的服务。全渠道营销对接，让良品铺子供应链在市场上更有竞争力。2015 年"双 11"期间，良品铺子当天销售 132 万单；"双 12"期间，线上、线下共销售 100 多万单；持续一个月的"年货节"期间，线上日均销售 8 万多单，峰值为 20 万单。

良品铺子五大主渠道分析

主 渠 道	渠道实施对象	渠 道 介 绍
线下门店	门店的角色是功能终端的服务化，发展目标是形成线上、线下互联的区域门店发展模式	门店数量不断增加，线下渠道还包括团购（社会团购、礼仪销售、企业定制等）
本地生活	主要包括美团外卖、饿了么、口碑外卖、百度外卖、淘点点、京东到家等外卖平台	帮助门店引流推新品，在适当时机还帮门店进行时段式营销，成为门店的有效流量入口，形成区域连通的 O2O 新销售通道，并与支付宝、微信、大众点评联通支付渠道，将门店和线上消费行为关联起来。每家门店外卖订单日均约 30 单，全网本地生活订单日均超 5 万单
平台电商	在天猫、京东、1 号店等平台开设的官方旗舰店	全国覆盖，追求销售规模，追求品牌效应，平台电商在整个渠道布局里起到快速培育品牌、提销量、练队伍、面向更广阔的全国市场的作用

续表

主　渠　道	渠道实施对象	渠 道 介 绍
社交电商	微信、微博、QQ 空间、百度贴吧等	基于客群，与粉丝共同打造产品，与粉丝有效互动，借助粉丝力量传播品牌。社交电商可用于提升品牌时尚感，让客户觉得良品铺子年轻、时尚、好玩，同时方便进行内容生产
App 终端	独立移动平台	未来发展的战略重点，主要做会员业务，形成一个垂直性的零售入口，包括 App 和独立 B2C 商城

2．全渠道会员管理

良品铺子在成立九年之际开启了新的会员政策，上线了 SAP 公司的客户关系管理系统，实现了所有自有渠道的"一卡化"。新会员可免费注册入会，线上、线下共提供四种注册渠道；老会员线上、线下都可注册，统一成一个会员账号，享受会员积分、升级等规则的全部权益。通过此次打通全渠道的会员模式，将线下门店与线上会员进行了整合，给予了会员更多优惠和权益，增强了会员黏性。

3．O2O 实践启示

一是线下业务是 O2O 的重要基础和资源，而不是传统企业转型的累赘。良品铺子发展的历程说明，在全渠道转型中，线下门店能发挥重要作用，是传统企业转型的重要基础和战略资源，我们对实体店的价值要重新认识和判断。

二是有了好的线下业务，才能有更好的线上业务。线下业务发展得好，线上业务更容易取得成功。那些线下业务本来就不太稳定或业绩持续低迷的企业，以为只要开发了线上业务，就能扭转颓势，可行性并不大。任何行业的发展都要重视两点：专注于某一类产品，做深做透；追求极致，把某一类产品做到行业最好。

三是线上、线下业务融合发展才是王道。线上、线下业务可以融合发展，也可以各自独立发展，互动是 O2O 的必备能力。当下，全渠道的营销能力已成为新零售企业的必备武器。

4.4.3　商业模式获中国新锐大奖

良品铺子新零售在创新发展中获奖多项。2015 年 12 月，由商界传媒、CCTV 财经频道、长江商学院等机构倾力打造的"商业模式中国峰会"在京召开。良品铺子等企业获"2015 年度中国新锐商业模式"称号，成为行业标杆，具有模式创新的借鉴意义。**这也是历届评选中唯一获奖的全渠道零食零售商。**良品铺子作为传统零售企业，通过创新全渠道商业模式，持续健康运营，斩获该奖项。评委会对良品铺子的颁奖词是"良品铺子围绕个人生活，不断丰富产品品类；推进全员营销，让人人都成为经营者；缩短关系链条，只做中间服务；用电商渠道作为诱因，将内在变革作为新引擎，给狂飙突进的零食产业注入了新的活力！"

良品铺子同时也被全球知名咨询机构 IBM 作为其服务中国的新零售样板企业案例，向全世界进行推介，成为剖析中国新零售发展的经典案例。

小贴士

数字化提升的五个维度

良品铺子通过五个维度进行数字化提升：**产品数字化、营销数字化、渠道数字化、客户数字化、供应链数字化**。通过数字化形成数据，让良品铺子的所有资源能够更有效地整合，而数据又是"能开口说话的财富"，无论是产品、营销，还是仓配，根据数据进行更有效的提升，成为良品铺子不断精准化运营的关键之处。

4.5 未来新零售战略核心

4.5.1 一起升级

良品铺子 2017 年曾经召开 600 余人参加的"一起升级"总结年会，会上对当年的优秀部门、优秀加盟商、优秀供应商等进行了表彰，会后，集团各部门针对产品差异化、品牌营销、门店业务、电子商务业务、管理等方面，全角度、多维度解析集团的升级计划。杨红春董事长指出："面对当下整体经济及行业发展的形势，良品铺子务必坚守初心，主动求变；强化核心业务，开创新业务；细分客群，提供针对性的服务；聚焦场景来设计工作；坚守核心价值主线，不跑偏；戒骄戒躁不虚荣，真抓实干深扎根；坚定贯彻四大战略主题。"上午是内部战略发布会，领导干部分析了危机和不足，签约年度绩效目标；下午是总结表彰会，树立榜样，弘扬正能量。这一年是良品铺子发展最快速的时期之一，未来，企业要通过线上、线下业务相结合的新零售，插上"互联网+"的翅膀。

4.5.2 未来战略核心

良品铺子未来战略核心可概括为 9 个字——全渠道、全品类、全链条。

一是全渠道。客户在哪里，企业的触点就在哪里，要让客户随时随地都能获得良好的消费体验。良品铺子将全渠道分成地理终端、交易平台、社交、客户端、本地生活五类。

二是全品类。良品铺子不仅卖核桃，还卖水果、饮料、早餐。2014 年下半年，良品铺子尝试水果业务；2016年良品铺子向全品类推进，同时推出即鲜食品生产研发计划，推出六大类 50 多个新品种，包括蔬菜沙拉、冷榨果汁、水果拼盘、茶汤流汁、面点主食、现场烘焙、盒饭套餐等。2019 年良品铺子提出高端零食概念。

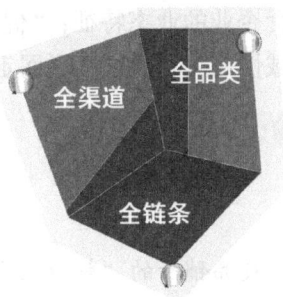

良品铺子未来战略核心

三是全链条。对产业链的全环节进行介入和把控。围绕这个核心，与客户进行充分的互动，良品铺子非常重视全链条管理的透明化，让客户看到企业规范化的全过程。比如，经常通过微信实现与客户的互动，一是做出产品让客户免费品尝，让他们提意见；二是让客户提建议，包括想要什么产品，喜欢什么产品；三是主动接触客户，关于现有产品该如何改进，让客户充分发表意见。良品铺子经常一次寄 300 个快递，将新旧产品一起寄给客户，收集反馈意见，用互联网大数据进行分析，通过在线模式，实现消费信息的互动。持续互动，让良品铺子保持良好的市场洞察能力。

4.5.3　全球发展

良品铺子——中国零食第一品牌，全球第 26 位。根据知名行业杂志《Candy Industry》，发布的"2017 全球糖果零食 100 强公司排名榜单"，良品铺子依其销售规模位列综合休闲零食品类全国第一。在零食消费市场，良品铺子已深耕新零售这一崛起的大市场。在 2017 年的天猫年货节上，糖果、饼干销量涨幅近 50%，是春节期间销量涨幅最大的品类，良品铺子向全品类和全球发展的方向愈发明确。

中国休闲零食行业大数据。全渠道，已成为休闲零食企业发展的大趋势，三只松鼠在 2016 年开始布局线下门店，百草味曾经砍掉的线下门店又重新开张。良品铺子线上、线下业务同时开花，成为中国典型的新零售样板企业。据专业人士分析，在消费升级后，休闲零食将变成大众消费需求的核心组成部分，领先的休闲零食品牌一定是线上和线下都强的品牌，单纯的互联网品牌已没有太大机会，竞争模式也将从单纯的营销竞争，向全渠道和供应链竞争转变。"多品类经营"是工业发展成熟后，休闲零食企业的业态特征;"健康化"是休闲零食与传统零食在产品属性上的最大区别;区域性品牌将通过互联网走向全国,集中化程度将会加强。

小贴士

新零售革新的"新四化运动"

良品铺子的"新四化运动":

一是门店互联网化。通过技术推动,以门店新零售为核心,实现销售全渠道、会员全管理和数据全打通,提升客户体验;

二是客户社群化。打通社交平台,实现客户的综合营销;

三是营销本地化。实现更密集的沟通、更快速的物流体验;

四是业务电商化。提升线上、线下业务融合能力,通过新零售融合,实现未来发展的数字驱动、客户驱动。

第 5 章

良品铺子的新零售成功论

5.1 良子铺子新零售变革之道

5.1.1 年会——企业增长利器

一年一度的企业年会，成为良品铺子每年最重要的时刻之一。良品铺子每年的年会，都会激励全体员工朝着一个共同的方向努力拼搏，每一次升级的主题，也意味着良品铺子向更高目标迈进。

2014 年年会主题——良品梦，我的梦。

2015 年年会主题——独立自主，绽放自我。

2016 年年会主题——良品十年，从"心"开始。创立十年之际，良品铺子制定三大核心战略——客户体验导向、产品创新驱动、组织行为变革。良品铺子坚持：全体员工学产品、用产品，把产品能力发挥出来，才能够真正驱动业务；放弃"海量上，海量下，让产品自生自灭"的战略，而是形成一整套有谋略、有策略的推广模式。

2017 年年会主题——2017，一起升级。面对新的十年，全面升级服务、产品和管理，做最好的良品铺子。良品铺子产品属于快消品类，十一年间跨过三个阶段：第一阶段，"把全世界的零食放在客户家门口"，将休闲零食从传统零售渠道中细分出来，在线下连锁经营，当时零售连锁是高效率的商业模式；第二阶段，从线下零售连锁向线上电子商务转型；第三阶段，新零售时代下全渠道、数字化、体系化的运营。

2018 年年会主题——2018，致奋斗的你。2018 年是良品铺子"做内容，练内功"之年，"学习"成为良品铺子不断推进的任务。

2019 年年会主题——我们都是追梦人。良品铺子将企业制度分为四个阶段：1.0 时代，2009 年聘请法律顾问；2.0 时代，2010 年引入战略投资，强化公司治理；3.0 时代，2017 年进行股份制改造，股东依法经营意识更强；4.0 时代，2019 年全面推行自运行机制，提升品质文化和良品制度。良品铺子正借鉴新零售和制度的力量，深度激发员工的潜力，不断向卓越企业迈进。

5.1.2 新零售洞见

关于营销法则——客户体验就是营销的一切。营销的趋势正在悄然发生变化。一是客户的体验就是营销的一切，只有提升客户体验，才能形成复购；二是营销通路一体化特征非常明显；原来在营销宣传时，媒介计划和营销计划分为两项内容进行设计，分别实施。在移动互联网高度发展的时代，"传播即营销"，传播带来销售，每次销售也是一次传播，媒体和销售的通路逐渐一体化，交流和交易也变得一体化。

关于"双创精神"——主要在于聚合团队。良品铺子采用阿米巴的组织经营模式，如将门店经营承包给员工，让员工做好长期经营的打算，企业后台、领导干部都会作为服务者和支持者，将成本核算至单店、单产品、单人、单客户。

关于小业态发展——更细分，更专业，小而美，通路更便捷。小业态聚焦更加专业、细分的市场，对客户情感需求的理解更为透彻，更为细致，这恰好可帮助小业态和客户间充分互动交流，建立起"沟通通路"和"支付通路"。与客户更好地沟通，就能更好地占领目标市场。

一体化考核——导向的关键是利益分配。解决好企业的利益分配，良品铺子对门店和电子商务部门下达一体化考核指标，使二者形成合力。通过 CRM 及微信大客户管理系统消除管理壁垒，消费行为全部实现数字化管理。

5.1.3 十年总结

1．反思与坚持

经过十年的发展，良品铺子已今非昔比，那么如何面对下一个十年？良品铺子在十周年研讨会上做了三件工作：理顺干部队伍思想，推出良品主义，转变队伍导向。

关于理顺干部队伍思想。良品铺子领导干部要破茧重生，大家身上都有一层"厚厚的茧"，也就是所谓的"成功经验"，这层茧已经在束缚自己；干部要认清自身职责和使命；管理干部要胸怀宽广地培养人才，大胆启动内部新人。

关于推出良品主义。要将经营和文化理念相结合，通过对十年发展的反思，把群体智慧整合起来，并在经营管理过程中贯彻良品文化。

关于转变队伍导向。要把企业队伍带向"以客户为中心，以流程和系统建设为核心要素，以组织建设为支撑"的工作方向。如果整个公司不能做到以客户为中心，管理干部不进行流程制度建设，而依靠少数领导在高层做决策，这是非常危险的。流程和制度建设，就是将人治向法治转变。

2. 五类变革

良品铺子经历的五类变革指组织结构变革、流程再造变革、组织文化及领导力变革、自学习组织的机构变革、战略决策及计划管理变革。

一是组织结构变革。重新设计和优化每个机构的功能和组织关系，明确每个机构的工作的核心内容，以及这些核心内容的指导原则、核心判断、核心主张、操作要点，把原来职能分割式的职能化组织，转变为流程化组织，强调知识共享、能力共享和资源共享。

二是流程再造变革。流程分为五个级别：框架、地图关系、具体的流程图、流程内部的活动、活动内部的信息单据。所有流程都是端到端的，即从用户端开始，回归到用户端。流程再造的目的是信息、知识共享，一个优秀的管理者，会把自己分析问题的方法教给别人。

三是组织文化及领导力变革。组织文化有四个层面：理念、制度、活动、环境。一个优秀的领导者应该具备六种能力：感召力、影响力、判断力、决策力、愿景力、控制力，始终把组织带向进取的一面。领导者带队伍靠什么？文化和领导力。要宣传企业文化，不仅要靠说，还要靠具体行动。领导者要抓好活动、计划、会议、信息共享、绩效沟通等，要把沟通能力作为非常重要的能力，将沟通活动落到实处。

四是自学习组织的机构变革。21 世纪是移动互联网的时代，每个人既要独立自主，又要使用别人的知识、技能和资源，也要将自身的知识和技能分享给别人，这就是现代社会的学习共享化组织。

五是战略决策及计划管理变革。良品铺子 2015 年的成功靠的是项目和资源，如开大店、门店形象整改、产品增加、请明星代言来增强品牌影响力，接下来要靠系统创新型的战略决策及计划管理来驱动企业发展。

5.1.4　新零售见证新商业变化

良品铺子认为，商业的本质是服务，是造福于人。从古至今，人心、人信和人欲没有变过，变化的是人们满足欲望的方式及评价欲望的参照物。而商业发生的变化大致可概括为以下几条：一是客户主权时代来临。二是互联网影响商业模式，企业盈利模式变幻莫测。三是新的商业生态呼之欲出。四是新商业时代面临的危机：去中间化，去平台化，无限个性差异化，消费者做主，消费者兴趣广泛，消费场景变化，这些都给良品铺子带来挑战。五是新商业时代要抢抓机遇，成长为能够进行信息技术开发和应用的企业。六是商业时代的初心坚守，要把握客户的需求，把握企业的成长，还是要靠人和技术。七是要把握商业变化中的航向。

小贴士

全渠道新零售的"四步走"战略

传统企业转型新零售，至少应该走四步，依次实现，稳步推进。

全渠道新零售的"四步走"战略示意图

第一步，电商化。企业电商化的核心，不在于是否建立自有独立的线上平台，而是通过电子商务业务运营能力的提高，在企业内部深刻植入互联网化的运营思维和经营思维，推动所有部门及员工接受互联网及电子商务的新思路，这与传统企业的经营文化和方式均不同，要求决策更快，更加贴近客户。

第二步，社交化。要熟练掌握各类社交媒体的互动形式，包括活动、优惠、卡券等，适应现代80后、90后客户的互联网化社交行为，让更多的客户沟通与服务实现在线化，如智能客服等。

第三步，本土化。以门店为核心，推进类似外卖的线上优质服务或业务，店员在服务过程中，可以自然地接受互联网的模式，单一门店也可以借助外卖等形式，大幅提升销售业绩，业务的辐射范围也可以扩散到更广阔的区域，实现周边5公里区域的线上、线下全覆盖。

第四步，门店互联网化。这是企业所要达到的一个更高的目标，让门店所有流程实现数字化、互联网化运行。

以上几步一定要循序渐进，否则很难走通线上、线下融合的道路，最终实现全渠道发展，以大数据为一切经营分析的依据，让营销数据说话，活动数据说话，成果数据说话，服务数据说话。

5.2　新零售数字化建设

良品铺子一直将"技术改变企业"作为自己可持续发展的重要战略方向。通过数字化及信息技术，合力打造良品铺子全渠道信息平台，这样才能有效整合"线下的体验感优势"和"线上空间和时间的优势"，以产品为核心，借助大数据、数字化体验、云平台等技术，持续提升、优化客户体验。

5.2.1　信息化历程

良品铺子创立的十三年，是技术升级的十三年。

良品铺子的信息化历程

阶　　段	时　　间	信息化内容
第 1 阶段	2006—2008 年	电子秤收银
第 2 阶段	2009—2010 年	POS 系统联网
第 3 阶段	2011—2014 年	ERP 系统覆盖
第 4 阶段	2014—2016 年	全渠道系统整合
第 5 阶段	2017 年至今	全面数字化转型

从零到产品供应链，到布局电子商务，再到社交电商，再到全渠道营销，紧扣社会变革，良品铺子极力打造"数字良品"，不断运用新技术和理念改造企业。2015 年 9月，良品铺子与华为跨界达成战略合作。

5.2.2　数字化建设部署

1. 良品铺子的两次信息化浪潮

第一次信息化浪潮。2008 年，杨红春把所有利润投入门店信息化建设，为门店配备了企业信息化管理系统、库存管理系统、门店 POS 收银系统，良品铺子的管理效率得到极大提升，也为门店的快速拓展奠定了管理基础。

第二次信息化浪潮。 2015 年，良品铺子与 IBM、SAP 等合作，这是开启良品铺子全渠道发展历程的一次变革，这为后来打通各渠道，形成线上、线下综合优势奠定了长远发展的基础。

良品铺子通过数字化、信息化，打通 ERP、CRM、WMS、OMS 等管理系统，实现线上、线下销售通路的一体化管理。

良品铺子在信息化、数字化管理系统方面投入巨大，累计超过亿元，是目前该细分行业中信息管理系统方面投入最大、最成熟的企业。

目前良品铺子已实现五个领域的数字化部署：商品数字化、营销数字化、门店数字化、客户数字化、供应链数字化。

2．良品铺子的数字化成绩

2016 年 3 月，在 2016（第五届）中国信息化和工业化融合发展高峰论坛暨第十三届中国两化融合颁奖典礼上，良品铺子获得两项大奖——"2015 年度中国两化融合杰出应用奖""2015 年度中国制造业杰出 CIO 奖"，这是对良品铺子在全渠道业务发展和探索上的认可。同时，由于对大数据的灵活运用，良品铺子又被评为"阿里巴巴首届数据先锋十佳商家"之一。良品铺子已打通终端渠道，实现多渠道的协同管理和场景的优化，具备精准对接客户、提出最优消费解决方案的能力，形成休闲零食行业的新零售业态，成为零食产业链的领跑者。

3．建设零售行业信息系统标杆

良品铺子认为"零食虽小，却是大产业"，没有强大的信息系统支撑，企业就无法做得长远。2015 年良品铺子与全球最大的企业咨询服务公司 IBM 及全球排名第一的 ERP 软件供应商 SAP 开展合作，提升信息化水平，把企业的 ERP（企业资源计划管理软件）、CRM 系统（客户关系管理软件）以及 WMS 系统全面打通，实现企业相关信息的共享，建立企业的 Hybris（电子商务软件与多渠道商务解决方案），打通企业内的"信息孤岛"。

良品铺子同时启动零售行业解决方案、电子商务软件与多渠道商务解决方案和客户关系管理软件三大管理软件，如此高难度和大范围的合作，在国内企业尚属首次。此次信息化系统平台的整合力度大，成功实施后，目前已成为国内零售行业的标杆之作。

良子铺子将线上、线下的产品供应链整合为一个平台，线下实体店和线上电子商务平台订单统一归集到同一套 OMS（订单管理系统）中管理，然后根据客户地址，发送到指定的 WMS（仓库管理系统）发货。这正好解决了全渠道仓库产品管理的核心问题，实现了门店产品上线，库存信息线上、线下共享，客户可以选择就近配送或门店自提，提升了企业的运行效率。

良品铺子信息化系统一期解决的问题

功能变化	说　明
订单统一	良品铺子原有 30 多个平台的订单接口，实现了统一管理，杜绝了漏单现象。新系统可以用一个工具将所有订单全部抓取，确保销售数据的完整和安全
库存物流统一	将库存、物流统一管理，提高了现场操作效率，让所有资产随时可查，实现了库存数字化管理
全渠道会员统一	首先，将线上、线下会员整合，不同渠道会员用一个会员身份购物，可享受不同渠道的权益；其次，线上、线下会员能同时收到企业的促销信息；最后，整合后企业能准确判断会员购买的频次、喜好，便于企业向会员定向推送各类精准信息
账算得准	不用再等到月底核算经营情况，可随时生成财务凭证，预先了解经营状况
流程整合顺畅	OA 系统新增电子券模板创建、客户储值金额调整、物料主数据维护、库存辅料采购需求申请等流程，将审批流程与业务流程完全打通

良品铺子先后整合了 10 个系统、30 余个销售渠道，成功打造了六大中心，即产品中心、价格中心、营销中心、会员中心、订单中心、库存中心，实现了良品铺子全渠道的融合，为客户带来全新体验。2015 年"双 11"，上线仅 4 个月的 SAP 系统迎来第一次考验，当天订单量多达 130 万单，是平时的 50 倍；发货量也多达 25 万单，是平时的 13 倍，最终 SAP 系统经受住了考验。

"双 11"当天，良品铺子第一次使用自己研发的 OMS 系统，成功应对大促高峰带来的冲击，超预期完成了技术保障工作。"双 11"当天，华中仓、华南仓、武汉邮政 EMS 自营仓、华东仓、华北仓同时发货。5 天之内，所有的良品铺子电子商务货物全部发完。1.23 亿元销售额，让良品铺子斩获武汉企业信息化促进会颁发的"首届武汉市优秀企业 CIO 卓越成效奖"。2016 年 6 月，SAP 二期上线，线上、线下业务实现系统全覆盖。

5.2.3　信息化，良品铺子大动干戈

良品铺子坚守品质，把产品做成经典，同时深度加强产业链的协调工作，为客户提供更为精准和个性化的消费体验。这一切，都需要信息化的强大支撑。

2015 年 9 月，良品铺子宣布与华为签署战略合作协议。华为作为全球领先的通信与信息解决方案供应商，为良品铺子提供了全系列 ICT 产品解决方案，包括全球

最快的一体机、业内技术领先的大型服务器、应用于大型数据库和高性能计算的全闪存阵列存储系统等。双方在全国范围内，就信息化及全渠道零售服务进行深度合作，发挥技术领先的优势，共同推动休闲零食新零售发展。同时，良品铺子与 IBM 等机构也在开展深度合作。SAP 项目就是良品铺子信息化建设与全渠道布局的战略项目，该项目 2015 年便已启动。起初，良品铺子内外均对此质疑：一个卖零食的小公司需要花 5000 万元请世界级大公司做系统和咨询吗？SAP 项目实现了良品铺子流程的再造，明确了未来变革的重点，通过全渠道系统整合了良品铺子旗下 9 家公司的业务，实现了 2100 家门店和 37 个电商渠道的自由切换。良品铺子数字化驱动企业的流程变革，引领了行业发展。

5.2.4　数字良品的价值

良品铺子总裁杨银芬笃信"技术可以驱动商业发展"。为了成功转型全渠道新零售，2014 年杨银芬特地组建了一个 108 人的 Hybris 全渠道上线小组，他认为，宁可花大价钱，用好技术，也一定要用技术的提升，换取超越竞争对手的时间和空间，这已是一个"技术基础设施直接跟公司效率挂钩"的时代。

通过信息化，良品铺子实现了以下功能：

一是构建了良品铺子 360 度会员数据中心。良品铺子通过建立多个模块，实现了数据经营，包括资料数据、市场数据、分配数据、销售数据、交易数据、服务数据、回访数据、统计分析等。

二是完善了良品铺子全渠道平台产品数据库。良品铺子打通了店铺预测、事业部计划、集团补货、公司配货等环节，从产品到客户全程数字化管理，可多渠道、多订单接入。

三是推行良品铺子财务管理精细化组织结构。良品铺子开展财务数据对标，引入最佳业务实践，以数据驱动商业价值链的跨越式发展，实现"全渠道化的专业食品产业运营商"定位。

四是数字化会员运营实现"精准种草"。良品铺子实现全渠道数字化后，可对客户进行"画像"，将消费轨迹、特点，甚至消费观都充分描绘出来，实现营销的最高转化率。

五是社群化运营店铺实现"精准维护"。良品铺子尝试将数据匹配给单店，开展门店的社群营销、交互服务，通过技术支持，最大程度挖掘单客的潜力，提升单店坪效。

六是闭环化业务服务，实现"精准交付"。良品铺子实行店仓合一，打破物理门店的空间局限，将门店打造成交易的竞争壁垒。实现传统零售单店坪效提升的破局，是良品铺子走向全国、加速扩张的关键点和前提。

七是技术提升带来企业效能的提升。良品铺子库存周转率也相应得到提升，至2016 年年中，良品铺子电子商务的库存周转期，由原来的 40 天变成低于 20 天，总仓库存周转期，也由原来的 20 天优化至 13 天以内，这是显著的效率提升。

🔖 小贴士

良品铺子数字化的五个领域

数字化领域	说　　明
产品数字化	**即产品信息数字化、销售服务数字化、经营思维数字化。**从产品信息数字化，到销售服务数字化，最后把经营思维数字化，让企业员工懂得怎样在线上更好地展现产品、销售产品。为持续培养企业的业务 E 化能力，良品铺子入驻所有知名电子商务平台，并实现了所有产品的数字化
营销数字化	**即自媒体营销、互动式营销、传播式营销。**良品铺子从原有的会员体系里面聚拢粉丝，并迅速突破 1000 万名，将原有的门店客户群扩展到全国客户群，实现了线上、线下资源共享，以及线上、线下客户群的有效统一管理
渠道数字化	**即线上、线下融合发展，交易形式多样化，交付形式多样化。**除了线下不断开拓新区域做零售终端，提升终端客户的体验，良品铺子也在线上布局入驻所有平台，做到交易形式多样化和交付形式多样化
客户数字化	**即会员身份统一、多触点会员识别、全数据驱动服务。**使得各种渠道中客户身份统一，能够基于会员建立多触点的识别体系
供应链数字化	**即产品研发数据决策、客户参与定制、产品质量追溯。**数据驱动时代，用数据驱动给消费者提供的服务，来实现供应链的数字化

5.3　新零售社交娱乐营销

良品铺子一直认为："我们做的不是买卖，而是研究人的需求。"

良品铺子之所以能发展起来，就是因为它抓住了客户需求升级的机遇，客户体验是营销的一切，要细分，要专业，要小而美，通路要更加便捷，良品铺子把客户端和生产者端紧密连接起来了。

5.3.1　造节营销，饱尝甜头

良品铺子客户的节日不断，京东"618"购物节、天猫"双 11"全球购物节、龙虾节、家装节、天猫年货节,这些节日成为电子商务平台的狂欢节,极大提升了品牌影响力,同时增加了平台的销售额。造节,成为电子商务企业在消费低谷时的救命稻草,良品铺子深谙此道。先后推出核桃节、红枣节、芒果节、女神节、女生节、"517"吃货节等,巧妙拉动行业的单品销售,打造出热点单品。每年良品铺子都会重点举办**四大节日(中秋节、核桃节、红枣节和年货节)促销活动**。通过这些节日活动,既可在社会上形成较大的品牌影响力,又可通过内部明确的销售目标,激发员工的销售热情,凝聚士气,鼓励团队拼搏向上,挑战自我。

5.3.2 娱乐营销"花开朵朵"

1. 明星代言

2015年,当红明星黄晓明担任良品铺子首席试吃官,这是良品铺子形象走向全国市场的一次品牌大升级。良品铺子推出"好零食,挑良品"的概念,2017年重点提出产品品质全线升级的规划,为客户带来更好的体验。美味又健康,是良品铺子各类产品的共同特点,这些产品全方位满足吃货们升级的需求,满足口腹之欲的同时又可保持身材。良品铺子还在全国门店推出一批"欢乐主题店",主要呈现"欢乐五美"经典沙发场景,打造《欢乐颂》氛围的主题店。

良品铺子每月都会上新品,"试吃"是一份工作。2016年年底,良品铺子请明星杨紫担任首席粉丝官。明星代言,成为良品铺子快速拓展市场并实现品牌升级的重要手段,通过嫁接、共享明星的粉丝,不断提高品牌的关联感、可信赖感和粉丝忠诚度,实现"明星力"的有效转化。

2. 良品铺子社交"核桃TV"诞生

良品铺子电子商务年销售规模为10~20亿元时,管理团队清晰地感受到:**互联网上产品的竞争,已不局限于产品功能的竞争,还是产品情感诉求的竞争**。客户认为,到这个级别,做好产品是最基本的要求,良品铺子要从更高层次打动客户。良品铺子开始尝试更好地与客户互动沟通,于是良品铺子"社交事业部""核桃TV"应运而生。2017年3月,良品铺子倾心打造的"核桃TV梦工厂"成立,作为良品铺子旗下的自媒体,以自嘲自黑、自娱自乐、自编自导、自力更生为宗旨,既是宣传频道,也是宣传栏目,致力于打造属于企业和粉丝的自娱自乐视频自媒体。推出的首期《好食光》原创视频在腾讯视频累计播放近百万次,广受好评。良品铺子组成视频组,引入"电影制作人制度",每期节目设立独立的制片人、编导、企划、摄影、后期制作,一帮

90 后员工凭借天马行空的想象力，借社会热点打造短视频节目进行营销。随着 90 后、00 后消费群体的崛起，以往叫卖式的销售方式已落伍，场景化消费和娱乐化互动更容易与 90 后消费者实现共鸣。

目前在图文和视频制作方面，良品铺子投入的人力已达 70 人，从战略上重视，从人员组织上保证。得力于良品铺子的内容营销，其官方微信号长期霸占新榜等公众排行榜 TOP10，拥有千万级粉丝。良品铺子微商城 2017 年销售额就已突破 2 亿元。好玩，是良品铺子社交的一个亮点，通过接地气内容和创新内容的输出，良品铺子吸引客户、留住客户，也和客户一起玩起来。

5.3.3　社交电商成为增长极

1．社交营销五步走

一是成立社交事业部。2014 年 5 月，良品铺子成立一个新的部门——社交事业部。现在良品铺子的微信公众号粉丝数已过千万。2015 年微商崛起，传统企业该如何玩转移动微商？杨红春对电子商务分公司的要求是"先把粉丝的数量做起来"。良品铺子仅用两个月的时间，就迅速聚集了 200 多万名粉丝，一时引起业内轰动。

二是迅速积累粉丝。良品铺子充分利用线下资源，设置"关注官方微信号 8 折"消费区，开发 30 款热门产品来引导关注，客户买单时，提醒他们关注后便能享受产品优惠。2 个月的时间，良品铺子微信公众号成为业内最大的粉丝聚集区。有了这个粉丝群，良品铺子只须在公众号内开展"买 100 送优惠"等促销活动，即可形成消费刺激。良品铺子公众号的粉丝数不断增长，良品铺子自主组织营销活动的能力也就愈发强大。同时微信公众号绑定了客户的电子会员卡，这也方便了取消实体会员卡，客户只需报手机号即可享受优惠，轻松便捷。2014 年 10 月，良品铺子上线微商城，运营不到一年，微商城月销售额便达到 400～500 万元。

三是利用碎片化场景发力社群电商。无社交，不电商。良品铺子利用碎片化场景，为企业注入社交元素。近几年，传统零售的规则发生了戏剧性变化，互联网以高效运作模式颠覆了原来的营销方式。碎片化场景，成为移动电子商务时代不可小觑的重要购买力渠道，在消费升级的趋势和背景下，细分领域的"长尾需求"成为"香饽饽"。2015 年，良品铺子微商城销售额一举突破 6000 万元大关，并蝉联"有赞移动店铺食品类目"销售冠军。

四是通过直播电商跨界营销。管理的本质是服务，是让双方的价值得以体现。零售企业之间的竞争，除产品和人之外，最终是效率的竞争。只有线上和线下都做到第一，才是真正的行业第一品牌。良品铺子第一时间和本地斗鱼直播达成战略合作，在欧洲杯期间，几千名"网红"共同上演"直播大秀"。良品铺子不断探索社交电商、直播电商，通过社群形式进行营销，让企业的营销行为自发形成。

五是设定社群娱乐营销目标。良品铺子拟将企业打造成中国最具活力和影响力的美食超级社群，将社群电商作为集团公司电子商务的未来战略进行深入布局，社群电商也是良品铺子今后全渠道营销的重要流量入口。

2．社交电商三阶段

第一阶段：借助热播节目"玩转粉丝经济"。

与《爸爸去哪儿（第三季）》合作。2015 年，良品铺子首次大手笔赞助综艺节目《爸爸去哪儿（第三季）》，良品铺子获得"指定合作伙伴"称号，节目中出现良品铺子 TVC 和贴片广告。节目中萌娃们和爸爸一起，跟着良品铺子走进美食原产地，开启溯源之旅，挖掘美食背后的故事，从武汉出发，途经陕西榆林、云南西双版纳，品尝了火焰山下的吐鲁番葡萄、菲律宾的芒果干、重庆麻辣灯影牛肉丝，爸爸和萌娃们乐开了花，实现了良品铺子"让嘴巴去旅行"的品牌诉求。

与央视主播刘语熙合作，推出吃货零食包。2015 年 6 月，良品铺子与央视主播刘语熙独家合作，推出看球必备"吃货零食包"。在篮球世界杯期间，通过良品铺子京东旗舰店购买吃货零食包，将订单截图发至良品铺子微信公众号，有机会赢取刘语熙签名手机壳。

斗鱼千名"网红"晒良品铺子"看球零食桶"。2016 年 6 月，良品铺子携手斗鱼 TV 千名网红主播，秀出"看球零食桶"花样吃法，人气主播化身"足球宝贝"，边吃零食，边聊欧洲杯赛事。该款零食在良品铺子所有门店和电子商务平台售卖，通过规模化的网络直播，让整个营销自然借力体育营销、娱乐营销，更接地气，更具实效。

与腾讯视频《中国好声音》进行战略合作。2015 年 8 月，良品铺子与腾讯视频《中国好声音》进行战略合作，发布会在深圳举行。良品铺子以《中国好声音》为切入点，与腾讯开展数据化应用、社交娱乐营销、O2O 布局等创新合作。

第二阶段：通过活动体验"让粉丝动起来"。

"七夕喂爱"活动"萌起来"。2015 年，良品铺子携手黄晓明开展"七夕喂爱"活动，玩转"互联网+娱乐"新花样。七夕节前后三天，订单多达 100 万单，销售额过亿元。良品铺子的事件营销，将话题、明星、渠道、品牌、产品结合得非常好，可做到"瞬间引爆品牌记忆"。

强势植入影视剧与运动。2017 年，良品铺子又将广告植入影视剧《亲爱的味道》，陆毅在剧中变身"高冷大厨"，与郭采洁上演一段与美食有关的奇幻爱情故事。良品铺子与 ofo 共享单车联合打造"Mango 欢乐骑出趣"活动，上演城市速度与激情，武汉、长沙、郑州、南昌、成都五城联动，2500 多名良品铺子粉丝参加，打造最美的良品铺子骑行路线，途中设置了多个良品铺子美食补给站。

穿越，只为找到童年记忆。工作人员扮成名字中带"梅"字的古人，如古装名人穿越，相聚良品铺子，享受美食，为客户介绍美味零食，并通过直播平台传播。良品铺子品牌中心结合业务板块需求，还精心策划出零食行业首创 IP 系列短剧《痴吃的爱》《零食问大家》《良妹撩剧》等，2017 年共输出视频 410 个，视频总播放量过亿次。

地铁零食专列"我运动，我过瘾"。武汉地铁 2 号线是武汉最繁忙的地铁线路，日客流量 120 多万次。2017 年，却有近一个月的时间被"零食大王"良品铺子"包"了，其中 6 节车厢被布置成 6 种场景：教室、办公室、家庭、女生宿舍、小卖铺、操场 KTV 等。这也是武汉地铁自开通以来，首次面向市民的创意体验活动。

音乐房车发现之旅。2016 年 3 月，良品铺子正式成为"歌伦贝尔房车音乐发现之旅"第三季总赞助商，这次音乐节，参加者将纵深穿越中国 30 座城市、11 座名山，活动总行程达到 8000 公里。"歌伦贝尔房车音乐之旅"是一场自由奔放、个性时尚的全民狂欢嘉年华，也是良品铺子"场景营销"和"客户体验"升级方面又一次新的尝试。在音乐节期间，良品铺子全方位打造"挑剔的吃货"概念。

十周年庆典暨"吃货大胃王"决赛。2016 年 8 月 28 日晚，良品铺子十周年庆典暨"吃货大胃王"决赛，在武昌汉街大戏台举行。50 位来自全国各地的"大胃王"角逐，现场还有梦幻水晶芭蕾、乐队表演等精彩节目。

全娱乐营销"洗脑神曲"《吃货鸟不起》。2016 年 5 月，良品铺子与北京新锐歌手张伯宏合作，推出"洗脑神曲"《吃货鸟不起》，通过动画歌曲，告诉吃货们，人要有"一颗爱美食的心"和"一张挑剔的嘴"。这首"神曲"在阿里音乐、QQ 音乐、酷我音乐、酷狗音乐、多米音乐、网易云音乐等平台热播。

冠名高铁。2015 年 1 月，在从武汉开往广州的"良品铺子号"高铁上，在小桌板贴、头枕巾、行李架贴等醒目处均有良品铺子广告，此外还有语音提示："良品铺子提醒您，前方到站是长沙南。"良品铺子签下武汉到深圳北、长沙南到北京西的两列高铁的全部广告位，时效半年，采取七种广告方式，小桌板贴、头枕巾、展板、行李架贴、车门贴、列车广播、LED 滚动屏等位置，均有良品铺子文字、标示、图案语音。此举不仅是单纯的广告宣传，更传递一种"在旅途中也要享受生活"的快乐出行理念。

吃货节——鉴定你是哪款吃货。 每年 4 月 17 日至 5 月 17 日是良品铺子吃货节。良品铺子将吃货精心划分为 12 种类型，并通过线上微信游戏鉴定客户的吃货类型，让吃货们忍俊不禁。同时，在"517"狂欢日当天，良品铺子还在武汉欢乐谷包场，打造吃货的专属盛宴。良品铺子根据吃货的特质和日常生活中对美食的种种表现，将美食达人分类，并在特定日子将吃货一族集合起来，打造新奇有趣、共同参与的记忆时刻。

第三阶段：娱乐产品粉丝参与打造。

巧借《愤怒的小鸟》掀营销热潮，打造 IP 产品。 2016 年上半年，《愤怒的小鸟》算是国内最火的一部电影，武汉唯一一家拿到其 IP 资源的商家便是良品铺子，良品铺子分别在武汉、北京、上海、深圳的万达影城包场，请粉丝看电影首映，同时推广"愤怒的小鸟"定制零食。

打造首款社交零食——来往饼。 由两百万名精准粉丝共同参与打造首款社交零食——来往饼。2015 年 3 月，良品铺子通过微信、微博发起投票，请粉丝投票选出一款自己想要的社交零食。粉丝参与了产品的全部策划工作，从产品的内、外包装，到克重、周边赠品，再到购买情景的设置、产品的定价，都由粉丝来决定，粉丝自己最了解自己想要什么，这是良品铺子让粉丝定制产品的理由。

民国风格 AR 年俗街之旅。 未来可能是一个 AR、VR 的互联网，2019 年春节，一款民国风格的 AR 年俗街小游戏在微信朋友圈火了起来，而其隐藏的品牌正是良品铺子。年货节期间，客户通过线上广告、线下 2300 家门店中的任意一个触点，扫描"年"字二维码，都能进入良品铺子公众号，进而跳转到线上 AR 年俗街，零食变得更美味，也更有趣。

5.3.4 社交电商——内容营销是关键

良品铺子在社交电商运营的过程中发现："为了销售而进行的持续的促销沟通，对客户其实是没有任何意义的。"这颠覆了传统意义上大家对营销的认知。

良品铺子通过社交电商渠道发放了大量红包，一度"流量暴涨""销量暴增"，但是仅仅 3 个月过后，客户的关注就"如潮水般退去"。内容营销，才是移动互联网时代的核心之道，也是真正能够打动客户的"精准利器"。

良品铺子的粉丝中，年轻女性占 80% 以上，她们需要的产品，就是良品铺子需要重点研发和提供的。良品铺子将美食、健康养生和旅行等方面内容精心选编，用于视频内容的创作。良品铺子启动了内容创作的"总编辑制度"，由总编辑以电视台节目的运作方式进行项目运作。良品铺子还从当地知名的广播电台和美食杂志社请来四名资深媒体人，分别负责良品铺子开通的四档视频节目，进行专业化运作。

变化的数据可以说明一切，经过一系列专业人士的精心打造，一部部优质视频作品应运而生，良品铺子的粉丝数和微信点击率也一路攀升。2016 年 6 月，"良品铺子""良品铺子美食旅行""良品铺子美食"三个公众号的粉丝数只有 380 万人，到当年 8 月，就已突破 1000 万人。同时，良品铺子微商城的月销售额也飞速增长，这让良品铺子充分感受到内容营销、社群营销的巨大魅力，并坚持在这些方面加大投入。

5.3.5　社交娱乐营销引领行业

1. 社交娱乐营销大事件

"聚划算商家倚天会"首批唯一食品电子商务企业。 2015 年 6 月，阿里巴巴在杭州成立"聚划算商家倚天会"，良品铺子成为第一批 53 家 TOP 商家联盟成员之一，并且是加入"聚划算商家倚天会"的唯一一家食品电子商务企业。"聚划算商家倚天会"是阿里巴巴聚划算从 1000 万家商家中精挑各行业顶尖的商家，组成的核心联盟圈子。

启动"太空计划"，玩转科技 IP。 良品铺子总是走在时代前沿，在阿里巴巴以"奇聚太空"为主题的"聚划算太空营销计划媒体沟通会"上，良品铺子成为首批合作商家。聚划算的探索为未来电子商务的创新提供了想象力，电子商务和科技结合，既可以联合太空营销（比如，卫星经过的城市有口令红包、美食秒杀等），同时也可以开发更具科技感的航空美食。

斩获"2014 湖北年度影响力微博"称号。 湖北微博之夜在汉秀举行，良品铺子官方微博不负众望，夺得"2014 湖北年度影响力微博"称号，良品铺子也是湖北唯一上榜的食品企业。

2. 征战"双 11"

2015 年，良品铺子首次参加天猫"双 11"晚会，当晚该节目收视率超过 28%，占据全国同时段播出节目榜首。节目、明星、产品、品牌 LOGO 集中曝光，大量产品被加入购物车，客户边看边买，体验了"电视+明星+电子商务平台"的全新购物模式。在从奥体中心到水立方的必经之路，良品铺子拿下独家广告资源；在奥体中心内，20辆电瓶车打上醒目的良品铺子企业 LOGO，一度引起现场轰动。

3. 跨境电商

2015 年，电子商务进入全球化元年，电子商务平台开始"买全球、卖全球"，成为世界商店。跨境电商的出现，境外产品的涌入，对国内销售渠道和产品产生了很大影响。

良品铺子国际业务领域。 良品铺子利用其销售渠道和运营优势，与国外工厂谈判，涉及三大业务线保税区业务，以及直采业务线、跨境运营业务线。用跨境代运营方式，帮助国外企业运营国内天猫、京东旗舰店，抢占线上市场份额，并协助其完成在中国的品牌成长和建设。

良品铺子跨境电商优势。 良品铺子优先引进了四个品类的国外优质食品：欧洲的糕点产品，如曲奇、饼干；欧美的糖果，这些糖果在当地的销量也非常大，并且生产工艺等控制得很好，比如，橡皮糖是提取动物胶体制成的，对人体无害；中东的果干、枣类；澳洲、美国的诸多品牌的坚果等，根据产品形态，以三种方式进行引进，包括原料引进、标品引进、联合定制开发。

首批订单顺利启航。 2018 年 3 月，良品铺子海外电子商务业务正式启动，第一批179 单国际订单由邮政 EMS 收寄发出，开启良品铺子产品销售的"国际时代"。

小贴士

社交娱乐营销——打动客户的利器

良品铺子为社交娱乐营销做了四件事：

第一是做客户研究，对客户进行洞察和定义；第二是做产品研究，进行产品的研发和标准制定；第三是做管理体系研究，建设物流和全程质量的管理体系，更形象的说法是"从田间到嘴里"，要用科学的体系管理产品质量、数据标准和服务行为规范；第四是做客户体验研究，制造超出客户预期，让客户喜出望外的感觉。

一家企业能否胜出，就看它能否贴近客户。谁最能满足客户的需求，谁满足得快，谁就能在竞争中胜出。

5.4　盈利管控的"独门绝技"

5.4.1　靠什么取胜

1．企业的核心竞争力是什么

人们对休闲零食的消费主要从四种需求出发：一是感性需求——突然想吃点什么；二是理性需求——吃什么有营养；三是旅行需求——路上吃点什么；四是社交需求——看望朋友选择什么礼物。良品铺子组织了 100 多人的研发团队，专门研究客户对零食的需求。企业的 SKU 单品也从 60 多个品种，扩展到近 1000 个品种。良品铺子通过大数据了解企业，了解客户的需求，感知客户对产品及品牌的评价。良品铺子新品研发参考三个维度内容——行业趋势、口味选择、客户评价。

2．客户为什么选择你

这是良品铺子高层一直反复思考的问题，并"逼迫"自己不断思考。他们研究发现，答案有以下几条。

一是**参与食品生产的全环节**。客户购买食品的理由，一是安全，二是好吃。如何围绕全环节解决"食品安全"和"食品好吃"这两个关键问题？良品铺子从食品的源头深入研究，倾力打造，颠覆原有产品的制作流程。不是"厂商怎么做"，而是"客户和厂商共同研发产品"。

二是**深入优质食材产地**。良品铺子打开了"美味闸门"——深入优质食材产地。比如，瓜子是零食中必不可少的一种，良品铺子研发团队经过研究发现，新疆和内蒙古产的瓜子原料是最理想的，每年 9 月份他们都和合作商深入当地"抢货"。

三是**筛选精致加工之法**。良品铺子通过对源头产地和加工工艺的把握，研究发现，牛肉干冬季 22%的含水量和夏季 16%～18%的含水量是最佳的。良品铺子与每家 OEM 供应商制定有关含糖量、含水量、酸度、饱满度等苛刻的生产标准，同时还配套制定质检标准。所有产品不仅要达到供应商标准，还要经过良品铺子设在仓储中心的实验室严格检测，合格后才能上市销售。良品铺子将这种管理方式称为"全程品质管理的产业链模式"。良品铺子的食品标准高于行业标准，并作为标准起草者处于主导地位。

四是**以销定产，以量补货**。良品铺子独有的平衡动态供应链管理体系，使得产品既不会断货，也不会积压库存。良品铺子生产体系让产品更新鲜，工厂只生产未来三天要销售的产品。正所谓"民以食为天，我以民为先；民以食为天，我以安为先"。

5.4.2 一家食品科技公司和传媒公司

良品铺子首先是一家食品科技公司，其次是一家传媒公司。

良品铺子企业属性

良品铺子一直尝试通过内容与客户实现沟通，让客户感知良品铺子。2000余家门店也是个巨大的媒体，装上电子显示屏和店面视频播放设备，便可以有很多流量入口，显示屏和视频播放内容平均每年阅读量约有5亿次。

良品铺子开发新品时，会考察三个方面的大数据——行业趋势、口味选择和客户评价。在良品铺子，数据分析几乎是每个做电子商务的人都要做的事，每个人都是身兼业务技能和数据分析技能的小行家。良品铺子研究的数据，从流量、转化率、客单价等少数关键指标，逐步细化为几十个相互独立又相互关联的指标。

良品铺子针对进店、下单、订单处理、发货、收货等环节建立标准的分析模型，由数据分析人员维护、优化，以及发现和解决问题。比如，在物流环节，电子商务平台只有DSR评分和发货速度等指标，良品铺子却细化为十余项步骤，分别监控，这使得客户的24小时和48小时签收率大幅提升。在运营上，良品铺子还将运营团队数据按价值分为三类——平台活动、免费流量、自主流量，让店铺运营效率最大化。数据分析的最大作用就是掌握趋势，挖掘潜在机会，从而引导正确有效的决策行为，减少试错成本。这就是大数据的力量。

5.4.3 盈利管控的六个"独家秘笈"

在盈利管控方面，良品铺子有六个"独家秘笈"。

一是采用线上、线下双驱动模式，降低了获客成本。良品铺子非常重视微信营销。在全渠道发展框架下，良品铺子通过开通微商城，实现和粉丝、客户的交流，进而将微商城升级为交易的重要途径。根据数据分析和测算，线上平台电子商务获新客成本约为 7 元/位，线下门店获新客成本约为 4 元/位，良品铺子实现线上、线下信息共享后，大幅降低了线上获新客费用。

二是培养零食领域的"网红"IP。一款名为"脆冬枣"的"爆款"产品，2016年销售额高达 3000 万元。脆冬枣其貌不扬，却又卖到供不应求。这款冬枣原材料来自河北沧州，它含糖量高，口感极佳，但有一个致命弱点——鲜枣的成熟期只有短短1 个月，即便采用冷藏方式，也只有两周的保鲜期，那么如何延长枣品的保质期呢？良品铺子研发团队经过三年持续的精心打磨，研发出"低温脱水"方式的独特生产工序——先在真空中进行低温过油，让冬枣脱水的同时保持甜度；再用离心工艺脱油，降低枣的含油量，保持相对脆度。经过这些生产流程后，枣的保质期获得大幅延长，糖分也可有效保持在 60%以上，几乎接近了鲜冬枣的口感，产品一上市便好评如潮。

三是始终坚持从源头进货。创办初期，良品铺子就坚持从 OEM 代加工厂源头进货，与厂家一起开发，制定采购标准。至 2012 年前后，良品铺子建立了完整的供应链管理体系。

四是打品质战，坚持"爆款 10%"原则。普通的零食卖家，"爆款效应"特别明显，有些店铺一两款单品的销售额就占总销售额的 20%～30%。"爆款"占比过高，意味着毛利空间较小，会拉低整个公司的毛利水平，不利于公司的整体发展；好处就是可以带来免费流量。良品铺子有自己的原则，将"爆款"销售额占比控制在 10%左右，既拉动了销售，又控制了占比，获得了合适的利润，不轻易打价格战，而是打品质战，因为良品铺子知道，客户最终选购的是"产品价值"。

五是通过三种方法打造"新爆款"产品。一是将要打造的"爆款"产品放在店铺最重要的页面位置，用店铺的自有流量向客户推荐产品。二是上聚划算等团购平台，做一次活动可销售几万件产品，可迅速带动客户尝试新品，其他团购平台，如卷皮网、各类团购网站等，也可尝试。三是利用现有的"爆款"产品带动新品，首先分析所售产品的结构，打造出"爆款"产品群，一旦发现客户购物车里的"爆款"A 和新款 B关联性强，就设法诱导客户购买新款。

六是使用透明成本核算体系。当自己有更强的话语权时，良品铺子并不一味压低供应商的价格，而是给供应商合理的透明利润。一方面让供应商愿意与企业共同成长，另一方面通过给予合适的采购价格，确保供应商使用更优质的原料，提供品质过硬的产品。

5.4.4　企业公众号运营

良品铺子努力将企业公众号转变为品牌原创内容号。良品铺子公众号粉丝中 70%是女性，核心用户是女性白领、年轻学生。公众号运营团队平时有 70 人，其中 40 人为客服人员，30 人为内容团队人员。内容团队的工作主要分为原创视频拍摄、图文创意编辑、活动策划、产品策划等，平时考核的 KPI 主要是粉丝数、活跃粉丝数、图文阅读数、分享人数、电子商务转化率等。

内容团队的**做法主要有四点**：一是静下心来做原创内容，了解粉丝的偏好和需求，同时运用新的方式来激活老粉丝，大胆地运用视频和直播等方式与粉丝进行沟通。二是努力提升公众号的功能价值，提供 O2O 会员、积分查询等必备功能。三是找到企业客户群的关注点，在粉丝关注的美食、旅行等方面，通过内容而非促销让粉丝和品牌产生黏性。四是通过品牌社群，在社群自运行体系上建立 KOL 吸纳和沉淀机制，每个月让粉丝投票选择他们最想去的旅行地，让 KOL 和摄影师带着粉丝去旅行（先后去了马来西亚沙巴岛、溯溪、大连獐子岛等地），与粉丝互动，与所售产品原产地景致互动，让粉丝的黏性更强。

良品铺子将对新媒体的建立和运用提升到企业战略层面，单独成立了社交事业部，社交事业部有独立的团队，进行独立的预算，在社交电商领域投入重兵，并给予各项政策上的倾斜。

5.4.5　转型与破局

1．五大转型和五大难点

良品铺子管理层认为，一轮以互联网技术、新商业模式再造引发的大变革时代已经来临。客户需求的升级和消费行为模式的改变，将引领良品铺子从五个方面深入探索：一是对全渠道零售模式的探索；二是对产品品类发展模式的探索；三是对组织能力发展模式的探索；四是对互联网技术应用能力提升方式的探索；五是对与客户沟通模式和能力提升方式的探索。

2012 年以前，良品铺子还是一家传统的零售连锁企业。传统企业转型是一件非常不容易的事情。首先，思想认识上的转变困难；其次，思维模式的突破相对困难，而思维转变才能带来战略规划上的突破；再次，行动难；最后，与客户沟通和 IT 技术应用方面的能力弱，也是传统企业转型的最大难点。

2．破局"三大招"

为更好地转型，良品铺子采取了如下对策。

舆论先行。2014 年，良品铺子首先在企业内部，通过各类会议和沟通交流，反复造势，让员工认识到外面世界的变化，新思想才能在公司内部得到传播和弘扬，员工思想才能真正得到解放。

组织调整。2014 年，公司开始设立全渠道事业部，边研讨，边规划，同时尝试一些小的营销行动，然后进行总结、分享后再提升。在全渠道业务部门的设置上，让员工迅速知道公司是"玩真的了"，事业部哪怕有很小的进步，全公司都会给予鼓励，让员工不要自我封闭，大胆突破，不要因循守旧，坚持创新。

客户互动和 IT 应用。公司强化信息中心和品牌中心的双中心职能，探索使用新媒体进行互动，并引入国际专业公司的营销咨询及技术提升。

3．内部运营的三个秘诀

良品铺子在内部运营方面有三个秘诀：

在门店创新采取掌柜承包责任制。企业帮助员工实现自己当老板的理想，良品铺子从 2014 年 8 月开始实行门店掌柜承包责任制，采用企业与员工分享利润的方式，这个制度极大调动了员工的积极性。

在企业内部实行内部核算机制。2014 年良品铺子已经有六个分公司，当时员工数已达 4000 人，公司给职能部门制定了绩效考核制度，并实现了员工和管理者绩效的"量身定做"，同时报酬及奖励也是"按劳分配"。

建立相应完善的员工培训体制。公司成立独立的商学院，根据员工意愿开展针对性的培训，让员工将自己的梦想与企业有机结合，获得全方位的提升。

4．客户主权和价值

客户主权，指客户成为决策者，而不是由零售商去主导。良品铺子为产品设置了量化的质量指标，如糖分、酸度、开口率、完果率、壳仁比例、直径、长度等相关指标。"我们不生产零食，我们是零食标准的制定者。"良品铺子的产品和原料来自全球 11 个国家的 160 多家合作企业。良品铺子精选每个行业细分市场的前几名，制定产品标准。良品铺子的核心不在生产，而在于客户更喜爱的口味的研发和质量管控。良品铺子坚持以客户为导向，他们组建了有 100 多人的研发团队，建立中国人的口味手册档案，根据不同口味，在各地实施差异化的铺货方案，比如，湖北有专属的香辣龙虾、香辣藕等产品。

5.4.5　超级销售员

良品铺子推行"有赞微商城—超级销售员"制度，针对自己的员工和潜在消费群实行"推广分享赚佣金"政策。打开 "良品铺子美食旅行"菜单栏—个人中心—我要赚钱—销售员中心，自己便可注册成为销售员，点击页面内【成为销售员】选项，即可进行产品分享。根据不同产品的采购成本及活动推荐销售，良品铺子给客户的佣金比例也不同。公司统一负责产品的运营、发货、售后等支持工作，销售员只需分享。

5.4.6　创品牌，夺取类目冠军

1．当选为"天猫超级品牌日"食品类目代表

良品铺子作为食品类目代表，2016 年 10 月首度参与"天猫超级品牌日"活动。之前上过此栏目的几乎清一色是国际大品牌，良品铺子凭什么在多如牛毛的零食类品牌中独占鳌头？天猫与借助互联网转型或新型成长的企业开展战略合作，并以此树立产品、营销、服务、销量等维度的标杆企业，推动和引导行业快速发展。每个月参加天猫超级品牌日的企业，均为行业巨头、国际知名品牌或行业大牌。良品铺子力邀当红明星杨紫担任主播，与良品铺子粉丝进行互动。直播中，杨紫对良品铺子的喜爱之情溢于言表，充分拉近了与客户的距离。良品铺子为天猫超级品牌日精心设计出一款坚果零食礼盒——一代佳仁。

2．跃升为京东食品类目第一品牌

2015 年以后，京东"618"受到越来越多的电子商务企业重视。在天猫平台食品类目销量排名第三的良品铺子，2015 年一举跃升为京东平台的食品类目销量冠军。良品铺子抓住了京东战略转型期的关键时间，成为京东食品类目的标杆品牌。2015 年的京东"618"，良品铺子日销量跃居京东食品类目第一（京东旗舰店和京东自营店的总量）。天猫是中国销量最大的平台，但京东是销量增速最快的平台。据了解，京东的忠实客户在食品类目的渗透率仅为 2%，潜力巨大。良品铺子的目标是通过天猫和京东双平台打造成全品类、全渠道第一的高品质休闲食品品牌。

小贴士

企业的三种盈利模式

在盈利大变革的背景下，企业有三种盈利模式：

一是依靠产品生产获得利润；

二是依靠平台服务的附加值获得利润；

三是依靠买卖差价获得利润。

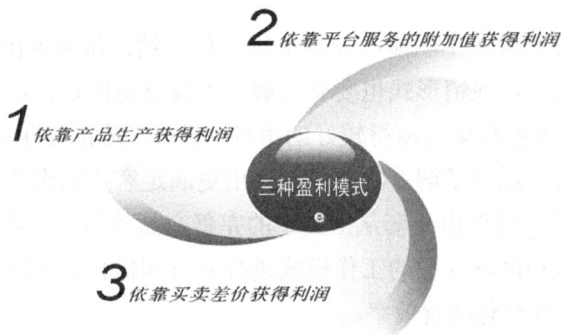

企业的三种盈利模式

从商业生态链的角度，有"五个层级组成"理论，即交流层、交易层、交货层、造货层（产品制造）、货源层（产品源头）。企业要生存，就要提升核心资源的整合运行效率和能力。

5.5　新零售线下门店之路

5.5.1　门店事业部的成立及其价值

1. 门店事业部的成立

2014 年 11 月，良品铺子进行组织架构调整，门店事业部应运而生。门店事业部是良品铺子最核心的业务部门之一，也是公司现金和利润的主要来源，承载着公司发展的未来，也是线上业务的支撑部门，无论体量还是利润目标，均占核心地位。门店事业部需要摸索出适合门店发展的战略，也为员工打造一个良好的职业发展平台，帮助他们成长，实现个人梦想。

2．发展的五个方向

门店事业部的发展有五个方向：一是提升门店事业部开发的策略力和管控力；二是提升门店渠道的销售力；三是提升门店渠道的人才复制力和组织管理力；四是提升分公司管理市场的能力，而不仅仅是管理门店的能力；五是提升分公司独立自主经营和独立自主完善的能力。

3．完善三个职能

门店事业部需要完善三个职能：一是市场占位促销。每月推出 60～80 款核心产品进行促销，回馈客户，促销形式也要有突破，不仅仅是降价，还要提升产品带给客户的价值感，在各个市场和渠道赢得较好的市场占位。二是完善良品铺子的产品体系。与产品中心进行配合，通过了解、洞察，制订出更满足客户需求的、适合门店渠道销售的产品策略和计划，打造出一套从上到下的完善产品体系。三是经营管控的实施。通过对分公司总经理和区域经理的工作模式进行完善和优化，不断开展绩效辅导和管控，提升各实体单位的整体经营效率。

4．强化一项独立自主经营能力

门店事业部的价值还体现在，完善分公司架构，使分公司具备独立的应对和管理市场的能力，配合内部股权分配的激励政策，使分公司在资产管理、利润管理上的自主权更好地释放，当公司完成利润，整个分公司职能团队可以享受更大的超额利润分成，员工真正当家做主。

5.5.2　门店发展历程

1．门店拓展

2006 年 8 月，良品铺子第一家门店在湖北武汉的武汉广场对面开业；2008 年 7 月，良品铺子开始开拓湖南市场；至 2011 年年底，良品铺子门店已达到 500 家，立足华中。之后随着市场的不断扩张及品牌影响力的逐步扩大，良品铺子先后进驻湖北、湖南、江西、四川、河南、广东、江苏、陕西、重庆、广西及浙江 11 个省市，目前拥有线下门店 2100 多家，逐渐从地域性品牌走向全国性品牌。

良品铺子第一家门店

2．形象升级

2006 年 8 月，良品铺子建成第一代门店。2009 年 6 月，良品铺子第二代门店全面改版升级。2011 年 1 月，良品铺子第三代形象店"玫瑰苑店"开业。2013 年 11 月，良品铺子第四代形象店"阅马场店"开业。2017 年 6 月，良品铺子全新第五代门店——良品生活馆在光谷天地开业。自 2009 年起，良品铺子门店形象就不断升级，从第二代门店到第五代门店，每次革新都带给客户全新体验，并提升了品牌。

3．业务升级

良品铺子第一代门店所售产品主要为零食、坚果。2012 年 10 月，良品铺子电子商务分公司正式成立，开始在线上布局。2014 年 6 月，公司开始尝试新鲜水果业务、现调饮品业务，当月成立良品铺子物流分公司，为在全国建立分仓及提供物流支持做出重大布局。2015 年 7 月，开始进行线下门店全渠道战略部署，尝试 O2O 外卖模式。2017 年 6 月，全新一代良品生活馆——集西点、咖啡、茶饮、水果、零食于一体的主题店建成。

4．管理升级

2008 年 6 月，良品铺子门店信息化建设项目正式启动。2010 年 1 月，全面启动 ERP 系统。2013 年 8 月，全面启动管理体系建设项目。2014 年 12 月，与 IBM 合作，投资 5000 万元启动 SAP 项目。2017 年 3 月，为实现平台化自组织，公司尝试采用区域小组制。良品铺子从最初 4 个人的创业团队，发展成为如今超过 1 万人的大型企业，在财务、信息、组织管理上不断升级。

5.5.3　门店的"四代模式"

随着客户对购物环境需求的升级，越来越多的客户希望在购物的同时，门店还能满足休闲、娱乐、运动、就餐等需求。良品铺子第四代门店应运而生。**第四代门店包括旗舰店、礼品店、标准店与时尚店四类。**

旗舰店。第四代门店以旗舰店为主，门店布局更加合理，空间利用更加高效，布置风格更像咖啡厅，增加了绿色植物，商品增加了水果和果汁、奶茶，同时增加了客户休憩区。根据客户的参与、体验和感受，门店空间和环境都进行了极大提升，第四代门店推出后，市场反响较好。同时，针对一些中心门店，良品铺子努力开展网上销售，形成"网络订单+社区配送"的服务体系，从而进一步改善客户的购物体验。

礼品店。设置于火车站、飞机场、旅游区。

标准店。以马路店和社区店为主。

时尚店。设置于核心商圈。最新的时尚店外形设计成巴士，停靠在商圈的影院门口，这是良品铺子在核心商圈吸引客户的新门店形象，目的是"讨好"年轻的核心消费群。

良品铺子巴士商店

2015 年 10 月，良品铺子已完成 500 家第四代门店的改造，定位为"欢乐畅游、趣味环绕的时尚可爱空间"。

5.5.4 样板门店剖析

1. 全国首家全品类门店开业

2016 年 6 月，良品铺子全国首家全品类门店在武汉汉街万达广场开业。新店增加即鲜食类产品，如早餐面食、烘焙点心、盒饭糕点、果盘果汁等。良品铺子实现了消费者"吃的消费"的全覆盖。早餐区美食十分丰富，有关东煮、超 Q 弹的潮汕牛肉丸、鱼丸，还有日式乌冬面、香港车仔面等；工作休息区有独立包装水果、日式寿司；

中餐区有鲜食区、中式盒饭；午休区有特色饮料、西点、咖啡、茶；业余区有坚果、零食。"没想到，现在一日三餐能都在良品铺子解决，真是很棒的体验。"客户既可在线下消费，也可在线上消费，门店开通了"饿了么""京东到家"等外卖渠道。良品铺子已经实现产品的全品类发展，这也成为其发展大店的重要战略背景。

2. 良品铺子第五代体验式旗舰店精彩亮相

2017 年 6 月，良品铺子第五代体验式旗舰店在武汉光谷新天地开业。这是一家跨界旗舰店，顾名思义，是从不同领域的一个行业到另一个行业的涉入。良品铺子这家门店颠覆了传统的零售门店概念，这是中国首家"零食星座主题店"，由良品铺子与坐拥千万粉丝的同道大叔一起跨界联手打造。同道大叔将星座文化进行内容再创作，大获成功，并一举俘获 3000 多万名粉丝。此次跨界合作，将同道大叔与良品铺子的粉丝进行相互转换和相互引流，名人和名企联手，粉丝与粉丝互动，形成了"1+1＞2"的快速拓展市场局面。

据了解，目前良品铺子的女性会员占 76%，年龄在 18～35 岁之间的会员占 61%，这与同道大叔粉丝的类型区间几乎重叠。之前双方陆续合作推出过"星座巧克力"等产品，良品铺子第五代门店设计动感时尚，让人无法想象这是一家零食店铺。门店消费群体以年轻人为主，从单纯的产品消费向个性化场景体验消费转型，第五代门店满足了 80 后、90 后主力消费人群的情趣需求。良品铺子一直致力于全方位探索"客户服务"升级和"客户极致体验"升级。

良品铺子第五代体验式旗舰店

第五代门店地点选在武汉地标商圈、大学生集中地——光谷新天地，开业时间选在 2017 年父亲节。这家面积 300 平方米的两层零售门店，已经有点"微型卖场"的感觉，是良品铺子对小型商业业态积极探索的成果。

第一层：主旋律是"吃遍天下"。 全新推出精品系列贩售区，有前三代门店主营的热销零食——海盐开心果、猪肉脯、芒果干、脆冬枣等，另外，除第四代门店已经推出的精品水果与休闲食品外，第五代门店还增加了特色精致糕点及休闲饮品，店铺产品更加丰富，客户在这里可体验星座文化，体验最美味的食材。

第二层：主旋律是"场景体验"。这一层更注重消费者的文化体验，精心打造"以星座为主题"的特色休息服务区，店内挂满了 12 星座主题的各类公仔、摆件、玩偶和各式星座饰品。二楼还有两间良妹主题 VIP 房间，专供客户举行各类聚会时免费使用。

第五代门店有三个显著的"最"特点：一是 "最星座"的良品生活馆，与同道大叔联合互动，是一个星座主题展现和娱乐体验的场所；二是"最丰富"的产品品类；三是"最新最高端"的设备，门店使用大量最新设备，如德国迈赫迪世界比赛版磨豆机、意大利双头电控版咖啡机、韩国惠人原汁机等，为客户带来不一样的体验。良品铺子重视客户的需求，注重与客户的互动和消费体验的升级。良品铺子每次升级的内容，门店呈现的只是其中一部分，更多的是面对客户时的"三升级"，即态度升级、服务升级、产品升级。升级，一起升级，成为良品铺子发展贯穿的主题。

3. 首家"轻食"五代店亮相汉街

2017 年 10 月，被称为"现代版的清明上河图"的武汉楚河汉街上，良品铺子首家主打"轻食"概念的生活馆开业。"零食+轻食"打动了年轻消费群体。门店面积达 300平方米，由两层组成，暖色餐厅桌椅，主打工业风设计，具有艺术气息和品质感。

新店门头改为"BEST life 良品生活"，轻松风格更时尚。

"轻食"五代店

5.5.5 门店发展中心战略

1."试验田"拓展战略

良品铺子内部有一个一贯坚持的原则，即"试验田"思维：无论做什么业务，一定要先找好地方，耕好"试验田"，然后再复制。试验田一般至少要经营三四个月，长的话，可能需要一年。做"试验田"的目的主要有两点：一是看业务模式是否符合当前的发展方向和定位；二是看业务流程是否顺畅，提前解决可能会遇到的问题，准备好预案，减少失败风险，提升复制的成功率。

良品铺子的开店模式有两种：一种是先找到成功开店的模式，然后铺下去；另一种是"不管试不试验，都要保障必须成功"模式。在深圳等新拓展的区域，采用第二种模式，必须通过不断优化产品的品类、调整产品的结构，找出最优的品类和产品组合，必须实现开店成功，一炮走红。品类，是开店的重要因素，在不同城市，客户对产品的喜好并不相同，这就需要不断优化出最适合该城市的产品组合（可结合网络销售的大数据进行决策），上架销售的都是当地人们喜爱的"爆品"。在深圳试验田，良品铺子探索了"在一线城市如何实现高房租与零售业这种低利润业务间的组合滚动发展"。因为深圳、上海、北京等一线城市的门店房租成本是三四线城市门店房租成本的三四倍，销售额也必须达到三四线城市门店销售额的三四倍，才能正常运营，否则无法持续开店。良品铺子先通过这种"集中打透方式"验证成功，再进行复制，并最终在新城市实现"全面占领"。比如，在四川成都，良品铺子用了三年时间研究当地特点，成功后迅速开店 200 家。**测算数据显示，当一个城市的良品铺子门店达到 200 家时，品牌效应和规模效应自然就显现出来了**，物流、仓储、配送、人员等配套成本也会具备优势，再往下深入拓展就会更加顺畅、便捷。

开店模式其实就是简单的一句话——集中企业优势资源和精力，在一个城市扎根，多开店，开好店，抢占市场。比如，武汉是良品铺子的大本营，有 500 多家门店，在这种强大的影响下，无论是物流配送、人员招聘，还是企业品牌和社会认知度，都会大不一样，各项工作做起来也是驾轻就熟。良品铺子从中部做起，然后铺向全国市场，"试验田模式"让良品铺子在各地所向披靡。

2. 门店发展战略

结合零食行业市场环境和企业发展现状，良品铺子门店发展中心的战略定位是"关小扩大，优化整合；夯实基础，蓄势待发"。

良品铺子制定了专门的开店专项奖励政策。

一是金锄头奖。针对门店开发人员，按照良品铺子开店的节奏，对完成年度开店任务者，特设立金锄头奖，专门用来奖励公司月度、季度、年度开店数量最多的市场开拓者，开店即赚，他们就是功臣。

二是新店销售奖。为全盘布局整个市场，从单个新店销售额、单店日均销售额、区域整体日均销售额等数据着手，奖励给开店质量最高的人，即好店铺会赚得更多，鼓励大家要多开好店。

三是后台服务奖。该奖项主要有"最佳伯乐奖""加盟服务之星"等。

四是新市场拓展奖。奖给"拓荒牛"，即重要城市的第一位开店者，如 2016 年第一位踏入深圳、苏州的员工，公司需要他们在新区域里做更多研究工作。

五是团队专项奖。针对专项团队的专项贡献，给予专门的定向奖励。比如，最佳招商团队——2016 年招商人数最多的河南分公司；最佳合伙人招募奖——2016 年招商质量最高的四川分公司；最佳规划奖——年度市场规划第一的河南分公司。

良品铺子门店发展中心战略

3．荣获"中国特许品牌社会贡献奖"

中国特许经营高峰论坛于 2016 年 7 月在北京国家会议中心召开，来自全国 200 多家特许加盟企业的近 400 位代表参加了此次会议，这次论坛的主题是"消费升级+移动互联特许经营双驱动"。会上，良品铺子获得"中国特许品牌社会贡献奖"，同时被评为首批"AAA 级商业特许经营体系评定企业"。良品铺子发现，在线上销售状况好的城市，线下开店后销售状况也会特别好。这样就可以通过良品铺子的线上销售大数据，提前选择下一步开店的城市和开店区域，以及将要上架销售的当地畅销产品品种。2019 年，良品铺子已全线开放加盟，实现良品铺子线上、线下资源共享、互相服务、与客户共享的"新零售全渠道服务模式"。

4．放缓，为了下一次更好地冲刺

（1）放慢脚步

经过 10 多年的快速发展，2017 年下半年，良品铺子放慢脚步，探索更好的发展模式。良品铺子曾在一年间开设 600 家线下门店，此时更需要驻足思考，寻找最原始的"初心"——要为客户带来什么？在新零售线上、线下相结合的时代，企业的内功到底在哪里？在下一个 10 年里，如何再起航？此时稍微减缓一下脚步，投入精力更好地修炼内功，重点将店铺的数据打通，重构全新的人、货、场之间的关系十分重要。**此时良品铺子门店总裁的身份变更为"良品铺子数据化副总裁"。**从门店总裁到数据化副总裁，良品铺子对大数据的重视可见一斑。

（2）洞察客户

居安思危的良品铺子，在新零售道路上沉稳前行，也必将更加璀璨夺目。休闲零食属于客户的冲动购买产品，让客户产生冲动的背后，是让客户认可企业的品牌，良品铺子极力保证产品质量与口味，让客户认为比别家的好，进而养成在良品铺子消费的习惯。**第一，"标准化"是良品铺子持续不断追求的目标。**良品铺子制订完善详尽的生产工艺手册和产品检验指标，交付给代加工厂，代加工厂按照标准进行规模化生产。从做产品，到做标准，是良品铺子不断追求的目标。**第二，"个性化"是捕捉客户心理的关键要素。**借助于信息科技化，良品铺子抓取了大量评论数据，深入分析客户的喜好，扩充产品的品类，比如，良品铺子针对孕妇推出下午茶。客户评价的冰山一角，却代表着众多客户的心声，良品铺子安排专门人员，将店铺已上线产品的消费评论一一抓取下来，由产品部门认真分析。客户的意见，就是良品铺子最好的改进方向。

（3）客户体验

良品铺子为此成立专门的"客户体验良品铺子虚拟管理团队"，对各部门互联网平台、电子商务平台、客服中心转来的客户意见进行综合分析，并分解到各个分管部门，根据评价内容进行限时整改，提升客户满意度。良品铺子推出"一店一品"生活馆，不同店铺有不同主题，极力提升客户的体验。这些 IP 店举办不同主题的客户活动，实现品类与场景的深度融合发展，客户反响远超预期。**良品铺子认为，新零售的核心就是"以客户为核心，努力提升客户的体验"。**过去 10 年，良品铺子将重点放在"货和场"；而在新零售时代，要回归初心，回归到"人"这一核心要素上。

核心关注点。坚持"线下的重度运营"与"线上的战略性持续投入"，这是良品铺子前 10 年深度把握各种重要机遇和重要节点的根本原因。这个战略既解决了企业扩展问题，又解决了客户流量不足的问题。在一个更加以客户为中心的时代，良品铺子用什么手段来实现"更好的增长"和"黏住核心客户"？客户在不同场景有不同需求，线上强调客单价、转化率、流量三个要素，而在线下，门店的位置、观感和空间，以及服务、产品口碑等，都是客户关注的核心要素。

技术引领。良品铺子正在实施的"数字化运营"目标，就是赋予店员"互联网化和数据化的工具"，让他们能迅速识别进店客户及其喜好，以便做针对性的消费推介。良品铺子与阿里巴巴的智慧门店和数据银行进行合作，尝试使用更加新颖的市场营销科技手段和标准化服务模式。

小贴士

良品铺子开店三原则

良品铺子门店发展中心"2017，一起升级"主题年会，鼓励门店发展中心全员在新的一年回归基础，从"一"出发。门店发展系统是公司市场拓展的火车头。

各分公司开发部根据市场特点，深度分析市场现状，精确总结未来的战略定位，并详细解读各细分市场的布局策略，明确开店三原则——开大店，开好店，开盈利的店。

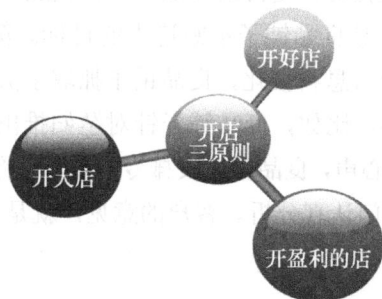

良品铺子开店三原则

5.6 新零售人才战略

5.6.1 电子商务团队的打造

良品铺子电子商务，是董事长杨红春和总裁杨银芬 2012 年布局的。这之前，2011年百草味入驻天猫，日销售额突破 50 万元，成为食品类目的第一名。次年安徽三只松鼠上线，仅仅 65 天，成为天猫坚果类目的全网第一名。这一切给了杨银芬很大刺激，当年下半年，良品铺子从人力资源部和市场部各选了一名员工，开始尝试天猫电子商务。电子商务的价值之一，是让客户更容易接触到自己的产品，**电子商务的第一战略定位，应该是"打品牌"而非"促销售"**，同时，互联网和电子商务的介入，有可能改变企业的组织行为和组织架构，让企业科技化和时尚起来。

通过了解,杨银芬发现,互联网企业和传统企业,在思路和商业模式上差异巨大。电子商务面对的是全国市场,反应迅速;而实体店只影响周围几公里的客户。两类企业的技术手段、决策体系、管理激励机制完全不一样,工作时间也不一样,比如,良品铺子员工上午 8:15 到公司,但电子商务员工却可以晚点到公司。

杨银芬一心打造一家纯电子商务食品科技公司,甚至花 200 万元给员工定做包括西装、衬衣、领带在内的全套工装,但服装到位后,有人告诉他:"凡是穿西装的,电子商务都做不起来,穿上西装,一板一眼,刻板思维就来了。"杨银芬于是撤回了穿工装的决定,而且,在中国零售峰会上,他自己也是一身休闲装亮相。

电子商务运营团队至关重要,其职能一般分为活动、推广、设计等。良品铺子将自营的天猫旗舰店运营团队的业务分为三个板块——平台活动、产品运营、免费流量,分别对应活动流量、免费流量、自主流量。在互联网时代,所有行业都可以被数据化,通过数据分析行业趋势,发现机会,导出有效行为,减少试错成本,提高运营效率。目前良品铺子电子商务分公司已有数百名员工,平均年龄为 26 岁,70 后员工不超过 10 个人。

5.6.2 人才培养体系

1. "核桃计划"与"核桃武林大会"

2016 年,良品铺子全面启动三大人才培养计划——"核桃计划"(储备总监)、"腰果计划"(储备经理)、"红枣计划"(管理培训生)。

2017 年 5 月,良品铺子召开"核桃武林大会",以"尊重人、培养人、成就人"为宗旨,搭建"一源两翼"Y 型人才培养体系,将之前的三大人才培养计划扩展为六大人才培养计划,即"核桃计划""腰果计划""红枣计划""雨露计划""阳光计划""种子计划"。至此,良品铺子人才培养体系全面建立。

2. 六大人才培养计划

"核桃计划"。储备总监,核桃补脑,象征总监层级如大脑般的领导作用。"核桃计划"是其中最高端的一个项目,旨在为良品铺子培养未来的高管人才,引入 EMBA 课程,通过道、术兼修的课程结构,培养企业中高层管理者的领导力,扩展其管理视野,建立管理理论和思想体系。

"腰果计划"。储备经理,腰果象征具备中坚力量的经理层级。"腰果计划"培养中层管理干部,使其具备组织能力、管理能力,提升领导力。

"红枣计划"。红枣补血，形象地比喻了管培生的造血功能。"红枣计划"针对工作满一年的员工，培养其通用管理能力，助其完成从企业人到职业人的转变，将其培养成独当一面的职业经理人。

"雨露计划"。针对集团全员，基于流程，提升专业能力，培养专业人才。针对日常的工作流程，以及任务具体的作业方式，进行润物细无声的团队交互性学习，提升在职人员的专业能力。

"阳光计划"。从应届毕业生中选优，打造一支高认同度、高素质的队伍，用于企业未来中高层管理者的储备。从"种子计划"学员中选出与企业文化高度契合的学员，从基层开始，通过"人盯人"方式培养 12 个月，为未来 10~15 年培养高层管理者，使其成为阳光一样照耀团队的人。

"种子计划"。针对应届毕业生，助其实现从学生到企业人的转变；让学员掌握公司各模块的运作流程和业务逻辑，培养具备良品铺子基因、高度认同企业文化的企业未来高层管理者。

良品铺子坚持"功者授薪、能者授权"的用人理念。"学习"需要道、术兼修，"应用"需要学以致用。良品铺子"核桃计划"学员统一着"英雄服"，"正衣冠，歌良品"，让管理者产生自豪感。在开班典礼上，良品铺子的"大家长"杨红春董事长会亲临授课，为培训对象深入讲解良品铺子发展战略及实施路径。从 2016 年至今，良品铺子每年均会开办这六种培训班，以提升良品铺子的整体人才素质。

至 2017 年 6 月，经过 9 个月的培养，"阳光计划"学员们已经从当初的大学生，成长为独当一面的区域经理。在毕业典礼上，董事长杨红春指出：第一，**"阳光计划"的培养关键点**是"重在炼心，次在练术，实战磨砺，主动淘汰，特殊待遇，长期跟踪"。第二，**大家要学会正确面对荣辱**，用内心的诉求驱动自我成长。第三，"阳光计划"要帮助**每个人梳理未来三年的规划**，明确自己的岗位路径、必备能力、交付成绩和收入目标，建立完善的阳光学员档案。

3．内训讲师团队

企业要发展好，培训至关重要。除了六大人才培养计划，良品铺子还有一群人被称为"内训讲师"，他们接受良品铺子商学院的认证，担负起培养人才的责任，兼职授课，帮助员工成长，这就是良品铺子的内训讲师团队。为感谢优秀讲师的辛勤付出，良品铺子商学院还特邀杨红春为各位讲师亲笔签名，定制讲师形象职业照，展现他们自信、大方的一面，讲师等级均在原等级上晋升一级。

　　培训课程除领导力系列课程外，还有"如何建立岗位工作标准""膳食营养基础""服务管理""人员沟通""产品管理""店长岗位认知"等。良品铺子商学院自 2014 年招募首批内训讲师以来，讲师团队人数已有数百人，每年良品铺子商学院会授予优秀者"年度十佳讲师"称号。

5.6.3　人才管理机制

　　2016 年起，良品铺子进入高速发展轨道，如何创新组织管理模式，重组职级体系，成为组织行为变革战略中最重要的课题之一。

　　此次职级系统升级的一项重大创新在于，**打破过去管理层级与行政层级对应挂靠的做法**，即管理层级与行政层级不存在必然的对应关系，员工能力、员工绩效和员工资历成为确定员工职级的主要依据。

　　管理层级岗位包括集团负责人、系统/事业部负责人、中心/分公司负责人、部门负责人、岗位任职者等。

　　行政层级岗位包括专员、主管、经理、总监、副总裁、总裁等。

　　比如，在传统的职级体系里，部门负责人多为经理级别，中心负责人多为总监，管理层级和行政层级为对应关系。**职级体系升级以后，员工的职业发展不再有天花板，员工可以依据能力和资历获得提升**，非管理者也可以成长为经理、总监。这种科学合理的职级体系，让管理者通过自身能力得到发展、晋升，而无须担心高一级岗位有无空缺，即使在同一级岗位上，也可以获得发展。同时，企业也避免了因任用管理者时过快提升员工的级别，而出现员工能力与级别不匹配的情况。鼓励员工发展，也鼓励员工提高专业能力，为向更高级别晋升打好基础。

5.6.4　干部管理

1. 首届干部大会

　　干部是企业成功的关键因素之一。2016 年 11 月，良品铺子首届干部大会召开，来自集团总部及分公司的各一、二级机构负责人、经理级以上人员，以及核心流程代表近 270 人出席了大会。

　　大会主题为"面向客户做实事"。

　　2016 年年初，良品铺子提出三大战略——"客户体验导向、产品创新驱动、组织行为变革"。这次大会针对三大战略核心内容之一——组织行为变革，回顾及展望整体组织变革工作进程，推进管理干部工作方法。

何为组织行为变革？组织行为变革不仅仅是架构的调整，更是整个组织管理工作和行为的持续深化。**第一阶段**，2016 年 8 月，良品铺子集团组织架构调整，职能及岗位变动，管理层级减少，去中心化。**第二阶段**，2016 年 10 月起，营造面向客户以及自驱动的组织氛围，通过三大项目，即组织设计、组织变革、组织管理，完成职能型组织向流程型组织的转变，实现关系协同、决策有效。

第一、二阶段目标的实现，需要通过"组织管理三板斧"——**计划管理、会议管理、考评管理**来落实。从而让管理干部更好地面向服务对象，做实事，做小事。

2．中高层研修班

良品铺子制定了"良品五年，百亿有我"战略，为优化中高层管理干部的知识结构，良品铺子与华中科技大学经济学院培训中心（EDP）合作，量身定制了为期 1 年零 4 个月的首届中高级工商管理（EMBA）课程。

50 余位中高层管理人员齐聚华中科技大学经济学院，在每个月的第一个周末，进行 EMBA 集中课程培训及公司内部课题研讨。14 节引人深思的管理课程，涵盖人力资源、财务管理、项目管理、团队打造等方面，助力良品铺子全方位培养中高层管理人才。培训课程包括"非人力资源经理的人力资源管理""传统企业互联网时代商业模式变革""打造团队高效执行力""企业变革与管理创新""管理者问题分析与解决"等。

良品铺子举办的首届中高层高级工商管理（EMBA）研修班结业后，仅隔一天，良品铺子"核桃计划"EMBA 研修班又在武汉大学开班，为良品铺子人才储备迈出新的一步。与武汉大学和华中科技大学的深度合作，是良品铺子利用武汉本土两家全国知名高校的资源，为企业未来发展提供智力支持的重要举措，体现了良品铺子领导者的深谋远虑。

3．储干招聘会

每年良品铺子都坚持从湖北知名高校招录储备干部。2014 年 3 月，良品铺子干部招聘武汉大学专场宣讲会举行。良品铺子电子商务及人力资源负责人，分别就良品铺子的发展和未来对人才的需求，进行了详细分析和解说。在互动阶段，毕业生表现出高涨的热情，到场的半数以上学生表示想要加入良品铺子。

良品铺子坚持"人才兴企"战略，随着企业的不断壮大，良品铺子招人、用人、培养人、激励人、成就人，已形成一套独有的做法，可实现人尽其才，让员工在企业舞台上尽情施展。

小贴士

新零售企业的组织变革

为配合业务转型，新零售企业的组织变革要实施四项举措。

一是事业部公司化。事业部就是分公司，实施全套公司化运作，不仅考核销售收入，更要考核毛利润，甚至净利润。

二是小团队作战。一个经营团队，业务包括采购、销售等，一个门店、一个品类负责人员都可以是一个团队。比如，苏宁将 18 万名员工分成 5000 多个小团队，一直保持小企业灵活多样的体系，小团队内部鼓励创业、创新的机制，保证其始终有旺盛的创造力和源源不断的活力。

三是人才年轻化。互联网是年轻人的天下，苏宁研发团队中 30 岁以下者占 90%，有硕士学历及以上者超过 20%。

四是专业持股化。四是专业持股化。针对新零售企业的核心团队、专业骨干可给予股权或期权方式，以便更好地激励和留住人才。

5.7　新零售文化制胜

良品铺子一直十分注重打造企业文化，尤其是在互联网领域，让年轻人做主，让人尽其才，为此做了大量细致入微的工作。2016 年 8 月，正值良品铺子十年大计，基于企业组织变革和未来发展，良品铺子决心重塑企业文化。2016 年 12 月，《良品主义/企业文化手册》正式发布。

5.7.1　良品铺子文化的起源与发展

2004 年，源于"把全世界零食搬到家门口，是一件可以把小生意做成大事业的事情"的想法，良品铺子正式萌芽。2006 年，良品铺子诞生，以"良心的品质，大家的铺子"为使命。伴随着公司的不断发展，良品铺子企业文化逐步酝酿，顺势而生。2009 年至 2011 年，是良品铺子文化建设的初期；2012 年至 2016 年，良品铺子文化逐渐形成自己独有的体系和特色。

1. 良品铺子文化的组成

经过十年的发展，良品铺子人形成了自己的价值观、理念、活动仪式等，最终将

《良品主义/企业文化手册》内容归纳为四个部分——"**文化理念、经营理念、管理政策、干部管理**"。文化，让一群有共同理念的人聚在一起。

良品铺子文化手册

2.《良品主义/企业文化手册》内容

《良品主义/企业文化手册》对文化纲领、使命、愿景及核心价值观均进行了提炼。

企业使命——"提供高品质食品，用美味感动世界"。

企业愿景——"成为消费者信赖的食品社区和消费入口"。

核心价值观——"品质、快乐、家"。核心价值观是良品铺子全员经营活动中的基本行为准则。

品质文化——始终将产品品质和员工品质放在第一位。

快乐文化——帮助他人成功，快乐自己、成就自我。

家文化——像对待家人一样对待消费者、同事和商业伙伴。

良品铺子让每位员工针对核心价值观，按照好、中、差的评价标准自我评价，并相互监督，相互提升。

5.7.2　董事长谈《良品主义/企业文化手册》

良品铺子企业文化部针对"经营理念、管理政策、干部管理"等模块进行了仔细的解析，并对全员学习这一手册进行了专项部署。《良品主义/企业文化手册》陆续下发至每位员工，成为各级干部以身作则的践行标准，同时带领全体员工传承良品主义。

董事长杨红春对良品主义/企业文化手册有着独到见解，**"学文化、有文化、用文化"**是其解读的关键词。

学文化。文化的产生，是整个社会人类劳动生产和生活，以及所有知识和经验的积累和沉淀。《良品主义/企业文化手册》有对社会、经营、管理的认识，有对未来的向往，有对别人经验的总结，也有对过去教训的吸取。

有文化。《良品主义/企业文化手册》是整个企业思想的精髓，是从良品铺子生产、生活实践中逐步发展出来的，涵盖了企业对市场、客户、商业趋势的认知，对组织、经营、管理等基础知识的认识，而有文化，首先就要有思想，有理论体系，有知识结构体系。

用文化。第一，要用好企业的思想、理念、价值观、信念系统。良品铺子的企业精神是"激情共创，快乐分享"，也就是要"分钱"，把公司变成一个"分账"的公司，光明正大地"分钱"，把账分好，钱越分才能越多，因为分的是市场、未来和创造的增量的钱，这都是基于良品铺子的思想文化而实现的。第二，要用好制度和流程。领导干部要用文化，就是要用流程、制度，完善和捍卫流程、制度。第三，要以身作则，率先垂范，用好自己的行为规范。要考虑领导的行为模式和行为习惯会对团队造成什么影响，好还是坏。第四，要注重和管理好身边的环境。管理者要用文化，就要用好一切环境，包括所有细节和周边环境。

5.7.3　《良品主义/企业文化手册》背景

1. 良品铺子九年，我们的反思与坚持

2015 年 8 月，良品铺子九周岁生日，董事长杨红春分享了他对企业文化的理解，

并发起了一场以"反思与坚持"为主题的全员企业文化研讨会。

（1）企业文化实际上是一件很真实的事，并没有想象的那么虚无缥缈。文化，实际上是企业在长期生产、经营过程中不断形成的一种共识，包括企业思想、经营理念、精神、制度、政策、流程、工作标准，以及活动仪式、品牌标识等。

（2）企业文化落地指思想理念、制度建设、行为和活动，以及环境四个层面的落地。

一是思想理念要落地。要把思考的问题搞清楚。如果员工长期不研讨、不反思，人云亦云，那么团队成员的脑子里就有很多"垃圾"。掌柜承包制、合伙经营制、员工加盟制在法理上是一种制度，在哲学上是一种平等，在经营意识上是把基础一线的员工当作技术专家，把人变成人才。

二是制度建设要落地。一个企业往往有两种制度：一种是做事情的制度，这类制度往往是工作流程；另一种是管理人的制度。一个企业要讲人性化，首先要把人性的需求制度化。这样才能既有制度化，又有真正的人性化。企业用人一般是从用亲人开始的，再就是熟人和陌生人。最终把陌生人变成熟人，把熟人变成亲人。所以要把涉及员工切身利益的问题制度化。良品铺子的激励分为长期激励、中期激励、短期激励，以及各类项目激励等。

三是行为和活动要落地。行为和活动都是文化的体验场。行为首先要合法，在企业要合规，合乎人间正道，合乎管理的基本规律。要反思所做的活动和业务是不是效率最高的，是不是对客户有价值的，是不是解决了"不知道怎么做"的问题。

四是环境要落地。办公环境、员工住宿、食堂、标语、产品包装与设计等构成了企业物质文化的重要内容。环境对于员工是至关重要的，是做企业的基础。员工的工作、生活、交通环境都应得到改善和提高，让员工愿意到公司工作。要真正实现思想文化落地，就要把现实的物质环境基础提高。

如何对待企业文化落地这件事？第一，文化的经营是基础又至高无上的经营。文化不是哪一个人的事情，公司全体员工要从思想认识上达成共识。第二，要规范公司的制度，主要是对人的三类需求制度（利益类、职业能力提升类、荣誉评比类）的规范，特别是利益分配的制度、涉及员工能力提升的制度，如培训、晋级、轮岗、绩效考核等，这些制度涉及人文核心。不关注员工利益分配制度，不关注员工能力发展、荣誉评比的制度，落实文化就是一句空话。

领导要带领员工畅所欲言，从下到上、从上到下分享。研讨要从现象到本质，不能总提问题而不提解决问题的方法，只说表面问题而不探寻问题的根源。那么，员工反思的结论是什么？问题的根本是什么？自己要坚持什么？干什么、怎么干能促使人的思想方面的制度落地，能促进整个团队的绩效、能力的提升？

5.7.4　良品铺子文化详解

团队文化。 2016 年 12 月，良品铺子举行首届全员徒步挑战赛——"良品冬季家年化，挑战金银湖"，有 800 余人参加。挑战赛的起点选在当时即将落成的良品大厦，这是为了让员工感受未来的新家，同时呼吁每位员工：繁忙工作之余，一定要注重身体健康。

主题晨会文化。 2017 年 6 月，良品铺子集团晨会上发布了最新晨会舞蹈《快乐你懂得》，这是良品铺子继《快乐指南》之后推出的又一支新晨会舞蹈。这些企业文化舞蹈，让大家在运动中快乐工作。在 6 月 1 日当天，良品铺子员工扮演了一群"天真无邪"的大朋友，大家重新戴上红领巾，重温一段年少的岁月，敬队礼，唱队歌。良品铺子希望每位员工永远保持年轻状态，只有富有激情，未来才能不断创造出更有创意、更让人惊喜的美好产品。

公益爱心文化。 良品铺子成立十二年以来，持续参加各类公益活动。良品铺子一直十分注重企业爱心文化建设，遇有重大社会公益事件，积极献爱心，打造企业公益爱心文化。2014 年 6 月，良品铺子正式成立"爱心基金"，员工遇到困难时，公司将第一时间给予帮助。做一家有爱的企业，良品铺子将爱心公益进行到底，每当企业内外发生灾情时，总能看到良品铺子员工的爱心。

十月婚典。 每年的金秋十月，良品铺子员工最期盼的节日——十月婚典就到来了。从 2014 年起，十月婚典已经连续举办了五届，第一届汉南碧桂园草地婚礼，第二届长江畔游轮婚礼，第三届汉口里中式婚礼，第四届楚河汉街婚礼，第五届武汉天地婚礼，董事长杨红春亲自为新人致贺词证婚。十月婚典体现了良品铺子"品质、快乐、家"的核心价值观，也成为良品铺子十月婚典文化的一个重要标签。

文化馆。 良品铺子大厦内精心打造了良品文化馆，馆名由著名雕塑大师刘焕章先生亲提。馆内资料记录了良品铺子创业 13 年的发展历程，让后来者感受创业不易，珍惜今日成果，展望未来发展。馆内陈列着第一至四代门店曾经用过的小铲、包装袋等物品，让旧时物品打动今日员工。新落成的良品铺子大厦文化味更浓，楼下广场上有火烈鸟、鱼跃、生生不息、快乐家、致青春等雕塑。文化馆逐步拓展至 400 多平方米，成为员工的精神家园。

5.7.5 华中十大经济年度人物

2017 年 11 月，"中国十大经济年度人物评选"由新浪财经、人民日报客户端和吴晓波频道等机构联合举办。当年的评选主题是"致敬时代驱动力"，从"创新性、前瞻性、颠覆性、持续性、成长性"五大维度，寻找中国转型大时代下引领商业之美、时代浪潮、产业变革的领袖型企业家。经过网络票选和专家评审团复评，良品铺子创始人兼董事长杨红春脱颖而出，获得"2017 华中地区十大经济年度人物"称号。

第 6 章

良品铺子的新零售供应链管理

6.1 新零售供应链

供应链是维系线上、线下交易的重要纽带，使原来的两个渠道相互冲突或相互独立的关系，逐步演变为融合发展的关系，并促进线下实体商业和电子商务平台双向发展，最终提升客户的消费体验和企业的运营效率。当线上销售额达到亿元级别之后，休闲零食电子商务企业对供应链管理的要求就会大幅提升。

良品铺子领先的供应链管理体系

在订单快速增长的情况下，产品供货是否及时、稳定？产品品质如何得以长期保障？良品铺子从 2012 年开始做电子商务，遇到过销售额逐年大幅增长，峰值高低时出货量差异巨大的状况，也经历了供应链发展的困扰。与传统企业的供应链管理不同，电子商务及全渠道供应链会出现瞬间爆量的情况，这就对采购及物流提出更为苛刻的要求。

良品铺子是一家通过数字化技术融合供应链管理，以及全渠道销售体系开展高品质休闲零食销售的品牌运营企业，以现代化供应链管理和全链条食品安全控制为基础保障。2019 年 6 月，良品铺子在比利时布鲁塞尔获得有美食界奥斯卡美誉的"2019

年顶级美味大奖（Superior Taste Award）"，这是中国企业登项国际美食塔尖的一次精彩亮相。此前，良品铺子还获得"世界食品品质评鉴大会金奖"。两项世界级大奖，是良品铺子新零售供应链管理能力的综合体现，也是良品铺子高端零食定位的诠释。良品铺子快速发展，客户对质量、时效、配送周期的要求越来越高。

未来十年，良品铺子供应链及良品铺子物流还将从粗放式增长，向**主动服务、超前服务、高效和高质量服务转变**，在高速发展的同时将**服务管理做得更加精细**。

良品铺子递交的上市申请报告中，明确表示募投项目资金将用于仓储和物流体系建设、良品铺子信息数字化建设、食品研发中心与检测中心升级项目，这些均是供应链提升的内容。伴随着中国人力成本的不断上涨，如何运用供应链思维打造更好的产品，如何集成运用自动化的物流设备、信息系统、管理理念，实现"人—机—物"的高效协同作业，如何进一步降本增效，是摆在良品铺子及全行业面前的重要课题。

6.1.1 供应链分类

供应链不再是单纯的生产运营供求关系，而是上连产品创新，下接客户市场变化，承接企业发展战略，对接可持续发展，实现企业长期稳定发展的关键因素之一。

那么物流与供应链有何关系？

物流。物流指实物的流动。在物品从供应地向接收地流动的过程中，需要将运输、储存、装卸、搬运、包装、流通加工、配送、信息处理等基本功能有机地结合。

精益物流。通过精益物流技术，可不断增加物料和产品的附加价值，获得更好的客户服务、更低的库存成本。实现精益物流需要缩短计划周期，缩短采购提前期，实施小批量、多频次库存控制策略，将供应链中物料从"预测推动式"转向基于实际客户需求的"需求拉动式"，降低制造和分销的批量，使产品开发适应于多个市场。实现精益物流有三种技术方法——基于时间的模拟、基于服务成本的模型、变革导向方法。

供应链。华中科技大学马士华教授认为，供应链是围绕核心企业，通过对信息流、物流、资金流的控制，从采购原材料开始，然后制成中间产品及最终产品，到由销售网络把产品送到客户手中为止，将供应商、分销商、零售商、最终客户连成一个整体的功能网链结构。供应链包括物流链、资金链、信息链和增值链。

供应链管理，就是以最低的成本，使供应链运作达到最优，包括从采购到满足客户的所有过程，工作流、实物流、资金流、信息流等均高效运作，把合适的产品以合理的价格及时、准确地送到客户手中。供应链的有效管理可**降低成本，提升客户服务水平，加快资金周转速度，提高市场占有率，使企业成为更受欢迎的合作伙伴。**

企业需要树立一种新的观念——供应链是战略竞争武器，而不是成本中心。

良品铺子供应链主要包括仓储供应链、物流供应链、信息供应链、采购供应链。

6.1.2　良品铺子四层供应链剖析

根据供应链管理模式，良品铺子供应链可分为零售层、核心企业层、产品供应层、原材料供应层。

零售层。零售层即良品铺子的销售渠道，包括遍布各城市的线下网点和众多线上渠道，如京东、天猫、微商城等。

核心企业层。核心企业层即公司承上启下的层面，包括各地的仓储枢纽，负责接收产品、分发至各门店及配送至客户手中。

产品供应层。产品供应层由各食品加工企业组成，这些企业接收良品铺子 OEM 代加工指令，将原材料供应商的各类食材加工成符合良品铺子采购标准的零食，良品铺子通过专门设置的供应商管理工程师（SQT），对供应商品质进行抽检。

原材料供应层。近年来良品铺子更加重视稀缺食材的采购，这也是各零食企业抢夺的重点，良品铺子采取的措施有战略合作（如与獐子岛合作生产海鲜零食）或独家买断（如对优质脆冬枣食材）。

良品铺子在四层供应链上做了深度研究并获得突破。零售层不断提升门店的获客能力，从第一代门店到第五代门店不断升级；核心企业层加大仓储和配送能力建设，在全国建设良品铺子云仓，实现更高效率和更低成本的配送；产品供应层挑选中国乃至全球最好的企业进行合作加工，出台加工标准，创新加工工艺，让健康零食的概念深入人心；原材料供应层加大投入，与农业科学家共同研究新品种，与原产地进行深入合作，确保自己的食材优于竞争对手的产品。

通过以上四个方面的努力，做到以销定产，以量补货，保证各渠道既不断货，又不形成存货积压，用数据化解决发展过程中遇到的问题，以加盟或员工众创模式提升单元自主活力，加大上游层面的掌控能力，提升供应链协同能力。

良品铺子的智慧供应链运用了模拟仿真、运筹优化、预测三种技术，对传统供应链的前、中、后端进行了优化和升级，并进一步探索智慧新零售发展模式。

6.1.3　物流供应链

物流供应链是供应链的物料流通渠道，是供应链管理中至关重要的部分，其中物流系统设计，即对原材料和零部件所经历的采购、仓储、投料、加工制造、装配、包装、运输、分销、零售等系列物流过程的设计，是优化的重点。

经过 10 年的摸索与尝试，尤其是在 2012 年电子商务深度优化后，良品铺子建成了一套完善的物流体系。良品铺子物流基地位于武汉东西湖区，可支撑 2000 家线下门店和线上店铺的销售。目前，良品铺子共有平台电商、本地生活和外卖业务、院线、企事业单位团购业务等 30 多条渠道，以及 2300 余家门店，这些复杂的配送需求，如何通过物流快速实现？面对数十个复杂的线上、线下销售渠道，如何实现既在关键时刻不掉链子，又能有效降低物流运营成本？

良品铺子电子商务物流，或者说良品铺子新零售物流，曾经**面临两大痛点——易出错+成本高**。为了进一步发展物流，2014 年 8 月，良品铺子成立了物流分公司，与集团公司各经营单元实行全面的结算化运营，这让物流成本更加可控，发展也进入快车道。良品铺子物流分公司现有员工 600 余人，华中仓储物流园区占地 70 亩，主要用于门店事业部和电子商务分公司所有订单的发货，提供专业的物流仓储配送服务。物流分公司有 12 个仓储基地，仓储作业面积达 15 万平方米，拥有日处理线下 20 万件订单、线上 70 万个包裹的能力，可承担食品分公司及电子商务分公司 160 亿元销售额的产品运送。

良品铺子物流仓储中心

良品铺子物流从仓储建设规划、信息系统升级、设施设备升级、组织建设、人才匹配、管理体系建设六个方面共同发展，努力打造成新零售物流的标杆企业。

6.1.4　限时供应链

良品铺子一步一步认识到电子商务的重要性，在 2012 年之前，电子商务业务仅作为传统渠道的一个补充，之后才逐步与传统渠道分开，独立运营；2013 年又以分公司的形式运营。良品铺子从战略高度布局，同时发展线下门店零售和线上电子商务业务，目标是成为全国休闲零食行业的第一品牌。物流体验成为良品铺子发力的重要手段之一，目前其线上电子商务交易额占比约为 45%，加盟店铺数量也在持续增长。

1. 让全国客户 48 小时内收到包裹

伴随着良品铺子全国订单数量的剧增，仅靠武汉一地总仓完成物流配送，已经是杯水车薪，远远不能满足客户对时限的精益要求，尤其是在"双 11"等高峰期，物流更是成为阻碍经营发展的重要瓶颈。2013 年良品铺子开始筹建自己的"云仓"。除湖北总仓外，2013 年至 2016 年，良品铺子先后在临安、北京、杭州、广州、西安、成都、江西、沈阳等地设立分仓，逐步实现仓库订单的覆盖区域不超过周边 500 公里范围。此举使得良品铺子全国范围内"隔日递"订单的及时送达率超过 85%，客户满意度大幅提升，物流成为良品铺子业务发展的重要推进剂。良品铺子内部规定，订单在仓库停留的时间不得超过 4 个小时。

2. 1 小时送达极致体验

良品铺子与阿里巴巴合作推出"极速达"物流服务，它已具备"软件（良品铺子品牌）"和"硬件（新型零售平台）"的双重优势。随着移动互联网的飞速发展，越来越多的客户通过手机 App 进行点餐、购物，外卖平台通过发放购物补贴、派发优惠券等方式吸引客户光临，良品铺子也一直在探索如何开展外卖业务，2015 年 5 月，良品铺子正式上线外卖平台淘点点，初步完成外卖市场的布局。

3. 鲜果外卖历程

2014 年 7 月初，良品铺子正式在武汉吴家山二店试点售卖水果。店内四层冰柜里摆放了 50 多个品种，既有苹果、梨、油桃、西瓜、菠萝等常规品种，也有泰国山竹、越南红心火龙果、美国车厘子等进口货。上市初期即实现产品基本丰富，良品铺子很快便从周边店铺中脱颖而出。

2015 年 2 月，良品铺子尝试在武汉百步亭二店和三阳鑫城店增开水果饮品等新业务，并首次新增果汁岛和水果拼盘服务，设置了水吧。同年 5 月，良品铺子与外卖平台淘点点合作，以水果为切入点，开通"线上订单+社区配送"全渠道 O2O 新模式，至此良品铺子的水果供应链基本完善，除进口水果外，国内当季新鲜水果也开始以原产地直采为主，市场上的热销品种，如广州荔枝、山东樱桃、武汉油桃、钟祥油饼西瓜、新疆车库杏，均实现原产地直采，更具竞争力。当年，增开水果业务的门店数量迅速突破 80 家。同时，良品铺子极力打造快速水果供应体系和饮品开发体系，形成一条涵盖水果原产地加工、分装、物流仓储等环节的水果供应体系，以及整合业内优秀原料供应商和饮品技术开发人才的饮品持续开发体系。

良品铺子鲜果供应链成为提升客户复购率的重要因素之一。

6.1.5 物流全渠道合作

1. 线上购买，线下取货

在实际经营中，良品铺子极力推动线上、线下加速融合发展。有人认为，"纯电子商务的时代已经过去，未来十年至二十年，将没有电子商务这一说。"当前市场上电子商务概念的确趋冷，新零售则风起云涌。只有将线上业务、线下业务、物流结合在一起，才可能诞生真正的新零售业态，良品铺子的快速发展印证了这一点。良品铺子已将线下门店与线上电子商务、社交媒体、移动端等互相融通，比如，武昌中北路的一位客户在电子商务平台购买了一个坚果礼盒，然后到线下门店取货，用时一共不到 5 分钟，这就是全渠道带来的便利。在线上扫码下单，到线下门店取货，这种模式将线下门店功能发挥得淋漓尽致。依托线下门店的库存，可让产品在最短物理距离内实现交付和流动。

2. 与京东到家合作升级

2015 年 7 月，京东到家与良品铺子强强联手，11 月，京东到家与良品铺子正式签署战略合作协议。良品铺子武汉地区的门店整体入驻京东到家电子商务平台，高峰期单日订单量可突破两千单，实现了双赢，这也是良品铺子 O2O 实践的成功案例之一。在武汉试点后，合作区域逐步扩展至全国市场，双方充分利用各自在物流、线下门店、流量等方面的优势资源，让良品铺子全国范围的客户都可享受到"生鲜2 小时内送到家""零食 3 公里内免费送"的快捷服务。良品铺子与京东到家的良好合作，促进了双方渠道的有效拓展，也是"互联网+"时代良品铺子新零售 O2O 落地的一项成功实践。通过与外卖平台合作，以生鲜水果和休闲零食为切入点，良品铺子形成了"订单+社区配送"的 O2O 服务体系。

3. 携手饿了么"1 小时年货到家"

2016 年，良品铺子与国内领先的外卖平台饿了么合作，推出"1 小时年货到家"外卖电子商务零食本地化、实时化服务，颠覆了传统思维，极大提升了客户体验。比如，客户刚刚从北京电联武汉的朋友："过年好啊！" 1 小时后武汉的朋友就收到加急配送到的年货，凡是良品铺子业务覆盖的地区，如湖北、湖南、江西、四川、河南五省，以及深圳和苏州两市，只要在网上发出订单，输入朋友的地址，借助饿了么电子商务平台及其物流服务，在 1 小时内便可置办年货。电子商务带来生活的改变，便利就是生产力，配送速度成为电子商务的有力竞争武器。"1 小时年货到家"，是良品铺子对新零售业务的探索和尝试，让客户感觉朋友就在身边。

便捷度+参与感=信任感。便捷度：全国 2100 家门店，以最近距离、最快速度配送，让客户获得极致体验；参与感：本地场景客户可通过社交购物；信任感：可提高销售转化率和复购率。"双 11"期间，良品铺子还与极速达、云货架等合作，抢下全国 O2O 第一单。全渠道、极速达、信息化，良品铺子在新零售上的优势一步步凸显，拉开与竞争对手的距离。2017 年上半年，良品铺子在饿了么的零食业务中占比高达 60%，在饿了么的最快送达时间平均为 28 分钟。

4．"良品益家"无人售货机

"良品益家"是一家无人售货机运营商，其设备主要在企业的办公区域投放，客户扫码支付后即可取走产品。设备中主要放置良品铺子旗下产品，包括坚果、肉脯、果脯、糕点、素食、冲饮六大类。每台设备可放置 74 件产品，产品价格与市场价相同，平均单价为 13～14 元。无人售货机由友宝代工厂进行生产，机器使用寿命超过 5 年，这是良品铺子在无人零售领域的一次尝试。

6.1.6　物流人才计划

1．物流人才如何打造

良品铺子需要怎样的物流管理人才？2017 年开始，良品铺子通过实现精益管理为客户提供快、准、省的服务，物流分公司围绕良品铺子集团的"核桃计划""腰果人才梯队培养机制"，启动良品铺子物流人才梯队培养计划，也称"夜操场训练营"。

这是在管理夜校班基础上的升级，为物流中心定向培养仓配管理、规划管理等方面的专业型管理人才。2017 年 4 月，物流中心与人事部门制定出物流中心关键岗位的能力素质模型，也明确了物流中心需要的"接班人"具备的能力类型，同时设置了七大关键课程，并确定了训练方式——"培养=培训+养护"。

2. 物流人才实训

2015 年以前，物流人员主要由外部培训机构进行行业培训，培训结束后却发现员工的实际沉淀和改变不足。2016 年进行改进和探索，除培训理论知识外，增加了实操训练。2017 年增加"夜操场训练营"，给学员设置任务，让导师课后辅导，再拉练展示。学员在导师辅导后，会在"夜操场"上"晒"出成果，导师通过对比找到学员的差距和改进方法，然后进一步训练。"夜操场"展示了导师的指导能力和学员学习提升的能力。

小贴士

新零售供应链管理战略重构

目前，50%的企业没有正规的供应链管理战略，以客户为中心和以数字化为驱动力成为新零售供应链管理的核心对标点。

客户发生了五个变化，即消费场景多元化、消费渠道分散化、消费体验个性化、支付手段多样化、消费时段随意化，随之，物流供应链也需要相应改变。

实施数字化物流，基于企业全链条的大数据，实现智能化和自动化的双升级，在智能仓储、智能运输、智能设备、智能物流等方面实现全方位的数字化，提升物流的运营效率。

新零售物流的五大需求，即更快速的物流、更高的性价比、更好的消费体验、更优质的产品和充分以客户为中心。

6.2 新零售仓储供应链

6.2.1 标准化仓库建设

1. 物流基地

良品铺子实现了仓储布局、物流网络和交付方式等的综合运用：**三级式仓储布局**，包括中心仓、区域仓和门店（仓）；**物流网络快速响应**，包括干线、支线和落地配等模式；**交付方式的便捷模式**，包括配送、预约和自提等形式。

2．标准化仓库管理的六个维度

一是**强化目视化管理**。制定文件，为仓库标准化推进工作提供全套基础依据。

二是**完善管理制度**。制定文件，贯彻实施，依据制度，科学管理。

三是**仓库规划建设**。模块化定义各功能区，根据使用项目及客户的不同需求制定文件。

四是**SOP 管理**。SOP 就是 Standard Operation Procedure 单词首字母的大写，即"标准作业程序"，可标准化定义不同层级仓库的库内标准作业程序，并将各层级流程进行整合，形成完整的企业生产运营体系。

五是**人员管理**。将管理规则形成文件，建立高效、合作的仓库内团队机制。

六是**KPI 管理**。依据仓库综合建设规划，设置不同业务运作的 KPI 关键指标，用数字说话。

3．物流园区建设：满足半径 500 公里范围内的配送需求

2006 年良品铺子开设第一家门店。最初库房面积仅有 30 平方米，随着门店的扩张，仓储物流所占面积逐渐扩展为 100 平方米、1000 平方米、5000 平方米、60 亩。伴随着线上业务的快速拓展，良品铺子也在不断推动物流配送体系的整体建设。

2010 年是良品铺子前后端变革的分水岭。之前的变革仅是不断增加仓储面积，从这一年开始，重点仓库的布局开始从生产向满足客户的方向转变。也是这一年，良品铺子开始涉足电子商务物流，并使用 WMS 物流管理系统，寻找多渠道、多平台、多业态的综合物流解决方案。良品铺子物流以客户为导向，根据两个要素进行选择：一是以仓储为中心，覆盖周边 500 公里内的城市配送；二是如果圈内订单占比达到建仓的极限值，就会进行分拆，另建一个新仓来满足配送时限需求。良品铺子在全国建了八个电子商务云仓，每个仓储服务半径都控制在 500 公里以内，既方便供应商就近送货，也便于快递公司达到配送时效要求。

电子商务仓配时效有指标要求，在仓储所在地省份，原则上次日递、隔日递、超四日达要控制在规定指标内；在非仓储所在地省份，指标略低，但也有明确的要求。

6.2.2　华中总仓的尖板眼

1．总仓定位

良品铺子以武汉为全国总基地，开展全国云仓的布局，其中华中物流中心，从项

目规划设计、系统集成、设备集成、现场运营到上线管理,均有可圈可点之处,其目标是打造成**服务华中、辐射全国的自动化、信息化、智能化的全国物流中心**。

根据良品铺子发展战略,华中总仓包括可实现仓储、分拣、包装、配送、客户退货处理等功能的全方位、智能化、线上和线下一体化的仓储物流中心,可实现快速进出与周转,产品的拆零出库量大,整零合一存储。仓储中心内,实现**货位精细化、作业简单共通化、高度信息化、作业智能化与适度自动化**,引入自动化立体库、万向分拣机等自动化、智能化的设备,形成一整套高效和谐的一体化作业模式。良品铺子总仓项目,提升了内部运营管理的质量,以及 B2B、B2C 订单的处理速度和客户满意度,实现了信息平台的统一化、物流管理的标准化、订单处理的迅捷化,这也标志着良品铺子华中物流中心可对华中及周边地区提供有力的支持,为良品铺子高速发展注入动力。

2. 自动化立体库

良品铺子华中总仓,一期投入建设的自动化立体库高达 22 米,存货量近百万件,采用全自动堆垛机,实现托盘产品的自动存取,通过条码自动识别功能来保证出入库的准确性,用于大批量的产品存储及出库补货作业。

自动化立体库入库口(条码自动识别)

项目一期涵盖 1 号、3 号两座厂房,其中 1 号厂房包括一层的入库、出库作业区域,以及自动化的立体库;二至五层为模块化作业区域,每层楼的布局一致,均为全品类布局,货品单独拣选,经由输送线送到一层分拨集货。项目可实现全自动补货、密集存储,以提高仓库利用率,所有完成拣选的产品通过输送线及各楼层的螺旋升降机,输送至万向分拣机进行分拣作业。各滑道的分拣产品通过电子标签指引完成按门店的分拣作业,经由电子便签指引,集货至对应门店的集货位,配送员根据 App 提示,按线路顺序将各门店的产品装车配送。

自动化立体库全自动堆垛机（托盘产品自动存取，保证出入库的准确性）

穿梭子母车与立体库进行联动作业

螺旋机（通过螺旋输送线和穿层线完成楼层间的货物输送）

全自动叠盘机（空托盘自动回收入立体库）

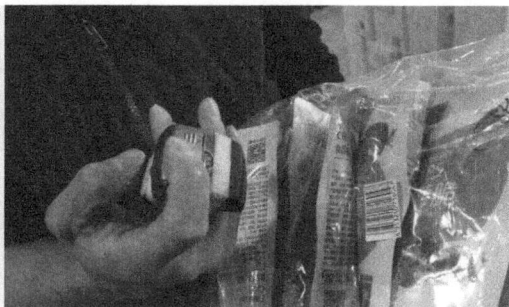

拆零作业区（零拣货车配备平板电脑、RF无线手持扫描指环、便携式打印机）

产品通过多条输送线合流，最终进入分拣机

二次分拣（主/辅线采用万向分拣机）

　　良品铺子华中物流中心项目，凭借具备智能算法的管理系统，根据各区域的产品属性和分拣需求，进行统筹规划和布局，通过操作精准、高效的智能设备，有针对性地解决了订单包裹大、中、小件的不均衡问题，以及物流场景复杂等问题，实现了综合物流处理能力的全面提升和有机匹配。智能化设备让拣货员工"少走路、少搬运、少判断"，从而提高了拣货效率，降低了错误率。良品铺子华中物流中心项目，以统一的仓储管理为基础，实现了低成本的运营，提升了内部运营的管理质量。

3．作业面：创新库内流水线拣货模式

良品铺子创新了物流模式，一方面合理布局仓储中心，另一方面在极大程度上提升了库内的作业效率。

出库包装越来越小，精准发货。 良品铺子物流原来都是整箱出货的，为提升周转率，从"大包"优化为"中包"，每天出库量翻了一番。

出库速度越来越快，日均产量提升。 目前良品铺子华中仓电子商务日均出单量最高达 30 万单，门店仓日均达 12 万单。电子商务采用"拣选流水线"的方式作业，若需要扩大生产，就增加流水线的数量。一条作业线就是一个货架，上下四层，分成两面，一面出货，另一面补货，一条线约有 40~50 个货位，员工在半径约 2 米的区域内走动作业，大大提高了拣货效率，降低了劳动强度。

4．终端面：组合快递模式及 KPI 管理

KPI 管理组合快递模式。 良品铺子没有采取自建物流模式，而是采取"自生长和外整合"的组合快递模式，并采用 KPI 管理方式提升物流服务效率。良品铺子物流业务主要分为线上 B2C、线下门店、线下本地生活和线上 B2B 四种。不同的物流，良品铺子采用不同的服务组合方式，比如，线上选用 EMS 和顺丰等。同时，良品铺子自身也拥有优质干线和部分落地资源，将自己管理的车队、区域及行业优质资源进行组合使用，还管理本地生活类的物流，如京东到家、外卖物流等。

自建、委托相结合的仓储管理模式。 良品铺子采取自生长方式，满足客户的定制化需求，同时将相对稳定且标准化的业务外包给第三方供应商。自建和委托托管方式相结合，既满足了提升客户服务满意度的需求，又可控，避免订单量波动幅度过大。自有物流仓库设施的投入，极大提升了良品铺子物流供应链的服务能力。同时，与优质服务商的战略合作，也提升了自身的品牌效应，并有效实施准确的成本管控。

5．信息面：全渠道下的物流前后台信息化对接

由于拥有庞大的门店系统、遍布全国的云仓体系、线上众多平台的销售系统，良品铺子投入巨资，与 IBM 和 SAP 合作，持续进行信息系统的升级换代，不断打通多业态、多渠道的物流作业系统。

要实施基于信息化的物流决策和管理功能，需要做到以下几项：**一是库容效率最大化。** 打破物理空间分隔，实现货位共享，即线上、线下共享库存。良品铺子将线上和线下业务整合以后，产品逐步趋同，只是 SKU 实行差异化的管理。原来电子商务

库存和实体仓分开，效率很低，易形成电子商务"爆仓"、实体仓却空闲的局面，现在实现全渠道信息化后，通过系统对接，实现了货柜资源的共享。二是库容动态联动。可售库存、存储库存、在途库存实时动态联动。良品铺子已将从前台到后台的供应链管理集成一套系统，可以实施全项目管控。三是分拣效率最大化。通过订单的过往数据，找出订单的规律，对于相同的订单地址，实施订单集合出库，减少无用功，降低物流配送成本，目前良品铺子电子商务集合出单率超过三分之一。

6.2.3 物流未来展望

目前良品铺子物流更多地集中在从仓到门店，以及从仓到客户两个领域，未来还将向供应链的前端及供应商进行延伸，在真正的多渠道、多业态实现精益物流。

仓先对库存产品进行分类。比如，供应商 A 和 B 的产品只送到相应的仓，供应商 C 的产品则可就近入仓，然后再整合到其他的仓，进行整合划拨。

多种模式交付客户。根据既有的品类——零食、水果、鲜食，良品铺子按照常规配送、冷链配送和工厂直送等模式，将产品从门店交到顾客手上，客户在线上下单，良品铺子可以从仓直接发货。另外，良品铺子物流工业园还可实现对产品的自动存储、自动分拣、自动发货。

多品类、多分区物流构架。平衡仓的结构虽然便于货物的调拨和周转，但还远远不够。未来，客户在任何一个渠道下单，可以到任何一个渠道取货。而良品铺子也会进一步调整自有品类管理方式，实现多品类、多分区的物流综合服务。

建立物流管控数据模型。以发货环节为例，良品铺子原来主要以淘宝 DSR 物流评分和发货速度为判断标准，在深入研究后，自行设置了 10 余项指标进行监控，不断提升速度、优化服务，在整个大流程没有大变动的情况下，客户的 24 小时和 48 小时签收率却大幅提升，良品铺子已建立起一套符合客户需求且更有效的物流管控数据模型。

6.2.4 仓储供应链"双 11"大战

"双 11"电子商务销售量及发货量是平时业务的 10 倍以上，如何应对物流大会战？良品铺子有自己的法宝。由于是休闲零食企业，年货节是食品电子商务业务量爆发的高峰时期，良品铺子主要采取三步走措施来应对。

云仓发货。避免单点"爆仓"，采取自营分仓或外包分仓的方式进行管理。仓储服务：卸货、收货（区域厂家批量送货）、存储（中转库存）、调拨、订单生产、退货分拣。配送服务：部分区域的快递服务、B2B 入仓。个性服务：礼盒组装、贴标、促销装的预包装等。

实施技术对接。要求所有的物流供应商与良品铺子 SAP 平台实现信息对接。

严格指标考核。对于物流供应商，按年进行招标，按月进行评价，双月不达标的给予警告或更换。良品铺子对于 24 小时、48 小时及 72 小时的妥投率有明确的要求。运营指标包括接单完成率、订单在库时长、盘点盈亏率、产品损耗率、客户投诉率、过账及时率等。

物流供应商信息技术对接分析

项　　目	使用良品铺子信息系统	使用物流供应商信息系统
数据对接	使用良品铺子物流 SAP 平台、EWM 高级仓库管理系统	良品铺子提供接口，服务商须对接开发接口，保障库存、账务以及作业数据的互通
人员对接	业务人员与良品铺子业务人员对接	专职信息负责人同良品铺子业务与信息部门对接
系统操作	前期须派人至良品铺子学习，后期按照系统操作作业的规范指引操作	按照自身系统要求操作，但不得违背良品铺子对业务的要求
系统排查	由良品铺子业务与财务人员进行系统单据检核，分仓须进行日常排查	良品铺子督导巡检时现场抽查
异常处理	系统故障由良品铺子负责解决，若操作异常，分仓须进行整改；若多次出现，则计入考核	良品铺子反馈当天须进行回复，2 个工作日内进行处理，若属系统开发异常，则整改时限不得超过一周，违规将计入考核

另外，良品铺子对存储作业场地也有明确的要求。

存储条件。食品和非食品应分库进行存放，不得与洗化用品、日杂用品等其他产品混放，库内不得存储散发异味的物品，库内 6S 管理要完善，有虫鼠害的治理措施。

仓库要求。仓库要有消防验收完毕的高台库（1 米以上），通风性能良好，夏季室内温度不高于 30℃。

场地大小。场地要可满足良品铺子峰值作业排布与峰值库存存储，与第一项作业能力相匹配。

小贴士

未来全球供应链发展的三个方向

根据世界权威机构 Gartner 的研究，未来全球供应链将向三个方向发展：

一是全面的客户体验；二是扩展的数字化供应链；三是循环供应链。

如何打造新模式，如何运用新技术，如何贴近客户，如何实现绿色环保，以及如何建立端到端的服务体系，是未来供应链管理创新企业要积极探索之处。

6.3　新零售的供应商管理

在新零售时代，企业应与供应商保持什么样的合作关系？

6.3.1　物流供应商月度评价考核制度

良品铺子与物流供应商形成了战略合作关系，每月召开物流供应商月度质量沟通会，对运营质量问题及时协调解决，同时推进各物流供应商之间的相互竞争，共同提高其服务品质。每月上旬，良品铺子物流分公司配送管理部召开物流供应商月度质量沟通会，会议由相关考核制度宣贯、月度质量回顾及月度考核、制度答疑三部分组成。

这个会议可以极大提升良品铺子的运营质量，让客户有更好的体验，也是良品铺子物流成熟的标志。通过与物流供应商的交流、沟通，搭建一个以解决问题为核心的交流平台，让各家物流企业比较各自的指标，找差距，比速度，比服务，以满足各分仓业务发展需求、促进指标达成为目的，最终让良品铺子的消费者感受到企业精益管理带来的实质变化。

会议的重中之重是各物流供应商汇报自身的质量指标、改进措施的落实情况、指标差距的提升安排，良品铺子工作人员也会将各家物流供应商的指标进行通报，进行周期考核评估、日常单项处罚等，以便协调良品铺子总部的质量发展要求。良品铺子供应商月度沟通会，有效提升了良品铺子的物流质量，也让物流供应商形成了在良品铺子项目上的自我质量提升机制。

6.3.2　对物流供应商的管理和激励

1．对物流供应商的管理

物流供应商的考核指标，一般由**服务类指标**、**时效类指标**、**操作类指标**组成。

服务类指标主要是客户投诉率，客诉数据来自售后服务小组。

时效类指标主要是 24 小时、48 小时、超 72 小时妥投率等。

操作类指标指根据仓库现场管理办法得出的月度综合评分。根据指标权重得出对物流供应商的综合评分，针对出现的差错给予不等标准的处罚。

2．对物流供应商的激励

考核内容包括包裹丢失、物品损毁短少、投递服务、信息更新、异常退件、虚假签收、违规收费、客服售后、违纪违法、收寄服务等方面，这些数据来自客户的投诉、差评及舆情监测数据等。

指标考核兑现。良品铺子对物流企业制定了指标考核标准、奖惩管理办法，根据每日、每周、每月、半年指标完成情况，给予相应的奖励或处罚。

快递服务理赔标准。良品铺子对包裹揽收、中转运输、派送签收、包裹拦截、退件处理、超区转单、客服响应、违纪违法都有明确规定。

客诉情况细分。良品铺子每月向各仓物流供应商提供客诉分析报告，包括包裹数、客诉率、指标差距、包裹占比、分区客诉得分等数据。

6.3.3　物流管理的模式突破

1．物流供应商大会

良品铺子物流分公司除了每月召开供应商协调视频会，还召开半年及年终供应商大会。2016 年 9 月，良品铺子物流分公司"2016 年中供应商大会"在武汉召开，全国涉及门店配送、干线运输、快递服务、仓配服务的 27 家供应商齐聚一堂。会上对上半年供应商的运营质量进行了专项回顾，主要涉及时效、服务、客诉、配合度等方面，通过各供应商的质量排名，对上半年服务质量优异或进步明显的供应商进行表彰，同时发布下半年电子商务大促及春节旺季的货量，通报资源保障机制及要求。会上还对食品安全、作业现场、操作能力、门店服务、破损问题、回单管理、客户服务、恶性事件八个方面的典型案例进行剖析，重申相关考核要求，杜绝此类事件再次发生。会后，各供应商纷纷表示继续深入研究良品铺子的需求，不断提升自身服务能力。

通过这种方式，商家可与快递物流企业进行有效沟通，及时发现相关问题，促进物流水平的提升。只有沟通，才能进步；只有共赢，才能持续发展。

良品铺子物流从成熟走向领先，其携手并进、合作共赢的精神，必将引导和激励合作伙伴在即将到来的旺季中与自己风雨同舟，迎接挑战。

2．物流年会

2016 年 3 月，良品铺子物流分公司召开"2015 年度总结暨 2016 '我的青春我做主'"主题年会。

良品铺子物流分公司总经理指出，要建立岗位多功能机制，全面实行计件、计时的工资模式，让员工立足本岗位，响应自主经营机制，调动大家主动创新的积极性；建立物流在职教育机制，提升专业技能。会上，良品铺子董事长没有重点讲述企业的发展战略，而是以物流分公司总经理的经历为例，阐述个体如何在企业平台上创造更多价值。在良品铺子工作，学历并不是最重要的，最重要的是学习能力和在工作中积累的经验。良品铺子物流分公司要建组织、定流程、带队伍、培养人才。

会上还发布了物流分公司的分仓承包责任制，鼓励员工转变思想，成为合伙人，自主经营，共同创造良品铺子的未来。

3．创新分享会

2016 年 8 月上旬，良品铺子创新分享会上，物流分公司格外抢眼，小物流，新花样，分享会让更多新人展示自己。基层员工是星星之火，可燎良品铺子整片草原。良品铺子物流分公司分三个阶段开展创新分享，5 月召开"改变小行为，成就大变革"管理症结剖析会，6 月召开创新生发会，7 月组织"物流创新分享季"活动。

只有自发的创新才是持续有效的。物流分公司每月举办两期管理夜校班，原来员工理解的创新都是高大上的，做出大项目或创造大效益才是创新，通过这次分享会，大家了解到，工作中一些小的改变或改造，都是有效的创新。而最大的创新就是，物流分公司 600 名员工有思想、有行动、有创造力、不等不靠不冷漠。在集团创新成果评比时，物流分公司共收获 32 个创新成果，涉及提效降耗、管理优化、作业工具改造等。

盘点笼车改造。 员工盘点时需要登高作业，其中存在安全隐患，物流分公司完成了 16 台笼车的改造，2 个月时间就节省费用约 3 万元，全年节省费用约 20 万元。

计件薪酬模式改革。 从保底到不保底，与人效和质量挂钩，调整后 1 元人工成本产出从 1.63 元增至 2 元，员工主动要求加班，当月用工数减少 39 人，费用节省了 11 万元。

供应商退货制度优化。 改变了原有供应商退货效率低的局面，优化为预约退货，供应商提前获知退货任务，可合理用工，提升退货的时效和准确性。员工对生产管理的自动热情参与，是企业提升效率的最快手段，员工最了解自己的企业和岗位，只要充分发挥其创造性，就能产生源源不断的动力。

物流分公司不断创新，并总结归纳出创新的类别，让不同层次的员工了解自己创新的方向、工作着力点，让员工走上创新的舞台，创新后有荣誉感，成果复制后有效果感，个人获得奖励后有实惠感。内部创新是企业发展的有力武器，创新需要行动，创新需要全员的参与，创新需要想大做小。创新就是工作中发现了前人没发现的东西，不分高低，贵在思考，贵在实践。用玩的心，做匠的事；破旧立新，省时创效；处处留心皆创新。

创新就是，锁定目标，蹚出一条比原来更高效的路。

4. 物流技能大比拼

良品铺子物流分公司十分注重业务技能的提升，先后开展配送服务技能大赛、"828"大促劳动竞赛、叉车技能大赛等活动，努力提升员工的各项专业技能。叉车技能大赛分为理论考试、实操考核和花式操作考核，理论考试内容包括叉车规范操作知识、仓内安全行驶要求及叉车维修保养知识；实操考核内容包括压入式货架一个货位四托盘货物的上架、下架操作；花式操作考核内容包括平地 S 路线巧绕路障技巧，货叉托盘上四个角摆放的水瓶不得倒落，犹如考驾照，在安全规范操作中赛出技能新高度。

5. 首届主题运动会

2016 年 6 月，良品铺子物流分公司首届主题运动会拉开帷幕。与其他下属单位相比较，物流分公司的工作相对枯燥和劳累，但物流团队在运动会上展示出团结拼搏、坚韧不拔的士气和富有活力的朝气。300 多名物流员工放下手中的工作，在哨声中激情运动。运动会将企业工作与运动充分结合，各岗位、各年龄段员工都能参加。比赛项目有地牛搬水比赛、分组拔河比赛、女神跳绳比赛、西瓜吃货比赛等。运动中，员工交流了感情，提升了工作激情、凝聚力和战斗力。

6. "闪电侠"劳动竞赛

良品铺子物流分公司仓储部门每月都要举办月度"闪电侠"劳动竞赛，让员工在平凡的岗位上挑战极限，并培养更多"岗位多能工"。2016 年 4 月，华中仓"闪电侠"擂主争霸赛开始，员工们纷纷挑战峰值。分拣员快速分拣，复核员飞速核对，确保每一个包裹准确完好。最终，一小时最高拣货数达到 1805 标签数，226 个包裹数（挑战值为 120 个包裹数），高出平时一小时产出量的 3 倍，远远超出预期值，并刷新了纪录。复核组一小时复核的包裹数达到 85 单，标签数达到 909 标。"骏马是跑出来的，强兵是打出来的。"平凡的事做到极致，就是不平凡；简单的招式练到极致，就是绝招。

7. 感恩节

2017 年 11 月，良品铺子物流分公司启动第二届感恩节活动，让物流人表达所想，说出了内心的话语。2017 年，物流分公司全体员工齐心协力，共同迎接挑战，创下一个个辉煌的战绩。良品铺子一号仓搬仓，新系统上线，线上仓保质保量地完成了"618""828""双 11"发货任务。物流分公司发起"向心中的勇士致敬"活动，向他们致谢，为他们喝彩，让幕后的勇士站到台前。感恩他人，并学会接受他人的感恩，是良品主义价值观传递的使命之一。

6.3.4 新零售供应商管理

1. 供应商管理的六个"锦囊"

一是与核心供应商建立战略性合作关系。积极培训，这是当今企业发展的趋势。

二是提倡双赢机制。这种双赢机制有利于保障大规模采购时"准时采购"的执行。

三是对供应商执行激励机制。没有有效的激励机制，就不可能长久维持良好的供应关系。

四是与供应商建立信息交流共享机制。这种信息交流共享机制有助于减少投机行为，促进重要生产信息自由流动，具体可采取成本交流、联合小组、互访机制等方式。

五是寻找合理的评价方法。通过评价，可以促进供应商不断提升，不断改进，提升合作水平。

六是合作的四维度评价选择。第一，优势选择，主要考虑组织管理能力、创新能力、设计能力、生产能力、服务能力、营销能力、研究开发能力等指标。第二，信任度内涵，主要包括合同履约、信用度、客户信誉度、价值观差异、上下游伙伴满意度等方面。第三，投入强度，主要包括技术设备、资金、知识资源、人力资源投入强度和参与合作动机等。第四，协作能力，包括支持环境有效性、资源动态调配及作业流程重组能力、适于网上对接的合作管理协调机制等。

2. 供应链管理的新技术

供应链管理的新技术包括供应链可视化、供应链连接、供应链语音识别及数码成像、供应链 RFID 及实时定位、供应链安全及远程管理、供应链协同、绿色供应链、供应链物流机器人与无人机等前沿技术。

3．供应链的三个维度

第一，供应链是一种战略思维，包括国家、产业、城市、企业四个战略层面，需由各级分别实施；

第二，供应链是一种模式创新，是大数据、移动互联网、云计算等当代信息技术支撑下的模式创新；

第三，供应链是一种技术进步。

小贴士

柔性供应链管理的八个"贯通"

在新零售时代，产品的供应链全面升级，需要线上、线下全渠道更好地融合，需要对产品的供应链进行重构，打造"以客户为中心"的新零售物流柔性供应链体系。

柔性供应链管理需要实现八个"贯通"，**即产品与价格贯通、供应链系统贯通、支付贯通、会员体系贯通、营销和促销贯通、服务贯通、观念贯通、利益贯通**。根据销售数据进行分析，通过技术手段实现全程可视化、智能预警、智能预测、智能补货、智能定价、智能翻单、智能促销、协同高效、快速柔性的供应链，提高预测精准度，进行动态反馈，缩短供应链反应周期。柔性供应链将更能适应未来发展。

6.4　新零售"互联网+"云仓

6.4.1　标准化仓库的六维度管理

在标准化仓库管理的基础上，企业各云仓通过仓储硬件建设、软件基础建设，夯实综合运营能力，提升各层面管理水平及业务能力，实现仓库管理的标准化，并重点关注六个维度——目视化管理、制度管理、仓库规划建设管理、SOP 标准作业程序管理、人员管理、KPI 管理。

标准化仓库六维度管理详解

六维度管理	维度详解分析
目视化管理	① 形成文件，为仓库标准化推进工作提供基础保障； ② 看板、人员管理、设施、设备、作业管理、安全管理六个模块可实现现场的目视化

续表

六维度管理	维度详解分析
制度管理	① 将相关制度形成文件，并贯彻实施，全面增强仓库的标准化管理水平； ② 制度框架梳理，制度编制计划（简版、精版），制度实施和培训
仓库规划 建设管理	① 标准模块化定义仓库的各个功能区域，根据不同仓库的建设需求，制定相应文件，包括新项目上线开仓作业指导书等； ② 场地人员、设备设施（含采购）、流程规划实施
SOP 标准作业 程序管理	① 标准化定义不同层级仓库的库内 SOP 标准作业程序，并将不同层级流程进行整合，形成完整的管理体系； ② 前期调研，项目梳理分类（不同业务层面工作流程框架、不同业务单位间的工作流程），文件编制，SOP 培训
人员管理	① 形成文件，建立高效、合作的团队； ② 组建团队（搭建）、团队建设（管理）、大促人员培训
KPI 管理	依据仓库综合建设规划，设置不同业务的运作 KPI 关键指标

6.4.2　目视化管理

1．看板管理

看板样式目视化。统一看板大小，根据实施情况进一步完善看板版面设计。

看板内容目视化。各仓根据自身实际情况设计看板内容，包括平面布局图、生产管理、质量管理、流程管理、人员管理、提案改善、激励制度等，根据实施情况进一步完善看板内容，使之能更实际地反映仓内部门的情况，更好地进行目视化管理。

看板责任人目视化。明确责任人、监督人的工作内容、应该达到的标准，以及检查考核办法。

2．人员管理

规章制度管理目视化。明确规章制度管理，完善各岗位的管理工作，使各岗位职能明确。

仪表、仪容管理目视化。完善仪容、仪表管理制度，加强仪容、仪表管理的宣传和落实工作。

人员岗位管理目视化。通过看板、图表等形式明确各岗位的工作职责，完善岗位管理。

3．设施管理

仓库铭牌、区域目视化。仓库各区域标识牌、货架标识、通道、作业区域等目视化。

货品状态目视化。通过区域、标识、库位、颜色等使物品的状态目视化，做好货品管理的保持、推进、检查等考核工作。

货品存放目视化。货品存放（拣货、分拣、包装、称重等）区域划分方便管理。

4．设备管理

设备操作、维保目视化。利用表格、图片、警示标语等工具，使设备的操作、维保实现目视化。

设备区域布局目视化。工作台（复合包装台、称重台、收货台、退货台、拣货车、播种车、地牛等）设备编号，布局，存放区域的目视化。

设备责任人目视化。利用图片明确设备责任人的职责，完善设备责任人的目视化。

5．作业管理

作业标准目视化。利用图表等直观的展示工具，使作业标准目视化。

控制要点目视化。在作业标准中明确质量控制的要点，将质量控制要点目视化。

作业流程目视化。利用图表等直观地展示作业流程，提高作业流程目视化的程度。

作业计划、进度目视化。利用看板、图表等将每日工作计划与指标、任务完成情况等直观展示。

6．安全管理

消防器材管理目视化。利用图片、颜色区分、警示标语等方式明确消防器材的位置、责任人、管理办法、使用方法等，使消防器材的管理及使用目视化。

危险点管理目视化。利用图表、警示标语等方式将危险点的管理目视化。

安全警示标语目视化。将安全警示标语张贴在醒目位置及危险源附近。

安全责任区域管理目视化。将安全责任区域用不同颜色区分，明确区域的管理职责及管理重点。

6.4.3　良品铺子物流体系的分与合

良品铺子物流体系因互联网的发展而多次调整，经历了多次分与合。

1. 仓储分离管理

2012 年良品铺子物流起步时，线上和线下物流、仓储、人员和作业流程都是一体的，但两个渠道的产品包装大小不一，电子商务产品是定量装，而门店产品是小袋现场称重装，这样，一个电子商务包裹须经小袋称重、多袋包装、多包装箱、封装、面单粘贴等流程才能发出，时间较长，物流拖了电子商务发展的后腿。2013 年，独立的电子商务物流部门成立，并开始尝试在全国建设云仓，与线下五省门店的仓库作业完全不同。目前，良品铺子电子商务在临安、北京、广州、成都、西安、沈阳等地均开设了分仓，50%以上的订单可实现次日递，85%的订单可实现隔日递，仓库所在省份次日递标准更高。

2. 仓储合并管理

线上和线下物流分别运营的模式日益暴露出弊端，由于两仓的信息互不兼容，会出现电子商务仓爆仓，而门店仓却预警库存积压的现象。2015 年，良品铺子实施 SAP 信息系统集成，线上、线下物流仓储从合到分，现在又面临合并打通，实现设备、人员、管理流程的综合利用。2016 年 6 月，良品铺子实现了线上、线下同仓同库存运作，而且系统可以自动识别电子商务货品和门店货品。打通库存意味着，仓库里的东西，门店和电子商务都可以卖，库存相当于虚拟库存，实物数据共享。通过信息化，线上、线下仓库都使用 SAP 的 WMS 仓储管理系统，统一编码。

6.4.4 云仓规划及费用设计

1. 云仓规划

良品铺子根据分仓近期的业务量，预测近三年的扩展数据，由分仓承运商提出硬件建设规划安排，主要包括①仓储面积；②生产线；③网络宽带；④秒杀处理台席；⑤电子设备：复核设备（电脑、条码阅读机、单据打印机），订单处理设备（工业高速热敏打印机、集合拣选单打印机、电脑），RF 枪等；⑥机械设备（复核台席、订单处理台席、拣货车、电动叉车、手动叉车）。

2. 云仓费用设计

仓储服务费。仓储服务费主要包括订单处理费、装卸费、退货分拣费、超期存储费、B2B 调拨出库费用等；

增值服务费。增值服务费包括代贴条码费、送货入仓费、礼盒组装费、收货质检费等；

配送费用。重量以良品铺子的系统记录为准，根据始发地，按照分仓到全国的"首重+续重"的报价模式计价。

6.4.5　云仓物流岗位及职责

线上分拣员/复核员。该岗位员工负责在仓内分拣货物，扫描复核产品，保质保量地发出货物。

补货员。该岗位员工负责根据分拣计划的需求进行补货，目标是保障分拣下游环节有货可拣，供应不断，还要防止货品破损。

分装员。该岗位员工负责逢年过节、大小活动需要的各类礼盒的分装，讲究集体协作。

线上仓仓库管理员。该岗位员工负责仓库日常物资的验收、入库、保管、码放、盘点、对账，以及仓库日常物资的拣选、复核、装车及发运等工作。

线下仓叉车员/装卸员。该岗位员工要求有叉车资格证，有 1～2 年工作经验和驾驶技术，能胜任货品上下架工作。

配送员。该岗位员工负责跟车将货物安全配送至门店，每天与门店员工交流。

线下仓分拣员。该岗位员工负责根据门店的计划需求，将对应品种及数量的货物从仓库拣出，送到复核组进行复核，确保产品最终准确送到客户手中。

仓储运营总监。仓储运营总监的职责，一是全面指导物流分公司线上电子商务仓及线下实体仓的仓储运营系统工作，监督和检查仓储运营过程中的质量体系运行状况；二是推动多部门合作流程体系的优化，包括仓储运营体系、仓储业务流程体系的梳理和完善；三是监控仓储运营部门的运作绩效，降低成本；四是对分仓的仓储运作、质量控制、费用控制、效率控制及其他相关数据进行分析，及时发现运行过程中的问题并进行管理；五是负责制定与日常运营相关的制度体系，建立和规范高效的运营管理体系。六是负责对仓储运营管理部员工的日常管理、考核培养以及组织建设等工作。

仓储规划主管。仓储规划主管的职责，一是协助仓储运营总监完成分仓建设前的规划与筹备相关工作；二是负责统筹分析各仓的作业数据，优化仓内布局及作业路线设计；三是负责各仓作业设施的需求分析与配备。

物流体系主管。物流体系主管的职责，一是负责统筹物流分公司的体系建设工作，将仓储、配送的体系建设工作在各仓进行推广落实；二是负责对各仓的运行指标进行汇总、分析，找出各仓的运行机会点，协同各仓负责人对仓储指标进行改进和提升。

物流运营督导。物流运营督导的职责，一是负责对各仓的物流体系标准运行情况进行巡检；二是负责各仓运行指标的统计、汇总；三是负责协助物流体系主管将各仓的运行改进计划进行推广执行。

物流服务主管。物流服务主管的职责，一是负责对接业务部门对物流的需求及意见，将需求及意见进行整合；二是负责将业务部门的需求，根据物流各仓的配送及仓储力量，对接落地方案的研究。三是负责将落地方案推广至相应的分仓内，确保方案的准确执行并进行实施效果评估。

电商仓储经理。电商仓储经理的职责，一是负责仓库整体工作的筹划与管理，熟悉电子商务收货、调拨、库存管理等仓储作业流程工作，保障仓内产品的账实相符；二是负责制定仓储规范作业流程及标准，提高库容的利用率，持续降低成本；三是科学管理货品的库位，保障在库产品的安全，避免仓库的内损；四是负责根据总公司下达的调拨指令，指导监督部门执行自营平台及分仓调拨；五是负责指导并监督部门人员执行各平台退货、分仓退货、退货的回收及处理。

6.4.6　物流管理制度

1. 收货管理制度

良品铺子物流分公司发布了《良品铺子物流收货制度》手册，内容包括一个制度和三个作业指导书，收货、入库、分拣、出库、配送到店、售卖到客户手中，每个环节都是良品铺子品质的体现。之后，各岗位陆续出台对应的管理制度，通过操作人员的推广学习，掌握规范的操作流程。良品铺子通过喜闻乐见的情景剧方式，让员工有实体感受，各岗位若不认真，将会最终影响良品铺子的声誉；让员工知道，由于自己一时不经意的小差错，未按要求收货，将为下游各个环节的工作造成巨大的困扰，最后导致系列问题出现。

2. 复核内抽管理制度

为了提高线上仓的作业质量，减少员工操作差异，降低客诉率，保障物流发货的质量，良品铺子物流分公司制定了复核内抽管理制度，对复核差异情况进行奖惩和管控。复核内抽是指，复核岗位在完成包裹复核和打包工作后，辅助岗每日对复核岗完成的包裹随机进行质量抽检，抽检内容包括包裹与订单产品是否无差异，包裹外箱包装和内物打包陈列是否符合标准，同时对仓库原因导致的客户投诉进行责任人核实等。实施差异责任人惩罚及全月无差异复核员奖励机制。差错包括多发、漏发、错发、清单发票缺失、实际使用箱型不符、产品陈列杂乱、未按标准封箱打包等。

3．其他相关制度

仓库内作业在于规范，良品铺子为合作商及自己的内部运营制定了详细的标准，规定每项动作及产品需要达到的要求，比 6S 管理更为苛刻。良品铺子陆续出台《线上精准作业检核表》《复核作业质量抽检表》《订单拣选生产发货（线上）检核表》《承运商揽收登记表》《周客诉分析模型表》《包裹封箱打包标准检核表》《产品打包陈列标准检核表》，以及产品保质期管理制度等，明确检核方法、打包陈列标准，给出标准图例，提出标准规范、精准细节，明确职责、权限和分工，对内容、奖励、惩罚等做出了详细规定，制度包括对门店及配送管理的要求。细节决定成败，良品铺子在物流领域制定的规范细致入微，让每一个动作更规范、更精准、更统一。

这一整套管理方法，就像良品铺子对食品加工环节的管理一样，讲究细节，尽量为客户提供最好的物流体验，物流本身也是交付产品的一部分。

6.4.7　计件工资制度及云仓速配

1．计件工资制度

通过 RF 射频识别拣选进行激励，实行计件工资制度。使用 RF 射频识别拣选的好处是，员工完成的任务可以记入信息系统。良品铺子实行计件工资制度，将工作量分为五个梯度，分别对应不同的工资水平。计件工资制度让员工多劳多得。制度实行后，员工对加班也不抱怨了，有的甚至连午觉都不睡，吃过饭就到仓库拣货。

2．中邮云仓速配

良品铺子云仓主要与新怡物流、中邮云仓等合作，其中，中邮云仓产品是中国邮政速递（EMS）2014 年推出的进一步服务电子商务市场的重要产品，该产品是一套为有仓配一体化需求的客户设计的整体解决方案，将有亚洲第一规模之称的南京速递物流航空集散中心作为转运枢纽，连同全国七大转运中心、六万多个自提点，以及十二万个农村终端，向更深层次的市场进行渗透。中邮云仓实现了全国仓储布局，同系统，同标准，统一服务。

小贴士

6S 管理详解

6S 管理，即整理、整顿、清扫、清洁、素养、安全，起源于日本现代工厂管理，每个英文单词均以 S 起音，随着在世界范围的推广实施，受到越来越多管理者的重视。良品铺子在各仓内推行 6S 管理，将责任人和责任区域进行划分，员工正在整理的货物在货架上摆放整齐，有利于拣货员提高工作效率。通过 6S 管理的有效实施，培养内部员工仔细认真的良好工作习惯，最终提升人的品质，养成凡事认真的工作作风，打造精益求精、追求卓越的企业文化。

良品铺子 6S 管理指标

6S 管理内容	具 体 说 明	目 的
整理（SEIRI）	将工作场所的所有物品，有效区分为"有必要的"和"没有必要的"，除了"有必要的"可以留下来，其他物品均须清除	腾出空间，防止误用，将空间活用，营造清爽整洁的工作环境。空间整洁，会使行动更加干练
整顿（SEITON）	把留下来的"有必要的"物品重新依规定的位置摆放整齐，并加以标识注明	可以使工作场所"一目了然"，减少现场寻找物品的时间，减少积压物品，提高效率
清扫（SEISO）	将工作场所仔细清扫干净，营造出一个清洁的环境	可以稳定产品品质，减少工业伤害等意外事故
清洁（SEIKETSU）	将整理、整顿、清扫工作进行到底，并且通过制度化，使环境保持美观成为常态	创造明朗的现场环境，维持前面的 3S 成果
素养（SHITSUKE）	每位成员都养成良好的现场习惯，并遵守操作规则，具备积极主动的素养（也称习惯性）	培养相互友好的习惯，培养遵守规则的员工，营造团队精神
安全（SECURITY）	重视成员的安全教育，让成员每时每刻都有"安全第一"的生产观念，防患于未然	营造安全生产的现场环境，所有工作都需要在安全的前提下完成，保证不出意外

6.5 供应链管理信息技术

6.5.1 全数字化五个部署

企业向客户提供服务的过程由五个层级——物原（物造）、生产、交付、交易、交流——构成，良品铺子实现了五个方面的数字化部署，包括**产品数字化、营销数字化、门店数字化、客户数字化、供应链数字化**。

第一步：产品数字化。企业应持续提升业务 E 化（互联网化）的能力，比如，良品铺子将主要产品送入各类电子商务渠道。

第二步：营销数字化。营销数字化包括媒体营销、互动营销、传播式营销等方式。原来良品铺子向客户派发纸质优惠券，从 2014 年开始，让客户关注微信公众号，门店通过二维码或摇一摇等形式派发电子优惠券。

第三步：门店数字化。良品铺子将门店与社群电子商务进行绑定，实现了交易的多样化，有效扩大了门店的覆盖半径，实现了门店周边若干公里的数字化销售，提升了单店的销售业绩，降低了开店成本。

第四步：客户数字化。良品铺子为客户进行多触点布局，通过供应链的优化，提升服务客户的能力。

第五步：供应链数字化。供应链数字化主要包括采购数字化、仓储数字化、物流配送数字化，都是通过数据提升服务指标的。数字化的最大好处是，良品铺子距离客户更近了。**数据显示，如果客户既在线下消费，又在线上消费，那么这些客户属于购买金额较多的人群，线下消费体验叠加线上电子商务，客户的稳定性更强，**这就是良品铺子最想培养的客户——全渠道客户。在互联网时代，企业拥有更多与客户沟通的场景和机会，良品铺子通过数字化打通了会员、产品、促销、订单、库存和物流。

6.5.2　全网顾客心声系统

良品铺子 2016 年上线全网顾客心声系统，从海量的客户评价数据中获取整改提升的关键词，从客户的角度出发追溯问题，捕捉变化的消费趋势。良品铺子以周为单位研究消费大数据，每月抓取 200 多万条客户评价，通过客户反馈的信息，一方面分析客户的喜好，研发新产品，如下午茶和孕妇系列零食；另一方面对已上线的产品，适当调整产品口味，比如，大数据显示，很多客户对"海味"零食非常期待，于是良品铺子 2016 年将海味零食的研发纳入企业战略，随后推出虾夷扇贝、对对虾等精品零食，当年推出后整个企业就突破上亿元的销售额。

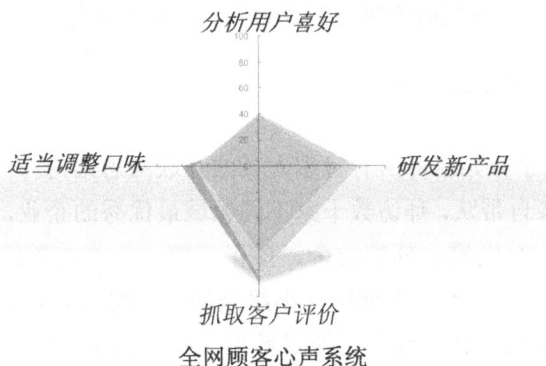

全网顾客心声系统

　　根据全网顾客心声系统，通过深入挖掘千万条客户评价数据，良品铺子及时获得产品改善、内部运营、销售增长等机会点，对单品进行优化调整，包括调整口味或包装，对提升销量的功效十分明显，也提升了客户的黏度。

6.5.3　供应链数字化的三个阶段

　　多渠道协同发展的背后，必须有一整套强大的企业信息化系统作为支撑，才能高效地管理库存、调度智能物流、打通会员体系。目前，良品铺子的信息化系统已涵盖产品、渠道、营销、供应链、客户等领域。

　　良品铺子供应链的数字化经历了以下三个阶段。

　　第一阶段，上线门店信息化管理系统。2008 年，良品铺子成立不到两年时间，刚开到 100 家门店，就拿出全部利润上线门店信息化管理系统。该系统实现了各门店在产品、订单、价格上的统一管理、统一标准。

　　第二阶段，上线仓库信息化管理系统。快消企业最头疼的难题是"补货"。依靠一支笔、一张表格统计经营数据的时代已经过去。2009 年，门店数量突破 300 家时，良品铺子上线了仓库信息化管理系统，实现了门店补货订单 4 小时内迅速响应，还能筛选出加急订单并优先发货。目前，良品铺子"自动补货系统"可与大数据系统完全匹配，从容应对各种销售高峰，全国 2000 多家门店的库存信息如一张"作战地图"呈现在管理者面前。每天早上，店员进入门店、打开电脑时，自动补货系统就会发送补货通知单，提醒店员补充已断货或临近断货的产品。

　　第三阶段，建立全渠道大数据后台系统。2015 年 9 月，良品铺子又与 IBM 和 SAP 进行深度战略合作，共同建立了全渠道大数据后台系统，打通前后端，整合了 10 多个系统，30 多个线上、线下销售平台，以及全渠道的交易信息和客户数据，各渠道一改信息割裂的状态，变成一个信息互联互通的有机整体。依托这套系统，良品铺子启动了门店 O2O 业务，一年后就突破单月 3000 万元销售额大关。

6.5.4　良品铺子供应链不断升级

　　2013 年，良品铺子开始培养所有管理人员的**互联网思维**，提升供应链管理的能力，创始人杨红春每年亲自带队，拜访数十家不同领域最优秀的企业，如阿里巴巴、京东、华为、海尔、小米、海底捞、韩都衣舍、孩子王等，实现高管团队的不断充电、交流和思想碰撞。2016 年开始在内部试行**小组制经营**，将分公司的管理层级减少，建立敏捷的内部响应机制，让一线人员通过数据去指导决策。

6.5.5　如何打造"数据狂人"和"智慧门店"

在线下，良品铺子加大"智慧门店"建设。2017 年"双 11""双 12"期间，良品铺子凭借 2000 多家门店，一举拿下全球新零售和"狂欢"战场的两个"TOP1"。智慧门店建设，是 2017 年良品铺子实施的最重要的新零售战略。线上电子商务渠道满足了客户对便利性的需求，线下门店则补充了前置仓、客户体验、社群经营等功能。数字化改造具有以下特点：

支付智能化。良品铺子一直坚持提升线下门店的智能化水平。2014 年，良品铺子开始在所有门店使用支付宝在线支付，启动了门店数字化的进程；2017 年 4 月，良品铺子成为首批全球无现金联盟成员。良品铺子线下门店支持手淘，也支持二维码扫码交易。

形象个性化。在良品铺子第四代门店的基础上，2017 年启动的第五代门店——良品生活馆，已按照"一店一品"的匠心开始布局，不断尝试新的设计风格，手工定制的意大利真皮沙发椅、全球限量版的咖啡机、用进口原料精心烘焙的欧包……处处展示个性，追求极致，门店已不是简单的一家卖零食的小店，而是与客户加强沟通的平台，呈现千店千面的格局。

管理大数据化。从 2017 年 6 月开始，直到"双 11"前夕，良品铺子与阿里巴巴合作，在 2000 多家门店实现了会员数据、支付、财务核算和大数据营销系统的深度对接，对全渠道 3000 多万名会员的数据实现了集中管理。

平台开放化。良品铺子为让客户在线下获得更为便捷的购物体验，建立了品牌会员体系，客户可集中管理名下会员卡，并获得线上、线下积分的通存通兑。客户在门店 POS 机上扫码，可一键完成支付、会员识别、积分累计和权益核销。

智能无人化。良品铺子定制了写字楼无人零食货柜，通过测试消费数据来挖掘办公场景的零食消费需求；2017 年研发的"智能客服系统"成功试运行，2018 年每月可承接一线客服约 150 人的工作量。2018 年，良品铺子深度实施"智慧门店"项目，依据强大的数据应用能力和完善的全渠道系统平台，开放对外数据应用合作与对接，与阿里巴巴品牌数据银行、策略中心等多部门进行战略合作，共创大数据精准营销，为品牌战略、消费者洞察、产品研发、供应链优化、门店开发等提供强有力的决策依据。在阿里巴巴《2017 天猫"双 11"权威发布趋势报告》中，良品铺子获得"消费者最爱逛的智慧门店"第一名；"双 12"期间门店销售额达到 8000 万元，全渠道销售额达到 1.6 亿元，位列全国休闲零食品类第一名。

小贴士

"三级数据智能响应"提升成交率

在线上，良品铺子将信息化渗透到营销和管理的每个单元，进行深度研究。通过三级数据智能响应，2017年"双11"期间，良品铺子精准营销响应率同比增长40%，远超行业水平；在行业增长率放缓的大趋势下，良品铺子全渠道销售额增幅高达35%。

第一级（Level1）：收集客户的消费习惯信息并进行分析。 收集客户地域、年龄、性别等信息，解码客户的口味、偏好、购买习惯，实现对消费数据和消费习惯的综合分析。

第二级（Level2）：数据助推消费行为。 除了基础 RMF 交易属性，良品铺子电子商务将客户数据库延展至客户的收藏、加购、浏览等行为，对其潜在购买力进行挖掘，提升购买成交比例。比如，客户将产品加入了收藏夹，却迟迟未下单，可能是在价格上犹豫，那么大数据系统便会推送一张合适的优惠券，帮助客户下定决心购买，这便是升级智能化。

第三级（Level3）：会员画像提升购买转化率。 若客户已得到优惠券，却还未响应，大数据系统会根据客户在良品铺子各社交平台的互动、评价，通过搜索抓取关键词，进一步分析客户喜爱的互动模式、促销模式、购买意愿等，获得更为精准的会员画像，以最大程度提升产品购买转化率。

6.6 新零售采购供应链

6.6.1 良品铺子的产品思维

良品铺子是如何研发产品的？那便是——**像妈妈做菜一样做产品**，这是良品铺子经过五六年的探索，最终得出的结论。

一次过母亲节，董事长杨红春收到一条微信，内容是妈妈帮孩子系鞋带的一幅手绘画，他说："那个美好的画面勾起了我无限回忆，当时我真的非常感动，这不就是我们小时候的画面吗？后来我又非常兴奋，因为我们要想做好一件产品，就要找到这个打动人心的点。"

这个点是什么？请大家想一想，妈妈给我们做饭菜时，她是怎么想的？思考的过程和内容是什么？她在为谁着想？这就是立场，当有了这个方向和立场，做饭的行为和做饭的手艺就是我们做产品的方法。妈妈做饭时一定先想今天谁会来吃饭，他们喜欢吃什么，荤素如何搭配，先吃什么食物，后喝什么汤，先放色拉油还是先煮一下，辣一点还是咸一点，妈妈们总是考虑到每个家族成员的生活需要和口味，这就是我们总记得"妈妈的味道"或"外婆的手艺"的原因。

企业做产品也是这样，要思考客户的需求是什么，需要什么样的口味，期望和顾虑是什么，如果一次吃不完该怎么办，在什么场合吃什么。一定要弄清应该为谁着想，怎么为别人着想，怎么思考、判断、分析、行动，这是做产品的核心。良品铺子在此基础上摸索出一整套思维和方法。

6.6.2　选品"六步八方十定"法

六步（项目流程化管理）。六步包括市场洞察、方案设计、研发制造、产品评审、样品测试和营销计划。

八方。选品需要八个方面来协同，包括统筹方、设计方、质量管理方、营养方、采购方、生产方、销售方和消费方，核心是消费方，也就是客户。

那么最终怎样开发一个好产品？良品铺子称为"十定"。

十定。十定包括定人、定景、定时、定质、定组、定规、定名、定型、定价、定销。

➢ 定人指销售产品针对谁，客户有何期望和顾虑，为何要购买，最终决策因素是什么。

➢ 定时指产品何时可以上市，何时上市风味最好，制作周期多长，何时口味会衰退，何时完成铺货，何时下架，销售周期是多少。

➢ 定景指产品陈列的情景，比如，放在抽屉里，还是放在桌面上？

➢ 定质指用的何原料，加工指标、配比如何，与其他产品是否能够搭配，味觉上有何要求，规模上有何要求。

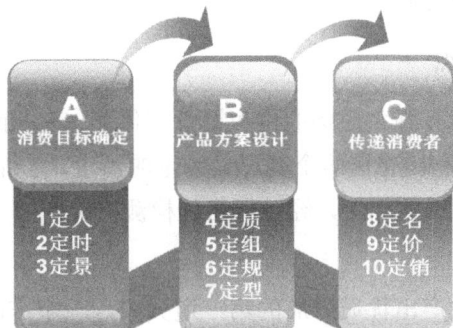

A	B	C
消费目标确定	产品方案设计	传递消费者
1 定人 2 定时 3 定景	4 定质 5 定组 6 定规 7 定型	8 定名 9 定价 10 定销

选品"六步八方十定"法

> 定质、定组、定规、定型四个要素可以使产品的设计方案更为系统，使产品测试、打样、评估环节越来越清晰。

> 定名、定价、定销指如何更好地把产品传递给客户。好的名字背后一定要有故事，才符合整合传播的规律。好的设计要有好的视觉、听觉、触觉。好的定价，可以在产品成本和客户的价值感之间找到一个平衡，也需要参考竞争对手和竞争环境的情况。最后，销售也就相对简单了。

6.6.3　采购供应链

良品铺子开展产品的"全生命周期精细化管理"，反向推动原料生产、加工升级，包括上游种植基地、中游加工厂、终端销售，又从终端销售逆向推动上游种植技术和基地建设，使得中游加工工艺全面升级，终端实现全渠道销售。通过全生命周期管理产品，良品铺子实现了良性健康可持续发展。

良品铺子是全品类的，产品由定点厂商按良品铺子质量标准贴牌 OEM 生产，在 2014 年时，良品铺子供应商约有 180 个，生产 1000 多个品种的产品，线上精选了门店中的 250 个 SKU 产品，并逐步变成电子商务定量装进行销售。

1．坚持源头选品原则

良品铺子的制胜法宝：一是产品特别好吃；二是让客户享受到便利；三是抓好供应链。**供应链只有两端，一端是原料，另一端是加工业。**良品铺子一直坚持把最好的原料交给最好的加工厂进行加工，让客户吃到最好的零食。针对零食、水果、鲜食，采取常规配送、冷链配送、工厂直送等方式，实现从门店到客户、从工厂通过电子商务配送到客户。良品铺子在物流领域还在不断研究自动存储、自动分拣、自动发货等，以实现提高劳动生产率的目标。客户可通过任何渠道下单，可以到任何渠道取货，这才真正实现了全渠道的优势和便利。

2．源头着手的关键点

新零售需要产品品牌有强大通畅的供应链管理体系，良品铺子为此进行了长达 13 年的深度培育。为了安全和口感这两个客户最看重的需求，良品铺子坚持从源头着手，采购优质的原料，进行精细的加工，经过严格的检测，确保为客户提供富有品质和特点的优质产品。

优质的原料。这是生产出优质产品的第一道关口，一个产品往往需要经过 60 多个检测项目，以确保安全，达到标准。良品铺子对产品的要求近乎苛刻，比如，杏仁每批次至少抽取 300 颗，黑仁、瘪仁比例控制在 2%以内。

精细的加工。比如，在"青梅之乡"福建漳州诏安，生产青梅的厂商不计其数，良品铺子从中精选了一家"无添加"企业。为了确保生产水质安全，仅 2014 年，良品铺子就投入 100 万元，请专业的检测研究所对水质进行检测，检测项目有 50 多项，超出国家标准 20 余项，而且良品铺子每年至少进行专项检测两次。良品铺子产品中心的采购人员，一年中有三分之二的时间在良品铺子各地供应商生产车间进行"挑刺"，不放过任何潜在质量风险。

3. 国家级检验中心保驾护航

良品铺子检验中心具备年研发新产品 450 个、淘汰旧产品 200 个的能力，其检测能力已得到国家乃至国际专业检测机构的高度认可，具备从事检测活动的技术能力和管理能力，这也是全国休闲零食行业第一家通过国家实验室认证的企业检验中心，湖北省也仅有三家食品企业建立了国家级检验中心。**对于任何准备上架销售的产品，良品铺子检验中心都具有一票否决权**。对于检验不合格的产品，将不合格信息输入系统，这些货品会自动转退厂区，无法上架销售。检验中心拥有国内外先进仪器设备 50 多台。2013 年，良品铺子建立检验中心暨理化检验室。2014 年，检验中心进一步扩容。2015 年，检验中心从 400 平方米扩大至 1000 平方米。**检验中心的质检工作包括八大环节——原料甄选、新供应商引进评鉴、已合作供应商巡检/辅导/考评、产品到货质检、仓储运输产品管理、终端销售质量控制、不合格产品召回、已过保质期产品销毁等**。

4. 零食试吃员

良品铺子零食试吃员的准确称谓是感官检验员，是一个特殊的岗位，即从视觉、嗅觉、味觉等角度对零食的品质做出判断。**第一步，看**。检查小包装袋印刷是否清晰、名称是否规范、有无生产日期和保质期，标签信息是否合规，产品大小是否达标，比如，随机挑选出 10 颗瓜子，横向排成一排，总长若小于 9.4 厘米，便属于不合格产品。**第二步，吃**。试吃员负责试吃、品尝，比如，瓜子试吃员每天要嗑 3000 多颗瓜子，瓜子尝起来要无异味、苦味和涩味，不能太咸，话梅味西瓜子既要有话梅味，又不能盖过瓜子的香味。对感官检验员的要求首先是专业对口，食品或生物专业毕业，熟知食品质检和安全知识，还要通过感官灵敏度测试。

5. 零食溯源管理

良品铺子 2015 年提出零食溯源管理，即回归产品的本质，这是企业的核心发展思路。"我们做出的产品要比客户的期望值更高。"良品铺子相关员工将更多时间放在产品的原产地和加工工厂里。良品铺子将产品安全和品质作为企业发展的生命线，只有"较真"，才能保证进入良品铺子体系的产品是最好的。良品铺子采购员到工厂两次，就应该全面掌握工厂的情况，第一次是盘点全局，第二次是深入了解细节。良品铺子苛刻的质量标准倒逼供应商进行工艺或设备上的改良，这反过来又大大促进了工厂效率的提升。

6.6.4　质量管理六步走

1．严格甄选生产商

良品铺子共有约 160 家供应商，每家都是经过严格的筛选与磨合后留下的。

2．严格筛选原料

每位采购员必须谨记每款所负责产品的生产标准，发现可能存在的问题和风险，让供应商接受良品铺子严格的产品标准。

3．进行口味定制确认

采购员每次去工厂，都要专门抽时间与研发人员交流，探讨产品改进的空间。在各家工厂的产品研发室，对国产和进口产品分别进行口味试验，发现加工中可能发生的变化及产品提升空间。良品铺子组建了几十人的研发团队，研究中国各地的客户喜欢吃什么，比如，同样是辣椒，湖北人喜欢酱辣，江西人喜欢酸辣，湖南人喜欢鲜辣，安徽人则好咸辣，四川人偏好麻辣。在不同省份，必须依据口味对产品进行适当调整。

4．严格进行生产过程监控

针对各环节，了解相关加工工艺的关键点，对工艺流程进行把控，采购员要用一双火眼金睛，仔细找出问题可能发生的环节，了解 OEM 代加工工厂的周边环境、未来可扩建事宜等。

5．快捷物流确保新鲜

良品铺子供应商都用专车直接配送货品。

6．产品上柜前的质检

在良品铺子的国家级实验室里，有一批专业的理化检验师和感官检验师，产品经过层层检验，判定没有问题才会被送去入库。任何一个环节出现问题，都会被列为不合格产品，做退货处理。

良品铺子质量管理的核心，不仅在于生产，而且在于对研发等更前端环节拥有牢固的掌控力。而这个掌控力，来源于前期对产品各项标准的严格把控，然后将采购产品的各项指标标准化，并进行制度化实施。

6.6.5　采购供应链的六个样板解析

良品铺子十分注重对产品研发、质量管控等环节的掌控。脆冬枣和盐焗鸡是良品铺子深耕供应链管理的经典案例，其中脆冬枣更是良品铺子的明星产品，单品年销售额高达 1.6 亿元，上市 8 年来销量一直稳居前列。对于这个产品，良品铺子从预收食材阶段就介入生产环节，将供应链管控权抓在手中。

1. 脆冬枣的前世今生

中国冬枣之乡——河北黄骅位于渤海湾边，有成片的冬枣林。良品铺子指定的冬枣供应商，每年可获得 1 万吨冬枣订单，预订销售额过亿元。脆冬枣是良品铺子作为"爆品"来打造的，单品销售额稳居良品铺子休闲零食品类前五名。在两千多年前，黄骅冬枣就被帝王们追捧为"仙果"，若在最佳成熟期采摘，口感尤其独特。冬枣除了甜度适中，其维生素 C 的含量还极高，有"活维生素丸"之美誉。新鲜冬枣采摘后，经过冷藏返糖、低温油炸、离心脱油等多道工序，16 斤鲜冬枣才能制成 1 斤脆冬枣。在门店，一包普通装 35 克脆冬枣售价约为 7.9 元，一斤脆冬枣售价约为 113 元，虽然价格不菲，但酥脆可口，客户宁愿出高价也愿意买，正所谓**"不怕贵，就怕不好。"**

2. 正宗盐焗鸡

《舌尖上的中国》有一集讲述广东梅州经典美食盐焗鸡的故事，良品铺子经过四次修正口感，做出了正宗盐焗鸡。良品铺子供应商主动请缨，亲自带领研发人员去广东梅州拜师学艺，历时 3 个月，才将盐焗鸡新品推上市。良品铺子要求工厂采用自然生长 3 年的老鸡，选用十多种香辛料熬制而成，无任何工业添加剂。盐焗鸡上市 3 个月，一直稳居肉类销售额前十名。**良品铺子脆冬枣和盐焗鸡，是典型的"市场推动前端供应链"成功案例，好供应链，造就好产品。**

3. 湖北莲藕"变身记"

莲藕，是湖北人最爱的美食之一，排骨藕汤、藕夹、炒藕片，都将美味延至舌尖。

湖北是全国莲藕种植的主产区之一，种植面积和产量全国第一，贡献了全国总产量的三分之一。如何收购农民的莲藕？如何储存？如何按需生产、按需销售，同时又能提高藕农收入？良品铺子瞄准了卤藕这一深加工产品。从泥土中挖出的新鲜莲藕，经过数十道工艺，加工成五种口味的十多个品类，分销到全国各地的良品铺子门店或网购配送中心，市面上这种仅售 6 元/斤的荆州藕，经过良品铺子的一番精细加工，最高单品价格达 70 元/斤，身价跃升 10 余倍，这就是深加工和品牌的魅力。良品铺子对产藕区的规定，一是保证藕田质地，一片藕田种满 3 年要休耕，以确保下一季莲藕的质量；二是农民要以标准化模式种植，莲藕直径不小于 5 厘米，不能有黑点，不能进泥。莲藕产品已成为良品铺子的热销产品，**按需生产，按需销售，让生产和消费的两端——农民和市民都受益。**

4．鲜货直达——24 小时内蓝莓从枝头到门店

山东日照是全国闻名的"中国蓝莓之乡"，这种原产于美洲的蓝莓，素有"水果皇后"之称，4 月下旬，蓝莓早熟品种陆续上市，经销商纷至沓来。良品铺子 3 年前涉足水果领域，选择蓝莓时就瞄准此地，并和当地最大的蓝莓种植商签订合作协议，从产地直供武汉的 50 多家门店，实现 24 小时内鲜货直达。**对签约的鲜果供应商，从蓝莓营养到采摘运输，良品铺子都有一套严苛的品控标准。**良品铺子的采购标准——能现摘现吃的枝头鲜果。在蓝莓采摘季，早上 6 点半，村民进果园，戴上指套，小心翼翼地摘下，连指纹都不能留下。蓝莓外层包裹着的白色粉是果霜，不需要刻意清洗，果霜保存完好，说明蓝莓新鲜。上午采摘的鲜果当天到工厂，在预冷间放置 3 小时，经过机器和人工筛选，然后分级、装盒、称重、发货，24 小时内到达各门店。

5．一颗青梅恰到好处

广东普宁是中国的青梅之乡，也是广东最适宜生产青梅的区域，青梅种植历史有700 多年，所产青梅是具有国家地理保护标志的产品。普宁青梅具有果大、肉厚、核小、酸度高、肉质柔软、晒干率高、成品保色期长等优点。青梅有机酸含量在 3%～6.5%之间，远高于一般水果，具有生津解渴、刺激食欲等功效。青梅的第一道筛选标准是，须具备 2.0～2.5cm 的"身形"，16～20g 的"体重"，严格而苛刻，"身材匀称"的才能过关。5 月初，青梅经过采摘、装筐、送入工厂、筛选、清洗、盐渍、糖渍、干燥等流程，再裹上罗汉果粉，或浸润花瓣酱，或浸泡酵素，然后沥干、杀菌、包装、检验，变成口味各异的话梅。

6. 排名第二的"爆款"——鸡蛋干

在良品铺子的 1000 多种零食中，谁是销量第二的爆款？2012 年，在成都出差的良品铺子高管，中午品尝川菜时，在一道凉菜中发现一种口感 Q 弹、易咀嚼、滋味鲜香绵长的豆干，于是萌发一种想法："这么好吃的东西，要是做成零食，客户一定喜欢。"良品铺子采购人员找到鸡蛋干的供应商。起初，供应商拒绝提供，原因是若要做成手抓包装的小块豆干，需要引入新设备，改良产品配方和工艺。经过反复沟通，良品铺子工作人员让供应商认识到合作的诚意和产品的巨大商机，最终同意合作。当深入产品研究，得知这是一种不添加淀粉豆粉，连一滴水都不加，只是改变形状的鸡蛋时，连良品铺子采购人员都不相信："世上还有如此良心的食品？！"原来，加了水的鸡蛋干根本做不出 Q 弹爽滑的良好口感，正宗的有特色滋味的鸡蛋干，必须选用一颗完整鸡蛋，包含蛋清和蛋黄。但是，良品铺子鸡蛋干上市销售效果并不理想，对于客户而言，鸡蛋干还是一个新鲜事物。这款长相与豆干极相似的零食并没有得到青睐，怎么办？"好吃的东西，只有尝了才知道好不好。"良品铺子为全国 1000 家门店发放鸡蛋干，让客户免费试吃。"吃了这么多年豆干，没想到还有鸡蛋干这种东西！"客户的评价迅速提升。

良品铺子鸡蛋干的火爆，归结于工作人员对市场的敏感，对客户口味的洞察。鸡蛋干和脆冬枣，正是良品铺子深入一线，发现最美、最健康的美食，让嘴巴去旅行的最好写照。

6.6.6　以产品为导向

1. 好品牌、好产品是前提

良品铺子的产品采购中心，也是其产品研发中心。一般的部门都明确规定了员工出差乘坐交通工具的级别和场合，但是良品铺子采购中心对此却无限制。这源于杨红春董事长开办良品铺子的一段经历。创业之初，杨红春跑遍中国 180 多个生产零食的工厂，亲自去谈产品，谈工艺，谈生产质量和流程管控。这些基础工作完成后，才回头开店。这家小店的租金和装修成本加起来还不到 18 万元，而杨红春光去看全国代加工工厂就花了几十万元的差旅费。但凡在超市或其他地方吃到好吃的零食，他首先要翻看背后的生产厂商信息，然后立即飞过去，和厂家商谈，产品如何？工艺如何？有什么要求？如何采购？并且，基于销售家电的背景，他将电器行业严格的质量标准移植到零食行业，所有细节全部标准化。

2. 供应商大会

供应商大会是良品铺子采购供应链的重要一环。每年,良品铺子通过召开供应商大会,让合作伙伴更好地了解良品铺子的发展规划和未来展望,与合作伙伴实现共赢。2014年3月,"良品铺子2013年度表彰大会暨第二届供应商大会"拉开帷幕,良品铺子董事长及总裁携高管及供应商共同出席了此次会议。会上对良品铺子未来5年的规划进行了阐述,以"良品五年,百亿有我"为主题,各位总监就自己管理的领域进行了详细的解说,坚定了良品铺子供应商继续合作的决心和信心。表彰大会一共设置了三个颁奖环节,分别设置了"最佳业绩贡献奖""最佳新品贡献奖"和"创业支持奖"。

3. 100人试吃,才能入选

很多客户在良品铺子旗舰店惊奇地发现,平时饭桌上的美食,却出现在良品铺子袋装食品中,香辣卤藕、凉拌毛豆、烧烤虾、鸡蛋干都成为爆款热卖产品。作为首席试吃官,每月新品上市,杨红春董事长、杨银芬总裁均会亲自品尝。根据良品铺子内部上货规定,每款产品需要经过100人试吃,平均评分在80分以上才算达标通过。

4. 礼盒精致出众

2014年9月,伴着时尚中国风来袭,良品铺子电子商务首次"节庆礼盒"暨优选"春节礼盒"新品线下发布会在武汉召开。当日良品铺子节庆礼盒新品品牌团也在天猫、1号店等各大平台联袂开团。六款中国风剪纸系列的礼盒首次上市,当天销量即突破60万盒。礼盒选料更是优中选优,从良品铺子1000多个品类中精选而成,在定价策略上,在基本盈利的基础上,仍旧走高性价比路线。2014年电子商务礼盒的销售额比上一年(100万元)增长了30倍,涨至3000万元。这几款伴手礼的名称也很喜气,有"食全食美""牛气冲天""果然有福""果臻有礼""西域珍品"等,最大限度地满足客户在种类多样化与产品性价比方面的需求。

2019年良品铺子发布"高端零食"定位,更多高端大气上档次的礼盒应运而生,良品铺子生产的就是"高品质、高颜值、高体验、高精神层面满足"的产品。礼盒由知名华人设计师潘虎设计,外形酷似宫廷膳食盒,产品一上市,立即刮起一股良品铺子时尚旋风,受到客户喜爱和追捧。

小贴士

参股控制源头食品制造商

良品铺子作为休闲食品行业先行者,在门店数量和规模上均已完成晋级,并尝试通过参股模式控制国内外食品制造商。

这是典型的渠道反控上游，趋向于从设计、研发到生产品控，全链条掌控产品，以实现"某类产品此店独售"的效果，同时向纵深扩大自身利益。

据了解，良品铺子的自有品牌产品比例 2014 年就已超过 60%，现已超过 90%。

经过十余年发展，良品铺子已实现从**源头产地、源头企业、源头农业科学家**着手，**更加稳健地提升对全渠道生产营销的掌控力**，最终实现"从田间到餐桌""从枝头到舌头"的无缝对接和研发管控。好的产品，要求实现生鲜直达、产地直采、溯源追踪等。

目前，良品铺子门店有 650 个 SKU 单品，线上、线下共 1100 个 SKU 单品，产品从生产到交付的周期优化为 15 天。线上销售周转时间最快为 7 天，最慢为 23 天；门店周转时间为 17 天左右。而这个周转时间数据，之前是 2~3 个月。对源头企业的掌控，对源头食材的把握，让良品铺子的供应链远远优于其他食品企业，并提升为企业核心竞争力和核心发展战略。

6.7　新零售供应链标准研究

6.7.1　良品铺子健康营养研究院制定标准

良品铺子开创零食行业先河，与行业权威组织湖北省营养学会共同成立"良品铺子健康营养研究院"。该研究院致力于提高相关研究人员的科研及学术水平，开展食品科研宣传，为客户带来系统化的营养生活模式；在现有 1000 多种优质零食产品的基础上，进行再搭配组合。在良品铺子一些产品的包装上，也会普及各类有关营养健康的理念和知识。

良品铺子的价值链模型：良品铺子一手抓优质原料产地，尽可能地在全世界寻找最好的原料；另一手抓有先进生产工艺的食品加工厂，把好原料交给有好工艺的加工厂，才能生产出好吃的零食，同时保证所有标准都掌握在自己手上。

6.7.2　推出自有品牌产品

良品铺子原本是零食渠道品牌，现在开始向"持有自有品牌路线"转化，推出一款"良品活泉"自有品牌矿泉水，并相继上线 6 款自有品牌饮料，以及自有品牌奶茶产品。良品铺子陆续在全国部分大型门店上线扩充饮品区，同时引进进口牛奶，并更加重视产品的包装、口感设计等。在尝试扩容饮料品类后，发现饮料确实有一定的市场潜力。良品活泉市场售价 3 元，比同一水源地产品巴马丽琅矿泉水低 65%，良品铺子采取"高品质低价策略"，加深客户对自有品牌的印象。良品铺子已开始从单一零食，向饮品、生鲜等领域扩充，未来会有更多新产品推出。**良品铺子门店也开始从"单品门店"向"综合品类门店"转化，以增强客户黏性，这将对现有的传统超市形成直接的冲击。**

良品铺子手信来了。手信兴起于台湾、福建地区，也被称为"伴手礼"。2015 年 8 月，良品铺子 11 种"爸爸去哪儿"款定制手信上市，进军礼品市场。良品铺子手信品质感强，包装时尚，视觉冲击力强，更能支撑良品铺子品牌。良品铺子从节令礼品盒，向特色伴手礼发展，先后推出台湾特色土凤梨酥、熊猫曲奇、提拉米苏花瓣曲奇、果干果脯、肉食、素食等新品类。

良品铺子通过研究发现，包装精美、品质保证、东西好吃，是多数客户选择手信的关注点，良品铺子推出的系列特色美食，走的是自然、大方路线。

6.7.3 商业形态中的三大渠道

一是以卖场、专卖店、分销店组成的**实体零售渠道**；

二是网上各类电子商务平台和自建电子商务网站组成的**电商零售渠道**；

三是以微信、美团、微博等整合门店、电子商务、客户移动端的**移动社群电商渠道**，具有碎片化、社交性、位置属性的特点。

全面采用以上三个渠道的企业就是全渠道零售商。全渠道零售是新零售的雏形，其数据分析能力、物流配送能力、消费端和生产端的沟通能力不如新零售。**全渠道存在的核心价值，在于提升企业的零售效率。**

6.7.4 苛刻的产品标准

良品铺子制定了苛刻的产品标准，并建立了首席试吃官制度。每盒产品都打上良品铺子品质保障的烙印，常有良品铺子食品检测中心批量退回供应商未达标产品的事情发生。

良品铺子重点产品特点及精选要求案例：

海盐开心果。①原味不添加，化繁为简，配料表上只有开心果和盐。②从原辅料验收、炒制到出厂检验，需要十多个环节。③精选开心果加海盐，口感足够好。精选要求：以地中海海盐和澳洲雪花海盐为主要辅料；开心果选用伊朗开心果，不同于美国开心果，原味原色，有炒熟的烘香味。

芒果干。选择生长在台湾的玉娇芒和扁芒；扁芒口感细腻，嚼起来有韧劲；200 克左右的鲜果削成四片，350 克左右的鲜果削成六片；芒果在生产车间要经历清洗、糖渍、烘烤等十余道工序；每片芒果干需要经历 16～18 小时的四遍高低温交替慢烘；最终将位于"金字塔顶"的产品送到客户手中。

一代佳仁。选材讲究；无添加。

冬枣。产品等级高；比例控制严。

葡萄干。恒温水洗；烘干杀菌。

6.7.5　设置供应商管理工程师（SQE）岗位

良品铺子共有 200 多个供应商，每年会淘汰一批不合格供应商。为此，良品铺子专门设置了"供应商管理工程师（SQE）"岗位，拥有近 200 人的产品研发团队，甄选全国优质供应商。

基本面。资质审查，原料把控，硬件及附属配件过关；

软件：供应商的员工幸福感较高，好的企业对客户服务也更加细致。

至 2018 年年底，良品铺子已与 165 家核心工厂、37 个农业基地达成深度战略合作，并对 120 种食品原材料实现控源。

小贴士

高效集成化的供应链管理可实现的七项效益提升

通过实施集成化的供应链管理，按照自顶向下和自底向上相结合，以及简洁性、协调性、集优互补性、创新性、动态性、战略性等基本原则，保证高效集成化的供应链构建的设计和供应链管理思想的充分应用。通过技术与管理创新、制造创新和技术研究、战略协作三个方面的变化，实现从传统的企业关系、供应链关系，到战略合作伙伴关系的递进提升。

合作企业有望实现七个方面的效益提升。一是总供应链管理成本至少降低10%；二是订单周期有望缩短 30%；三是企业的货物交货准时率提升 15%；四是企业资产运营业绩提高 17%；五是企业增值生产率提高 10%以上；六是优质企业现金周转较普通企业保持 50 天左右的优势。七是企业的库存量一般降低 3%，优质企业可降低 15%。可以说，通过培养供应链管理人才，实现企业的精准管理，可以让企业的运营更加顺畅，同时，高效的供应链管理也可以直接降低企业的运营成本，提升企业净资产的回报率。

6.8　新零售极致产品策略

6.8.1　良品铺子的三种属性

良品铺子属性，第一是食品行业，第二是零售行业，第三是服务行业。良品铺子的企业战略也只有两个基本模式，一是差异化战略，也叫价值个性化战略；二是边际效应，也叫规模经济、成本领先模式。良品铺子把这两项战略发挥到极致。

当前，国内消费已从"满足型消费"向"享受型消费"转型升级。中国消费者比过去拥有更多可支配的现金，购买力也大幅提升，客户越来越重视生活的方式与品质，在休闲零食专卖店已遍布全国之际，良品铺子凭什么取胜？新零售时代，企业需要极致产品策略。

6.8.2　提供高品质产品是制胜的关键

高端产品在中国越来越受到消费者青睐，根据行业定义，当产品价格超过该品类产品平均价格的 20%时，即可视为高端产品，据了解，在 2012—2014 年，此类产品的行业增长率超过 23%，大大超过普通的大宗产品。良品铺子专门组建了 100 多人的研发团队，设计出多种产品方案。**特色化、差异化成为良品铺子吸引客户的关键，而核心在于良品铺子的产品品质**。在选择产品上，针对不同年龄段的客户，良品铺子开发出各式产品。针对看电影、家庭聚会、旅行等消费场景，设置出各种产品组合，满足不同类型客户的需求。在产品原料选择上，良品铺子选择最好的产品原料；在质量检测上，良品铺子选择标准越来越高，已形成壁垒。

6.8.3　研发团队介入产品设计

2016 年 8 月，良品铺子与獐子岛集团在武汉签署战略合作框架协议，双方发挥各自的资源、品牌、平台、市场等优势，共同打造中国海洋休闲时代的新产品。良品铺子还与獐子岛集团及中国海洋大学三方合作，成立"中国海洋零食研究中心"，专门研发海产品零食品类。合作方围绕獐子岛的优质资源,如参、鲍、鱼、贝等产品,开展系列产品研发,通过良品铺子这个高效的全渠道通路,更好地满足全国的客户。**良品铺子精心组建了自己的独立产品研发团队,采取自行或联合方式研发产品。**良品铺子正在聚集越来越多的食品专家,研发"更为健康的零食"、"少添加"或"零添加"的短保质期产品,**逐步改变"零食不健康"的传统观念,成为"健康零食的供应商"。**

6.8.4　品控体系

良品铺子国家级检验中心

　　良品铺子产品有极严格的品控体系,其中一个重要的环节是,所有产品必须到位于仓储中心的检验中心进行抽检,审核过关。

　　开心果必须自然开壳,不允许漂白;巴旦木外壳不许掉渣;葵花籽要用鼓风机吹去空壳;碧根果肉壳比重、颗粒均匀度要达标。从企业创办之初,良品铺子就没有到批发市场拿货,而是直接面对工厂,确保食材品质。良品铺子采取 OEM 定制方式,让上游供应商按良品铺子检验中心质量标准贴牌生产和供货。良品铺子建立了行业第一家超过 1500 个 SKU 的"良品铺子数字化品控标准库",设立品控质检书,产品要经过感官标准和理化标准双重筛选。理化方面,执行国家最高等级标准;感官方面,对品种、产地、加工方法等均有严格的规定。

　　截至 2015 年,良品铺子检验中心已有 100 多人的专职质检人员,其中 50 多人从事试验和指标检测,还有 50 多人进行质量巡检。

6.8.5　产品营销"四四二"法则

　　在电子商务营销界,有一个得到广泛认可的产品营销"四四二"法则,即"**产品热销=40%定位+40%(产品和定价)+20%营销**"。

　　第一个关键是产品定位。产品不一定要质量为王,但要准确定位,比如,低端客户需要低价产品，而若将低端产品卖给高端客户，可能会得到差评。**定位，指将产品卖给谁，这些人有什么共同特征和需求，如何打动这些客户。** 产品定位没有好坏之分，只有高、中、低档的区别。比如，某些服装快销品走低价路线，质量一般，但设计相对时尚，一样火爆。

第二个关键是**产品品质和定价**。产品品质好，就是产品供应链好，也就是同等价格内的质量最优。新零售时代，线上、线下数据可比性更强，市场化程度更高，产品设计、产品制造、产品售后、产品包装等均要高性价比，所定价格要让客户有"物超所值"的感觉。

第三个关键是**营销**。不同行业、不同定位、不同产品，在新零售运营中的方法大不相同，新客户开发、老客户激活、店铺优化、直通车、聚划算、移动电商、微商等，小企业抓营销，大企业抓定位，好产品自带营销属性。

小贴士

成功的消费升级——无负担的轻奢主义

在消费升级和技术重构的大环境下，所有消费领域和行业都值得重新做一遍。 这其中最成功的消费升级，就是追求"无负担的轻奢主义"。"轻奢"一词起源于时尚产业，用户以略高于大众的价格，享受到仅次于奢侈品牌的品质与设计。

主要特点。 颜值年轻化，常推陈出新，性价比极高。

核心要素。 无负担和有品质是轻奢主义的两个核心要素。我们会发现，路边的小店变得越来越精致，越来越时尚，经营者不再是大妈大婶们。这是商业对中产阶级群体增加的适应性改变，用品质、价格、服务、物流等，让客户重拾惊喜。同样的品质，谁的成本控制得更好，谁就能胜出。

国外案例。 美国 Michael Kors、Kate Spade、Coach 等。

国内案例。 奈雪的茶、小米之家、良品铺子第五代门店等。